OEUVRES
DIVERSES
DE MONSIEUR
DE VOLTAIRE.

TOME CINQUIEME.

OEUVRES
DIVERSES
DE MONSIEUR
DE VOLTAIRE.

NOUVELLE EDITION,

Recueillie avec soin, enrichie de Piéce Curieuses, & la seule qui contienne ses véritables Ouvrages.

Avec Figures en Taille-Douce.

TOME CINQUIÉME.

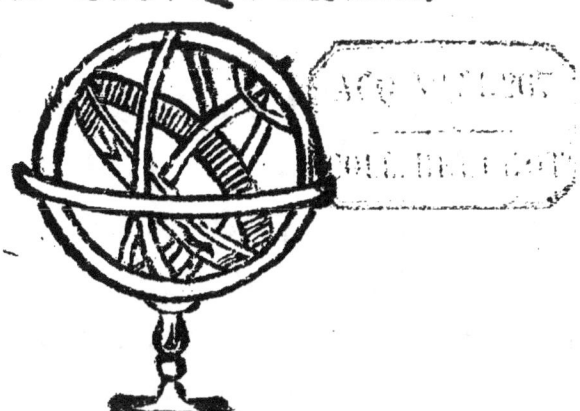

A LONDRES,
Chez JEAN NOURSE.
M. DCC. XLVI.

AVIS DE L'EDITEUR.

Nous n'avons pas pû mettre dans leur ordre, & ranger selon leurs dattes les Piéces curieuses dont ce Volume est composé; parcequ'elles ne sont parvenuës en nos mains qu'à mesure que nous faisions notre Edition. Nous commençons, il est vrai, par des Piéces de l'année 1742. & nous avons mis au milieu du Livre, l'Epitre au célébre Médecin Gervasi, dont la datte est de 1723. L'Antigiton fut imprimé pour la premiere fois sous le Titre de la Courcillonade en 1720. mais nous en avons recouvré une bien meilleure Copie que toutes celles qui avoient paru. L'Epitre sur la calomnie est de

AVIS DE L'EDITEUR.

1730. La Lettre à Mr. l'Evêque de Luſſon eſt de 1721. Le Temple du Goût fut imprimé la premiere fois en 1731. & nous avons ſuivi la derniere Edition de Hollande. Au reſte dans ces Piéces Fugitives on regarde moins à l'ordre des dattes qu'à leur ſingularité. Cependant il ſeroit mieux qu'elles fuſſent arrangées ſuivant le tems où elles ont été faites. Mais le Lecteur pardonnera ce petit dérangement, auquel il ne nous a pas été poſſible de remedier. Nous avons mis auſſi l'Opera de Samſon. Un Diſcours en Vers ſur les Evénemens de l'année 1744. Le Temple de la Gloire, *Fête donnée à Verſailles le 27 Novembre* 1745. Enfin ce Volume finit par le Poëme de Fontenoy, & nous nous ſommes conformez à l'Edition que SA MAJESTE' en a fait faire au Louvre.

TABLE

TABLE

DES PIECES CONTENUES EN CE VOLUME.

* Lettre du Roi de Prusse à Mr. de Voltaire, Page 1
* Lettre de Mr. de Voltaire au Roi de Prusse, 3
* Lettre de Mr. de Voltaire au Roi de Prusse, 7
* Lettre de Mr. de Voltaire à Mr. le Président Henaut, &c. 10
Ode sur le Fanatisme, 13
Ode pour Messieurs de l'Académie des Sciences, 19
Ode sur la Paix, 23
* Lettre de Mr. de Voltaire au Roi de Prusse, 28
Avertissement de l'Editeur, 32
DISCOURS EN VERS SUR L'HOMME, 33
I. DISCOURS. De l'égalité des Conditions, ibid.
II. DISC. De la Liberté, 40. III. DISC. De l'Envie, 46
IV. DISC. De la Modération en tout, dans l'Etude, dans l'Ambition, dans les Plaisirs, 52
V. DISC. Sur la Nature du Plaisir, 59
VI. DISC. De la Nature de l'Homme, 65
POESIES DIVERSES. Le Mondain, 73
Défense du Mondain, ou Apologie du Luxe, 80
Epitre sur la Calomnie, 85
Le Temple de l'Amitié, 92
L'Anti-Giton, 97 Le Cadenat, 100
A Madame la Marquise du Chastellet, sur la Physique de Newton, 103
Aux Mânes de Monsieur de Genonville, 107
La Mort de Mlle le Couvreur, 109
A Monseigneur le Prince Royal de Prusse, depuis Roi de Prusse. De la Science dans les Princes, 112
Réponse à une Lettre dont le Roi de Prusse honora l'Auteur à son avénement à la Couronne, 116
Epitre à un Ministre d'Etat sur des Arts, 120
Ode au Roi de Prusse sur son Avénement au Trône, 122

TABLE DES PIECES.

Ce que c'est que la Vertu. Discours en Vers,	125
Au Camp devant Philisbourg le 3 Juillet 1734.	130
Lettre à Mad. de Gondrin sur le péril, &c.	132
Autre à Mr. l'Abbé de Chaulieu de Sully, &c.	134
Autre à M. le Duc de Sully, du 18 Août 1720.	137
A Monseigneur le Prince de Vendôme,	140
A M. de Genonville. Sur une Maladie,	144
A Mr. le Maréchal de Villars,	147
A Madame de Fontaine Martel,	149
A Mr. Pallu. De Plombiers en Août 1729.	152
Réponse à une Dame, ou soi-disant telle,	155
Lettre à Mr. de Bussi, Evêque de Luçon, sur la Tracasserie,	157
A Mr. de Formont, &c.	161
A Mr. le Duc de la Feuillade,	163
A Mr. de Fontenelle,	164
* Réponse de M. de Fontenelle à M. de Voltaire,	168
Stances sur les Poëtes Epiques,	171
* Ode sur la mort de l'Empereur Charles VI.	173
* Ode à la Reine de Hongrie,	176
* Lettre au Roi de Prusse, ce 20 Avril 1741.	179
* Au même, à Paris ce 15 Mai 1742.	182
* Au même, à Cirey ce 21 Décemb. 1741.	186
* Au même, à Paris ce 1 Novembre 1744.	190
* Stances,	193
A Mr. de Gervasi, Médecin,	195
Epitre de Mr. de Genonville,	198
Lettre de Mr. de V..... à Mr. de C...	201
Le Temple du Goût,	207
Remarques sur le Temple du Goût,	241
SAMSON, Opera,	256
Discours en Vers sur les Evénémens de l'Année 1744.	298
Le Temple de la Gloire,	303
Poëme de Fontenoy,	373

Fin de la Table.

LETTRE*
DU ROY DE PRUSSE
A
Mr. DE VOLTAIRE.

A Sélouits ce 23 Mars 1742.

ON CHER VOLTAIRE,

Je crains de vous écrire, car je n'ai d'autres nouvelles à vous mander que d'une espece dont vous ne vous souciez guéres, ou que vous abhorrez. Si je vous disois, par exemple, que des Peuples de deux diférentes contrées d'Allemagne sont sortis du fond de leurs habitations pour se couper la gorge avec d'autres Peuples dont ils ignoroient jusqu'au nom même, & qu'ils ont été

été chercher jusques dans un pays fort éloigné : Pourquoi ? Parceque leur Maître a fait un Contrat avec un autre Prince, & qu'ils vouloient, joints ensemble, en égorger un troisiéme : Vous me diriez que ces gens sont fous, sots, & furieux de se prêter ainsi au caprice & à la barbarie de leur Maître.

Si je vous disois, que nous nous préparons avec grand soin à détruire quelques murailles élevées à grands frais ; que nous faisons la moisson où nous n'avons point semé, & les maîtres où personne n'est assez fort pour nous résister : Vous vous écririez : Ah barbares ! Ah brigands ! Inhumains que vous êtes, diriez-vous, les Injustes n'heriteront point du Royaume des Cieux, selon *St. Matthieu Chapitre* 12. ℣. 34.

Puisque je prévois ce que vous me diriez sur ces matieres, je ne vous en parlerai point, je me contenterai de vous informer qu'un homme dont vous aurez entendu parler sous le nom du Roy de Prusse, apprenant que les Etats de son Allié l'Empereur, étoient ruïnez par la Reine d'Hongrie, est volé à son secours ; qu'il a joint ses Troupes à celles du Roy de Pologne pour operer une diversion en Basse Autriche ; & qu'il a si bien réussi, qu'il s'attend dans peu à combattre les principales forces de la Reine d'Hongrie pour le service de son Allié. Voilà de la générosité, direz-vous

vous, voilà du Héroïsme. Cependant, cher Voltaire, le premier Tableau & celui-ci sont les mêmes, c'est la même femme qu'on représente premierement en cornettes de nuit lorsqu'elle se dépouille de ses charmes, & ensuite avec son fard, ses dents & ses pompons. De combien de diférentes façons n'envisage-t'on pas les objets? Combien les jugemens ne varient-ils point! Les hommes condamnent le soir ce qu'ils approuvoient le matin; ce même Soleil qui leur plaisoit en son aurore les fatigue en son couchant. De-là viennent ces réputations, établies, éfacées, & qui se rétablissent pourtant; & nous sommes assez insensez pour nous donner, par la réputation, du mouvement pendant notre vie entiere. Est-il possible qu'on ne se soit pas détrompé de cette fausse monnoye depuis le tems qu'elle est connuë? &c.

LETTRE DE Mr. DE VOLTAIRE *
au Roy de Prusse.

SIRE,

Pendant que j'étois malade VOTRE MAJESTÉ a fait plus de belles actions que

* Nous n'avons pu trouver la datte de cette Lettre. Il paroît qu'elle est de l'année 1742.

que je n'ai eu d'accez de fiévre. Je ne pouvois répondre aux dernieres bontez de VOTRE MAJESTÉ. Où aurois-je d'ailleurs adressé ma Lettre? A Vienne? A Presbourg? A Temeswar? Vous pouviez être dans quelqu'une de ces Villes; & même, s'il est une Etre qui puisse se trouver en plusieurs lieux à la fois, c'est assurément Votre Personne, en qualité d'image de la Divinité, & d'image très-pensante & très-agissante. Enfin, SIRE, je n'ai point écrit parceque j'étois dans mon lit quand VOTRE MAJESTÉ couroit à cheval au milieu des néges & des succez.

> D'Esculape les favoris,
> Sembloient même me faire accroire
> Que j'irois dans le seul pays
> Où n'arrive point votre gloire;
> Dans ce pays dont par malheur
> On ne voit point de Voyageur
> Venir vous dire des nouvelles;
> Dans ce pays où tous les jours
> Les ames lourdes & cruelles,
> Et des Hongrois & des Pandours,
> Vont au Diable au son des tambours,
> Par votre ordre & pour vos querelles;
> Dans ce pays dont tout Chrétien,
> Tout Juif, tout Musulman raisonne,
> Dont on parle en Chaire, en Sorbonne,
> Sans jamais en deviner rien,

Ainsi

Ainsi que le Parisien,
Badaut crédule & satirique,
Fait des Romans de politique,
Parle tantôt mal, tantôt bien,
De *Beleile* & de vous peut-être;
Et dans son léger entretien
Vous juge à fonds sans vous connaître.

Je n'ai mis qu'un pié sur le bord du Stix; mais je suis très-fâché, SIRE, du nombre des pauvres malheureux que j'ai vu passer. Les uns arrivoient de Sharding, les autres de Prague, ou Diglau. Ne cesserez-vous point, vous & les Rois vos Confreres, de ravager cette Terre que vous avez, dites-vous, tant d'envie de rendre heureuse!

Au-lieu de cette horrible Guerre
Dont chacun sent les contre-coups,
Que ne vous en rapportez-vous,
A ce bon Abbé de Saint Pierre?

Il vous accorderoit tout aussi aisément que Licurgue partagea les Terres de Sparte, & qu'on donne des portions égales aux Moines. Il établirait les quinze Dominations de Henri IV. Il est vrai pourtant que Henri IV. n'a jamais songé à un tel projet. Les Commis du Duc de Sully, qui ont fait ses Mémoires, en ont parlé; mais le Sécretaire d'Etat Villeroy, Ministre des Affaires

res Etrangeres, n'en parle point. Il est plaisant qu'on ait attribué à Henri IV. le projet de déranger tant de Trônes, quand il venoit à peine de s'affermir sur le sien. En attendant, SIRE, que la Diette Européance, ou Europaine, s'assemble pour rendre tous les Monarques modérez & contents, VOTRE MAJESTÉ m'ordonne de lui envoyer ce que j'ai fait depuis peu du siécle de Louis XIV. car elle a le tems de lire quand les autres hommes n'ont point de tems. Je fais venir mes Papiers de Bruxelles; je les ferai transcrire pour obéïr aux Ordres de VOTRE MAJESTÉ. Elle verra peut-être que j'embrasse un trop grand terrein: mais je travaillais principalement pour Elle, & j'ai jugé que la Sphere du monde n'étoit pas trop grande. J'aurai donc l'honneur, SIRE, d'envoyer dans un mois à VOTRE MAJESTÉ un énorme Paquet, qui la trouvera au milieu de quelque bataille, ou dans une tranchée. Je ne sçai si vous êtes plus heureux dans tout ce fracas de gloire, que vous l'étiez dans cette douce retraite de Remusberg.

Cependant, GRAND ROI, je vous aime,
Tout autant que je vous aimai,
Lorsque vous étiez renfermé
Dans Remusberg & dans vous-même,
Lorsque vous borniez vos Exploits

A combattre avec éloquence
L'erreur, les vices, l'ignorance,
Avant de combattre des Rois.

Recevez, SIRE, avec votre bonté ordinaire, mon profond respect, de cette tendre vénération qui ne finira jamais.

VOLTAIRE.

LETTRE DE Mr. DE VOLTAIRE* au Roy de Prusse.

A Paris ce 26 Mai 1742.

LE Salomon du Nord en est donc l'Alexandre;
Et l'amour de la Terre en est aussi l'effroi!
   Vos ennemis doivent apprendre
Qu'il faut que les Guerriers prennent de vous la loi
   Comme on vit les Savans la prendre!
J'aime peu les Héros, ils font trop de fracas;
Je hais ces Conquérans fiers ennemis d'eux-mêmes,
   Qui dans les horreurs des combats
   Ont placé le bonheur suprême,
Cherchant partout la mort, & la faisant souffrir
   A cent mille hommes leurs semblables.
Plus leur gloire a d'éclat, plus ils sont haïssables,
   O Ciel! que je dois vous haïr!
Je vous aime pourtant, malgré tout ce carnage

Dont vous avez souillé les Champs de nos Germains,
Malgré tous ces Guerriers que vos vaillantes mains
   Font passer au sombre rivage.
Vous êtes un Héros ; mais vous êtes un Sage :
Votre raison maudit les exploits inhumains.
   Où vous força votre courage,
Au milieu des canons sur des morts entassez,
Affrontant le trépas, & fixant la Victoire,
Du sang des malheureux cimentant votre gloire ;
Je vous pardonne tout si vous en gémissez.

Je songe à l'humanité, SIRE, avant de songer à vous-même ; mais après avoir en Abbé de St. Pierre pleuré sur le Genre-Humain dont vous devenez la terreur, je me livre à toute la joye que me donne votre gloire. Cette gloire sera complette si VOTRE MAJESTÉ force la Reine de Hongrie à recevoir la Paix, & les Allemans à être heureux. Vous voilà le Héros de l'Allemagne, & l'Arbitre de l'Europe ; vous en serez le Pacificateur, & nos Prologues d'Opera seront pour vous.

La fortune qui se joüe des hommes, mais qui vous semble asservie, arrange plaisamment les événemens de ce monde. Je sçavois bien que vous feriez de grandes actions ; j'étois sûr du beau siécle que vous alliez faire naître ; mais je ne me doutois pas, quand le Comte du Four alloit voir le
Maréchal

Maréchal de Broglie, & qu'il n'en étoit pas trop content, qu'un jour ce Comte du Four auroit la bonté de marcher avec une Armée triomphante au secours du Maréchal, & le délivreroit par une Victoire. Votre Majesté n'a pas daigné jusqu'à présent instruire le monde des détails de cette Journée. Elle a eu, je croi, autre chose à faire que des Relations : mais votre modestie est trahie par quelques témoins oculaires qui disent tous qu'on ne doit le guain de la Bataille qu'à l'excès de courage & de prudence que vous avez montré. Ils ajoutent que mon Héros est toujours sensible, & que ce même homme qui fait tuer tant de monde, est au chevet du lit de Mr. de Rotembourg. Voilà ce que vous ne mandez point, & que vous pourriez pourtant avouer, comme des choses qui vous sont toutes naturelles.

Continuez, SIRE; mais faites autant d'heureux au moins dans ce monde, que vous en avez ôté ; que mon Alexandre redevienne Salomon le plûtôt qu'il pourra, & qu'il daigne se souvenir quelquefois de son ancien admirateur, de celui qui par le cœur est à jamais son sujet ; de celui qui viendroit passer sa vie à vos piés, si l'amitié, plus forte que les Rois & les Héros, ne le retenoit pas, & qui sera attaché à jamais à V. M. avec le plus profond respect & la plus tendre vénération. VOLTAIRE.

A 5   LETTRE

LETTRE DE Mr. DE VOLTAIRE*
A Monsieur le Président HENAUT, Auteur d'un Ouvrage excellent sur l'Histoire de France.

A Cirey ce 1. Sept. 1744.

O Déesse de la santé,
Fille de la sobrieté,
Et mere des plaisirs du Sage,
Qui sur le matin de notre âge
Fait briller ta vive clarté,
Et répans ta sérénité
Sur le soir d'un jour plein d'orage.

O Déesse, exauce mes vœux,
Que ton étoile favorable
Conduise ce Mortel aimable:
Il est si digne d'être heureux.
Sur HENAUT tous les autres Dieux
Versent la Source inépuisable
De leurs dons les plus prétieux.
Toi qui seule tiendrois lieu d'eux,
Serois-tu seule inexorable ?
Ramene à ses amis charmans,
Ramene à ses belles demeures
Ce Bel-Esprit de tous les tems,
Cet homme de toutes les heures.

Orne

Orne pour lui, pour lui suspends
La course rapide du tems:
Il en fait un si bel usage;
Les devoirs & les agrémens,
En font chez lui l'heureux partage.
Les femmes l'ont pris si souvent
Pour un ignorant agréable;
Les gens en *us* pour un Savant,
Et le Dieu jouflu de la table,
Pour un Connaisseur si gourmand:
Qu'il vive autant que son Ouvrage;
Qu'il vive autant que tous les Rois
Dont il nous décrit les Exploits,
Et la faiblesse & le courage,
Les mœurs, les passions, les Lois,
Sans erreur & sans verbiage.
Qu'un bon estomac soit le prix
De son cœur, de son caractere,
De ses Chansons, de ses Ecrits.
Il a tout, il a l'Art de plaire,
L'Art de nous donner du plaisir,
L'Art si peu connu de jouïr:
Mais il n'a rien s'il ne digere.

GRAND DIEU, je ne m'étonne pas
Qu'un ennuyeux, un *Des Fontaines*,
Entouré dans son galatas
De ses Livres rongez des rats,
Nous endormant, dorme sans peine,
Et que le bouc soit gros & gras.

Jamais Eglé, jamais Sylvie,
Jamais Lise à son soupé ne prie,
Un Pédant à citations.
Sans goût, sans grace & sans génie;
Sa personne, en tous lieux honnie,
Est réduite à ses noirs gitons.
Hélas! les indigestions
Sont pour la bonne Compagnie.

Après cette Hymne à la santé que je fais du meilleur de mon cœur, souffrez, Monsieur, que j'y ajoute mentalement un petit *Gloria Patri*. Pour moi j'ai autant besoin d'elle que vous : mais c'étoit de vous que j'étois le plus occupé. Quelle commence par vous donner ses faveurs comme de raison ; buvez guaiment, si vous pouvez, vos eaux de Plombieres ; & revenez vîte à Cirey avant que les Houzards Autrichiens viennent en Lorraine. Ces gens-là ne font boire que des eaux du Stix. Souvenez-vous que dans la foule de ceux qui vous aiment il y a deux cœurs ici qui méritent que vous vous arrêtiez sur la route.

ODE
SUR LE FANATISME.

CHARMANTE & sublime Aspasie,
Amante de la vérité ;
Ta solide Philosophie
T'a prouvé la Divinité :
Tu connois cet Etre Suprême,
Dont ton cœur est la bonté même ;
Dans ton esprit est la grandeur,
Tu parois son plus bel ouvrage,
Et tu lui rends un digne hommage,
Exempt de foiblesse & d'erreur.

❈❈❈

Mais si les traits de l'Athéïsme
Sont repoussez par ta raison,
De la coupe du Fanatisme
Ta main renverse le poison :
Tu sers la Justice éternelle,
Sans l'âcreté de ce faux zéle
De tant de Dévots * malfaisans,
Tel qu'un sujet sincere & juste,
Sçait approcher d'un Trône auguste
Sans les vices des Courtisans.

---
* Faux Dévots.

Ode sur le Fanatisme.

Ce Fanatisme Sacrilége
Est sorti du sein des Autels ;
Il les profane, il les assiége ;
Il en écarte les Mortels.
O Religion bienfaisante !
Ce farouche ennemi se vante
D'être né dans ton chaste flanc.
Mere tendre, Mere adorable !
Croira-t'on qu'un Fils si coupable
Ait été formé de ton sang ?

On a vû du moins des Athées
Sociables dans leurs erreurs,
Leurs opinions infectées
N'avoient point corrompu leurs mœurs.
Des Barreaux fut doux, juste & aimable : *
Le Dieu que son esprit coupable
Avoit follement combattu,
Prenant pitié de sa foiblesse,
Lui laissa l'humaine Sagesse,
Et les ombres de la Vertu.

Je sentirois quelque indulgence
Pour un aveugle audacieux,

Qui

* Il étoit Conseiller au Parlement ; il paya à des Plaideurs les frais de leur Procès qu'il avoit trop différé de rapporter.

Qui nieroit l'utile existence
De l'Astre qui brille à mes yeux.
Ignorer ton Etre Suprême,
Grand Dieu! c'est un moindre blasphême,
Et moins digne de ton courroux,
Que de te croire impitoyable,
De nos malheurs insatiable,
Jaloux, injuste comme nous.

Lorsqu'un mortel atrabilaire,
Nourri de superstition,
A, par cette affreuse chimere,
Corrompu sa Religion:
Son ame alors est endurcie,
Sa raison s'enfuit obscurcie,
Rien n'a plus sur lui de pouvoir;
Sa justice est folle & cruelle;
Il est dénaturé par zéle,
Et sacrilége par devoir.

Ce Senat proscrit dans la France,
Cette infâme Inquisition,
Ce Tribunal où l'ignorance
Traîna si souvent ta raison;
Cette Troupe folle, inhumaine,
Qui tient le bon-sens à la gêne,
Et l'Innocence dans les fers;
Par son zéle absurde aveuglée,

Osa condamner *Galilée*,
Pour avoir connu l'Univers.

Ecoutez ce signal terrible
Qu'on vient de donner dans Paris;
Regardez ce carnage horrible;
Entendez ces lugubres cris.
Le frere est teint du sang du frere,
Le fils assassine son pere;
La femme égorge son époux;
Leurs bras sont armez par des Prêtres.
O Ciel ! Sont-ce-là les Ancêtres
De ce Peuple léger & doux?

Janseniftes & Moliniftes,
Vous qui combattez aujourd'hui
Avec les Raisons de Sophistes,
Leurs traits, leur bile & leur ennui;
Tremblez qu'enfin votre querelle
Dans vos murs un jour ne rappelle
Ces temps de vertige & d'horreur.
Craignez ce zéle qui vous presse;
On ne sent pas dans son yvresse
Jusqu'où peut aller sa fureur.

Enfans ingrats d'un même pere,
Si vous prétendez le servir,

Ode sur le Fanatisme.

Si vous aspirez à lui plaire,
Est-ce à force de vous haïr ?
Est-ce en déchirant l'héritage
Qu'un pere & si tendre & si sage,
Du haut des Cieux nous a transmis ?
L'Amour étoit votre partage.
Cruels ! auriez-vous plus de rage
Si vous étiez nez ennemis ?

Malheureux, voulez-vous entendre
La Loi de la Religion ?
Dans Marseille il falloit l'apprendre
Au sein de la contagion,
Lorsque la tombe étoit ouverte ;
Lorsque la Provence couverte
Par les semences du trépas,
Pleurant ses Villes désolées,
Et ses Campagnes dépeuplées,
Fit trembler tant d'autres Etats.

❖ ❖ ❖ ❖

Belzuns, ce Pasteur vénérable,
Sauvoit son Peuple périssant :
Langeron, Guerrier secourable,
Bravoit un trépas renaissant.
Tandis que vos lâches Cabales,
Dans la molesse & les scandales,
Occupoient votre oisiveté,

Ode sur le Fanatisme.

De ces disputes furieuses,
Sur des chimères épineuses
Qu'oubliera la Postérité

Pour instruire la race humaine,
Faut-il perdre l'humanité ?
Faut-il le flambeau de la haine
Pour éclairer la Vérité ?
Un ignorant, qui de son frere
Soulage en secret la misere,
Est mon exemple & mon Docteur;
Et l'esprit hautin qui dispute,
Qui condamne, qui persécute,
N'est qu'un détestable imposteur.

ODE

POUR MESSIEURS DE L'ACADÉMIE des Sciences,

Qui ont été au Cercle Polaire, & sous l'Equateur, déterminer la figure de la Terre.

O Vérité sublime ! O céleste Uranie !
Esprit né de l'Esprit qui forma l'Univers,
Qui mesure des Cieux la carriere infinie,
  Et qui pese les airs.

※

Tandis que tu conduis sur les gouffres de l'Onde,
Ces Sages, ces Héros, Ministres de tes Loix ;
De l'ardent Equateur, ou du Pole du Monde,
  Entends ma foible voix.

※

Que font tes vrais enfans, vainqueur de la Nature,
Ils arrachent son voile ; & ces rares Esprits
Fixent la pesanteur, la masse & la figure
  De l'Univers surpris.

※

Les Enfers sont émus au bruit de leur voyage,
Je vois paroître au jour les ombres des Héros,
De ces Grecs renommez, qu'admira le rivage
  De l'Antique Colcos.

Argonautes

Ode pour Messieurs de l'Académie.

Argonautes fameux : Demi-Dieux de la Grece,
Castor, Pollux, Orphée, & vous, heureux Jason,
Vous de qui la valeur, & l'amour & l'adresse
   Ont conquis la Toison.

En voyant les travaux, & l'art de nos Grands-
 Hommes,
Que vous êtes honteux de vos travaux passez ?
Votre siécle est vaincu par le Siécle où nous sommes:
   Venez & rougissez.

Quand la Grece parloit, l'Univers en silence,
Respectoit le Mensonge annobli par sa voix ;
Et l'Admiration, fille de l'ignorance,
   Chanta de vains Exploits.

Heureux qui les premiers marchent dans la carriere.
N'y fassent-ils qu'un pas ; leurs noms sont publiez:
Ceux qui, trop tard venus, la franchissent entiere,
   Demeurent oubliez.

Le mensonge réside au Temple de Mémoire ;
Il y grava des mains de la crédulité
Tous ces Fastes des tems destinez pour l'Histoire
   Et pour le Verité.

      Uranie,

Ode pour Messieurs de l'Académie. 21

Uranie, abaissez ces triomphes des Fables;
Effacez tous ces noms qui nous ont abusez;
Montrez aux Nations les Héros véritables
    Que vous seule instruisez.

Le Génois qui chercha, qui trouva l'Amérique,
Cortez qui la vainquit par de plus grands travaux,
En voyant des Français l'entreprise héroïque,
    Ont prononcé ces mots.

L'ouvrage de nos mains n'avoit point eu d'exemple,
Et par nos Descendans ne peut être imité :
Ceux à qui l'Univers a fait bâtir des Temples,
    L'avoient moins mérité.

Nous avons fait beaucoup, vous faites davantage:
Notre nom doit céder à l'éclat qui vous suit :
Plutus guida nos pas : dans ce monde sauvage
    La Vertu vous conduit.

Comme ils parloient ainsi *Newton* dans l'Empirée,
Newton les regardoit, & du Ciel entrouvert :
Confirmez, disoit-il, à la Terre éclairée,
    Ce que j'ai découvert.

Tandis que des humains le troupeau méprisable,
Sous l'empire des sens indignement vaincu,
De ses jours indolens traînant le fil coupable,
    Meurt sans avoir vécu.

Donnez un digne essor à votre ame immortelle ;
Eclairez des esprits nez pour la Vérité :
Dieu vous a confié la plus vive étincelle
　　　De la Divinité.

※

De la raison qu'il donne, il aime à voir l'usage ;
Et le plus digne objet des regards éternels,
Le plus brillant spectacle est l'ame du vrai Sage,
　　　Instruisant les Mortels.

※

Mais surtout écartez ces Serpens détestables,
Ces enfans de l'Envie, & leur soufle odieux ;
Qu'ils n'empoisonnent pas ces ames respectables
　　　Qui s'élevent aux Cieux.

※

Laissez un vil Zoïle aux fanges du Parnasse,
De ses croassemens importuner le Ciel,
Agir avec bassesse, écrire avec audace,
　　　Et s'abreuver de fiel.

※

Imitez ces Esprits, ces fils de la Lumiere,
Confidens du Très-Haut, qui vivent dans son sein,
Qui jettent comme lui, sur la Nature entiere,
　　　Un œil pur & serain.

ODE
SUR LA PAIX.

L'ETNA renferme le Tonnerre
Dans ses épouvantables flancs ;
Il vomit le feu sur la Terre,
Il dévore ses Habitans.
Fuyez, Driades gémissantes,
Ces Campagnes toujours brûlantes,
Ces abîmes toûjours ouverts,
Ces torrens de flâme & de souphre,
Echapez du sein de ce gouffre,
Qui touche aux voûtes des Enfers.

Plus terrible dans ses ravages,
Plus fier dans ses débordemans,
Le Pô renverse ses rivages
Cachez sous ses flots écumans.
Avec lui marche la ruïne,
L'effroi, la Douleur, la Famine,
La Mort, les Désolations ;
Et dans les fanges de Ferrare
Il entraîne à la Mer avare
Les dépouilles des Nations.

Mais ces débordemens de l'Onde,
Et ces combats des Elémens,
Et ces secousses qui du Monde
Ont ébranlé les fondemens :
Fléaux que le Ciel en colere,
Sur ce malheureux Hémisphere
A fait éclater tant de fois,
Sont moins affreux, sont moins sinistres
Que l'ambition des Ministres,
Et que les discordes des Rois.

Que de Nations fortunées
Reposoient aux seins des Beaux Arts !
Avant qu'au haut des Pyrenées
Tonnât la trompette de Mars.
Des Jeux la Troupe enchanteresse,
Les plaisirs, les chants d'allegresse.
Faisoient retentir nos Palais ;
Et les sons de flûtes champêtres,
Mollement à l'ombre des Hêtres,
Célébroient l'Amour & la Paix.

Paix aimable, éternel partage
Des heureux Habitans des Cieux,
Vous étiez l'unique avantage
Qui pouvoit nous approcher d'eux.
Le Tigre acharné sur sa proye,

Sent d'une impitoyable joye
Son ame horrible s'enflamer.
Notre cœur n'est point né sauvage,
Grands Dieux! Si l'Homme est votre image,
C'est qu'il étoit fait pour aimer.

De l'Inde aux bornes de la France,
Le Soleil, en son vaste tour,
Ne voit qu'une famille immense
Que devoit gouverner l'Amour.
Mortels, vous êtes tous des freres :
Jettez ces ames mercénaires.
Que cherchez-vous dans les combats ?
Quels biens poursuit votre imprudence ?
En aurez-vous la joüissance
Dans l'horrible nuit du trépas ?

O superbe, ô triste Italie !
Que tu plains ta fécondité !
Sous tes débris ensevelie,
Que tu déplores ta beauté !
Je vois tes moissons devorées
Par les Nations conjurées
Qui te flattoient de te vanger.
Faible, désolée, expirante,
Tu combats d'une main tremblante,
Pour le choix d'un Maître étranger.

Ode sur la Paix.

Que toujours armez pour la Guerre,
Nos Rois soient les Dieux de la Paix;
Que leurs mains portent le Tonnerre
Sans se plaire à lancer ses traits.
Nous chérissons un Berger sage,
Qui dans un heureux paturage
Unit les troupeaux sous ses Lois.
Malheur au Pasteur sanguinaire,
Qui les expose en téméraire,
A la dent du Tyran des Bois.

Eh! que m'importe la victoire
D'un Roi qui me perce le flanc,
D'un Roi dont j'achete la gloire
De ma fortune & de mon sang?
Quoi! Dans l'horreur de l'indigence,
Dans les langueurs, dans la souffrance,
Mes jours seront-ils plus serains,
Quand on m'apprendra que nos Princes,
Aux Frontieres de nos Provinces,
Nagent dans le sang des Germains?

Colbert, toi qui dans ta Patrie
Amena les Arts & les Jeux;
Colbert, ton heureuse industrie
Sera plus chere à nos neveux,
Que la vigilance infléxible
De Louvois, dont la main terrible

Embrasoit

Ode sur la Paix.

Embrasoit le Palatinat;
Et qui sous la Mer irritée,
De la Hollande épouvantée,
Vouloit anéantir l'Etat.

✣✣✣·✣✣✣

Que Louis, jusqu'au dernier Age,
Soit honoré du nom de GRAND:
Mais que ce nom s'accorde au Sage;
Qu'on le refuse au Conquérant.
C'est dans la Paix que je l'admire;
C'est dans la Paix que son Empire
Fleurissoit sous ses justes Lois;
Quand son Peuple aimable & fidéle,
Fut des Peuples l'heureux modéle,
Et lui le modéle des Rois.

B 2   LETTRE

* LETTRE DE Mr. DE VOLTAIRE
au Roi de Prusse.

S IRE,

J'A i reçu votre Lettre aimable,
Et vos Vers fins & délicats,
Pour prix de l'énorme fatras
Dont, moi Pédant, je vous accable.
C'est ainsi qu'un franc Discoureur,
Croyant captiver le suffrage
De quelque Esprit supérieur,
En de longs arguments s'engage.
L'homme d'esprit, par un bon mot
Répond à tout ce verbiage,
Et le Discoureur n'est qu'un sot.

Votre humanité est plus adorable que jamais : il n'y a plus moyen de vous dire toûjours VOTRE MAJESTÉ. Cela est bon pour des Princes de l'Empire qui ne voyent en vous que le Roi : mais moi, qui vois l'homme, & qui ai quelquefois de l'Entousiasme, j'oublie dans mon yvresse le Monarque, pour ne songer qu'à cet homme enchanteur.

au Roi de Prusse.

Dites-moi par quel Art sublime
Vous avez pû faire à la fois
Tant de progrez dans l'Art des Rois,
Et dans l'Art charmant de la rime ?
Cet Art des Vers est le premier,
Il faut que le monde l'avouë ;
Car des Rois que ce monde louë,
L'un fut prudent, l'autre Guerrier ;
Celui-ci, guai, doux & paisible,
Joignit le Myrthe à l'Olivier,
Fut indolent & familier ;
Cet autre ne fut que terrible.
J'admire leurs talents divers,
Moi qui compile leur Histoire.
Mais aucun d'eux n'obtint la gloire
De faire de si jolis Vers.

Si la Reine de Hongrie & le Roi mon Seigneur & Maître, voyoient la Lettre de Votre Majesté, ils ne pourroient s'empêcher de rire, malgré le mal que vous avez fait à l'une, & le bien que vous n'avez pas fait à l'autre. Votre comparaison d'une Coquette est même de quelque chose de mieux, qui a donné des faveurs un peu cuisantes, & qui se moque de ses Galants dans les remedes, est une chose aussi plaisante qu'en ayent dit les Cesars & les Antoines, & les Octaves vos devanciers, gens à grandes actions & à bons mots. Faites comme vous l'entendrez avec

les

les Rois : battez-les, quittez-les, querellez-vous, racommodez-vous ; mais ne soyez jamais inconstant pour les Particuliers qui vous adorent.

> Vos faveurs étoient dangereuses
> Aux Rois qui le méritent bien.
> Tous ces Héros-là n'aiment rien,
> Et leurs promesses sont trompeuses.
> Mais moi qui ne vous trompe pas,
> Et dont l'amour toûjours fidelle
> Sent tout le prix de vos appas ;
> Moi qui vous eusse aimé cruelle,
> Je jouïrai sans repentir
> Des caresses & du plaisir
> Que fait votre Muse infidelle.

Il plaint ici de mauvais Livres & de mauvais Vers. Mais comme VOTRE MAJESTÉ ne juge pas de tous nos Guerriers par l'avanture de Lints, Elle ne juge pas non-plus de l'esprit des Français par les Etrennes de la St. Jean, ni par les grossieretez de *l'Abbé des Fontaines*.

Il n'y a rien de nouveau parmi nos Sibarites de Paris. Voici le seul trait digne, je crois, d'être conté à VOTRE MAJESTÉ. Le Cardinal de Fleury, après avoir été assez malade, s'avisa il y a deux jours, ne sçachant que faire, de dire la Messe à un petit Autel, au milieu d'un Jardin où il geloit.

oit. Mr. Amelot & Mr. de Breteüil
iverent, & lui dirent qu'il se joüoit à
tuer : *Bon bon, Messieurs,* dit-il, *vous
...s des doüillets.* A quatrevingt-dix ans,
...el homme ! SIRE, vivez autant, dus-
...z-vous dire la Messe à cet âge, & moi
...servir. Je suis avec le plus profonds
...pect, &c.

*A Paris ce 2 Octo-
bre 1743.*

B 4 AVER-

AVERTISSEMENT
DE L'EDITEUR.

LE premier Discours prouve l'égalité des conditions ; c'est-à-dire, qu'il y a dans chaque Profession une mesure de biens & de maux, qui les rend toutes égales.

Le second, que l'homme est libre, & qu'ainsi c'est à lui à faire son bonheur.

Le troisiéme, que le plus grand obstacle au bonheur, est l'envie.

Le quatriéme, que pour être heureux il faut être moderé en tout.

Le cinquiéme, que le plaisir vient de Dieu.

Le sixiéme, que le bonheur parfait ne peut être le partage de l'homme en ce monde, & que l'homme n'a point à se plaindre de son état.

DISCOURS

DISCOURS
EN VERS
SUR L'HOMME.

PREMIER DISCOURS.
De l'égalité des Conditions.

MI dont la vertu toûjours facile &
pure,
A suivi par raison l'instinct de la Na-
ture,
Qui sçais à ton état conformer tes désirs,
Satisfait sans fortune, & sage en tes plaisirs :
Heureux qui, comme toi, docile à son génie,
Dirigea prudemment la course de sa vie ;
Son cœur n'entend jamais la voix du repentir :
Enfermé dans sa sphere, il n'en veut point sortir.
Les états sont égaux : mais les hommes different ;
Où l'imprudent périt, les habiles prosperent :
Le bonheur est le port où tendent les humains.

Les écueils sont fréquens, les vents sont incertains,
Le Ciel, pour aborder cette rive étrangere,
Accorde à tout mortel une barque légere.
Ainsi que les secours, les dangers sont égaux,
Qu'importe, quand l'orage a soulevé les eaux :
Que ta pourpre soit peinte, & que ton mât déploye
Une voile de pourpre & des cables de soye ?
L'Art du Pilote est tout ; & pour dompter les vents,
Il faut la main du Sage, & non des ornemens.

   Eh quoi ! me dira-t-on, quelle erreur est la
      vôtre ?
N'est-il aucun état plus fortuné qu'un autre ?
Le Ciel a-t-il rangé les mortels au niveau ?
La femme d'un Commis, courbé sur son bureau,
Vaut-elle une Princesse auprès du Trône assise ?
N'est-il pas plus plaisant pour tout homme d'Eglise,
D'orner son front tondu d'un chapeau rouge ou
      vert,
Que d'aller, d'un vil froc obscurément couvert,
Recevoir à genoux, après Laudes ou Matine,
De son Prieur cloîtré vingts coups de discipline ?
Sous un triple mortier n'est-on pas plus heureux
Qu'un Clerc enseveli dans un Greffe poudreux ?
Non ; Dieu seroit injuste, & la sage Nature,
Dans ses dons partagez garde plus de mesure.
Pense-t-on qu'ici-bas son aveugle faveur
Au char de la Fortune attache le bonheur ?
Jamais un Colonel n'auroit donc l'impudence
D'égaler en plaisirs un Maréchal de France ?

                         L'Em-

L'Empereur est toûjours, grace à tant de grandeurs,
Plus fortuné, lui seul, que les sept Electeurs:
Et le Roi des Romains seroit un téméraire
De prétendre un moment au bonheur du Saint
 Pere.
Crois-moi, Dieu d'un autre œil voit les foibles
 humains,
Formez tous du limon qu'ont animé ses mains.
Admirons de ses dons le différent partage:
Chacun de ses enfans reçut un héritage.
Le terrein le moins vaste a sa fécondité,
Et l'ingrat qui se plaint est seul deshérité.
Possedons sans fierté, subissons sans murmure
Le sort que nous a fait l'Auteur de la Nature.
Dieu, qui nous a rangé sous différentes Lois,
Peut faire autant d'heureux, non pas autant de
 Rois.

On dit qu'avant la Boëte apportée à Pandore,
Nous étions tous égaux ; nous le sommes encore.
Avoir les mêmes droits à la félicité,
C'est pour nous la parfaite & seule égalité.
Vois-tu dans ces valons ces Esclaves champêtres,
Qui creusent ces rochers, qui vont fendre ces hê-
 tres ;
Qui détournent ces eaux ; qui, la bêche à la main,
Fertilisent la terre en déchirant son sein ?
Ils ne sont point formez sur le brillant modéle
De ces Pasteurs galans qu'a chantez *Fontenelle.*

B 6

Ce n'est point *Timarette*, & le tendre *Tyrcis*,
De roses couronnez, sous des myrthes assis,
Entrelassant leurs noms sur l'écorce des Chênes;
Vantant avec esprit leurs plaisirs & leurs peines.
C'est Pierrot, c'est Colin, dont le bras vigoureux
Souleve un Char tremblant dans un fossé bourbeux.
Perrette au point du jour est aux champs la premiere.
Je les vois haletans, & couverts de poussiere,
Bravant dans ces travaux, chaque jour répétez,
Et le froid des Hyvers, & le feu des Etez.
Ils chantent cependant, leur voix fausse & rustique,
Gayement de *Pellegrin* détonne un vieux Cantique.
La paix, le doux sommeil, la force, la santé,
Sont le fruit de leur peine & de leur pauvreté.
Si Colin voit Paris, ce fracas de merveilles,
Sans rien dire à son cœur, assourdit ses oreilles;
Il ne désire point ces plaisirs turbulens;
Il ne les conçoit pas, il regrette ses champs.
Dans ses champs fortunez l'Amour même l'apelle,
Et tandis que Damis, courant de Belle en Belle,
Sous des lambris dorez, & vernis par Martin,
Des intrigues du tems composant son destin,
Duppé par sa Maîtresse, & haï par sa femme,
Prodigue à vingt Beautez ses Chansons & sa flâme;
Quitte Eglée qui l'aimoit, pour Cloris qui le fuit,
Et prend pour volupté le scandale & le bruit.

Colin,

Colin, plus vigoureux, & pourtant plus fidelle,
Revole vers Lisette en la saison nouvelle.
Il vient, après trois mois de regrets & d'ennui,
Lui présenter des dons aussi simples que lui.
Il n'a point à donner ces riches bagatelles,
Qu'*Hébert* vent à crédit pour tromper tant de
  Belles.
Sans tous ces riens brillans il peut toucher un
  cœur ;
Il n'en a pas besoin : C'est le fard du bonheur.

L'Aigle, fiere & rapide, aux aîles étenduës,
Suit l'objet de sa flâme, élancé dans les nuës.
Dans l'ombre des Vallons le Taureau bondissant,
Cherche en paix sa Genisse, & l'aime en mugissant.
Au retour du Printems la douce Philomele
Attendrit par ses chants sa compagne fidéle ;
Et du sein des buissons, le moucheron léger,
Se mêle, en bourdonnant, aux insectes de l'air ;
De son être content, qui d'entr'eux s'inquiette,
S'il est quelqu'autre espece, ou plus ou moins par-
  faite ?
Et qu'importe à mon sort, à mes plaisirs présens,
Qu'il soit d'autres heureux, qu'il soit des biens plus
  grands ?

Mais, quoi ! cet indigent, ce mortel faméli-
  que,
Cet objet dégoutant de la pitié publique,
D'un cadavre vivant traînant le reste affreux ;
  Respirant

Respirant pour souffrir, est-il un homme heureux?
Non, sans doute; & Tamas qu'un Esclave détrône,
Ce Visir déposé, ce Grand qu'on emprisonne,
Ont-ils des jours sérains quand ils sont dans les fers ?
Tout état a ses maux, tout homme a ses revers.
Moins hardi dans la paix, plus actif dans la guerre,
Charles auroit sous ses loix retenu l'Angleterre,
Et *Dufresni*, plus sage & moins dissipateur,
Ne fût point mort de faim, digne mort d'un Auteur.
Tout est égal enfin : La Cour a ses fatigues :
L'Eglise a ses combats, la Guerre a ses intrigues :
Le mérite modeste est souvent obscurci.
Le malheur est partout; mais le bonheur aussi.
Ce n'est point la grandeur, ce n'est point la bassesse,
Le bien, la pauvreté, l'âge mûr, la jeunesse,
Qui fait, ou l'infortune, ou la félicité.

JADIS le pauvre Irus, honteux & rebuté,
Contemplant de Crésus l'orgueilleuse opulence,
Murmuroit hautement contre la Providence.
Que d'honneurs ! disoit-il ; que d'éclat ! que de bien !
Que Crésus est heureux ! Il a tout, & moi rien.
Comme il disoit ces mots une Armée en furie
Attaque en son Palais le Tyran de Carie.
De ses vils Courtisans il est abandonné ;
Il fuit, on le poursuit ; il est pris, enchaîné ;

On pille ses Trésors, on ravit ses Maîtresses ;
Il pleure ; il apperçoit au fort de ses détresses,
Gus, le pauvre Irus, qui parmi tant d'horreurs,
Sans songer aux Vaincus boit avec les Vainqueurs.
O Jupiter ! dit-il. O sort inéxorable !
Gus est trop heureux, je suis seul misérable.
Ils se trompoient tous deux, & nous nous trom-
   pons tous.
Quand du destin d'un autre, évidemment jaloux,
Nous cédons à l'éclat qu'un beau dehors imprime.
Tous les cœurs sont cachez ; tout homme est un
   abîme.
La joye est passagere, & le titre trompeur.
Hélas ! Où donc chercher ? Où trouver le bon-
   heur ?
Cet Etre si vanté, qu'on croit imaginaire ?
Où ? Chez toi, dans ton cœur, & dans ton ca-
   ractére.

DEUXIÉME

DEUXIÉME DISCOURS
DE LA LIBERTE'.

Dans le cours de nos ans, étroit & court paſ-
　ſage,
Si le bonheur qu'on cherche eſt le prix du vrai Sage,
Qui pourra me donner ce Tréſor précieux ?
Dépend-il de moi-même ? Eſt-ce un préſent des
　Cieux ?
Eſt-il comme l'Eſprit, la Beauté, la Naiſſance,
Partage indépendant de l'humaine Prudence ?
Suis-je libre en effet ? Ou mon ame ou mon corps
Sont-ils d'un autre agent les aveugles reſſorts ?
Enfin, ma volonté qui me meut, qui m'entraîne,
Dans le Palais de l'ame eſt-elle eſclave ou Reine ?

　Obscurement plongé dans ce doute cruel,
Mes yeux, chargez de pleurs, ſe tournoient vers
　le Ciel.
Lorſqu'un de ces Eſprits, que le Souverain Etre
Plaça près de ſon Trône, & fit pour le connoître,
Qui reſpirent dans lui, qui brûlent de ſes feux,
Deſcendit juſqu'à moi de la voûte des Cieux ;
Car on voit quelquefois ces fils de la lumiere,
Eclairer d'un mondain l'ame ſimple & groſſiére,
Et fuïr obſtinément tout Docteur orgueilleux,
Qui dans ſa Chaire aſſis, penſe être au-deſſus
　d'eux.

De la Liberté. 41

Le cerveau troublé des vapeurs d'un Syſtême,
Prend ſes brouillars épais pour le jour du Ciel même

Ecoute, me dit-il, prompt à me conſoler,
Ce que tu peux entendre, & qu'on peut révéler.
J'ai pitié de ton trouble ; & ton ame ſincere,
Puiſqu'elle ſçait douter, mérite qu'on l'éclaire.
Oui, l'homme ſur la terre eſt libre ainſi que moi ;
C'eſt le plus beau préſent de notre commun Roi.
La Liberté qu'il donne à tout Etre qui penſe,
Fait des moindres eſprits, & la vie & l'eſſence.
Qui conçoit, veut, agit, eſt libre en agiſſant ;
C'eſt l'attribut divin de l'Etre Tout-puiſſant.
Il en fait un partage à ſes enfans qu'il aime.
Nous ſommes ſes enfans, des ombres de lui-même.
Il connut, il voulut, & l'Univers naquit.
Ainſi, lorſque tu veux, la matiere obéït.
Souverain ſur la Terre, & Roi par la penſée,
Tu veux, & ſous tes mains la Nature eſt forcée.
Tu commandes aux Mers, au ſoufle des Zéphirs,
A ta propre penſée, & même à tes déſirs.
Ah ! ſans la Liberté que ſeroient donc nos ames ?
Mobiles agitez par d'inviſibles flâmes,
Nos vœux, nos actions, nos plaiſirs, nos dégoûts,
De notre Etre en un mot, rien ne ſeroit à nous.
D'un Artiſan ſuprême, impuiſſantes machines,
Automates penſans ; mûs par de mains divines,
Nous ſerions à jamais de menſonge ocupez,

Vils

Vils inſtrumens d'un Dieu qui nous auroit trompez.

Comment, ſans liberté, ſerions-nous ſes images?
Que lui reviendroit-il de ſes brutes Ouvrages?
On ne peut donc lui plaire, on ne peut l'offenſer;
Il n'a rien à punir, rien à récompenſer,
Dans les Cieux, ſur la Terre, il n'eſt plus de juſtice,
Caton fut ſans vertu, Catilina ſans vice.
Le deſtin nous entraîne à nos affreux penchans,
Et ce cahos du monde eſt fait pour les méchans.
L'oppreſſeur inſolent, l'uſurpateur avare,
Cartouche, Mirivis, ou tel autre barbare
Plus coupable enfin qu'eux, le calomniateur
Dira: Je n'ai rien fait, Dieu ſeul en eſt l'Auteur;
Ce n'eſt pas moi, c'eſt lui qui manque à ma parole,
Qui frappe par mes mains, pille, brûle, viole;
C'eſt ainſi que le Dieu de Juſtice & de Paix,
Seroit l'Auteur du trouble, & le Dieu des forfaits.
Les triſtes partiſans de ce Dogme effroyable,
Diroient-ils rien de plus s'ils adoroient le Diable?

J'etois, à ce diſcours, tel qu'un homme enyvré,
Qui s'éveille en ſurſaut, d'un grand jour éclairé,
Et dont la clignotante & débile paupiere
Lui laiſſe encor à peine entrevoir la lumiere.
J'oſai répondre enfin, d'une timide voix:

Interprête

De la Liberté.

Interprête sacré des éternelles Loix,
Pourquoi, si l'homme est libre, a-t-il tant de foi-
  blesse ?
Que lui sert le flambeau de sa vaine Sagesse ?
Il le suit, il s'égare ; & toujours combattu,
Il embrasse le crime en aimant la Vertu.
Pourquoi ce Roi du monde, & si libre & si sage,
Subit-il si souvent un si dur esclavage ?

L'ESPRIT consolateur à ces mots répondit :
Quelle douleur injuste accable ton esprit !
La liberté, dis-tu, t'est quelquefois ravie :
Dieu te la devoit-il immuable, infinie,
Égale en tout état, en tout tems, en tout lieu ?
Tes destins sont d'un homme, & tes vœux sont
  d'un Dieu.
Quoi ! Dans cet Océan, cet atôme qui nage,
Dira : L'immensité doit être mon partage.
Non, tout est faible en toi, changeant & limité ;
Ta force, ton esprit, tes membres, ta beauté.
La Nature, en tous sens, a des bornes prescrites,
Et le pouvoir humain seroit seul sans limites !
Mais, dis-moi, quand ton cœur formé de passions,
Se rend malgré lui-même à leurs impressions ;
Qu'il sent dans ses combats sa liberté vaincuë,
Tu l'avois donc en toi, puisque tu l'as perduë ?
Une fiévre brûlante, attaquant tes ressorts,
Vient, à pas inégaux, miner ton foible corps.
Mais, quoi ! Par ce danger répandu sur ta vie,
Ta santé pour jamais n'est point anéantie.

On

On te voit revenir des portes de la mort,
Plus ferme, plus content, plus tempérant, plus fort,
Connois mieux l'heureux don que ton chagrin reclame,
La Liberté dans l'homme est la santé de l'Ame.
On la perd quelquefois, la soif de la grandeur,
La colere, l'orgueil, un Amour suborneur,
D'un désir curieux les trompeuses saillies.
Hélas ! Combien le cœur a-t-il de maladies ?
Mais contre leur assaut tu seras raffermi ;
Prend ce Livre sensé, consulte cet Ami,
(Un Ami, don du Ciel, & le vrai bien du Sage)
Voilà l'*Helvetius*, le *Sylva*, le *Vernage*,
Que le Dieu des humains, prompt à les secourir,
Daigne leur envoyer sur le point de périr.
Est-il un seul mortel de qui l'ame insensée,
Quand il est en péril ait une autre pensée ?
Vois de la Liberté cet ennemi mutin,
Aveugle partisan d'un aveugle destin.
Entends comme il consulte, approuve ou délibére;
Entends de quel reproche il couvre un adversaire;
Vois comment d'un rival il cherche à se venger;
Comme il punit son fils, & le veut corriger.
Il le croyoit donc libre ? Oüi, sans doute, & lui-même
Dément à chaque pas son funeste Systême.
Il mentoit à son cœur, en voulant expliquer
Ce dogme absurde à croire, absurde à pratiquer.
Il reconnoît en lui le sentiment qu'il brave,
Il agit comme libre, & parle comme esclave.

SUR

De la Liberté. 45

Sur de ta Liberté, rapporte à son Auteur
Le don que sa bonté te fit pour ton bonheur ;
Commande à ta raison d'éviter ces querelles,
Des Tyrans de l'esprit disputes immortelles ;
Ferme en tes sentimens, & simple dans ton cœur,
Aime la Vérité ; mais pardonne à l'Erreur.
Fuis les emportemens d'un zéle atrabilaire,
Ce mortel qui s'égare est un homme, est ton frere ;
Sois sage pour toi seul, compâtissant pour lui ;
Fais ton bonheur, enfin, par le bonheur d'autrui.

Ainsi parloit la voix de ce Sage Suprême ;
Ses discours m'élevoient au-dessus de moi-même ;
J'allois lui demander, indiscret dans mes vœux,
Des secrets réservez pour les Peuples des Cieux :
Ce que c'est que l'Esprit, l'Espace, la Matiere,
L'Eternité, le Tems, le Ressort, la Lumiere ;
Etranges questions qui confondent souvent
Le profond Gravesende, & le subtil Mairant,
Et qu'expliquoit envain, dans ses doctes chiméres,
L'Auteur des tourbillons que l'on ne croit plus
    guéres.
Mais, déja s'échappant à mon œil enchanté,
Il voloit au séjour où luit la Vérité.
Il n'étoit pas vers moi descendu pour m'apprendre
Les secrets du Très-haut, que je ne puis compren-
    dre ;
Mes yeux d'un plus grand jour auroient été blessez ;
Il m'a dit : Sois heureux ; il m'en a dit assez.

TROISIE'ME

TROISIÉME DISCOURS.
DE L'ENVIE.

SI l'Homme est créé libre, il doit se gouverner:
Si l'Homme a des Tyrans, il les doit détrôner
On ne le sçait que trop; ces Tyrans sont les vices;
Le plus cruel de tous dans ses sombres caprices,
Le plus lâche à la fois, & le plus acharné,
Qui plonge au fond du cœur un trait empoisonné.
Ce bourreau de l'Esprit, quel est-il ? C'est l'Envie.
L'Orgueil lui donna l'être au sein de la Folie.
Rien ne peut l'adoucir, rien ne peut l'éclairer :
Quoiqu'enfant de l'Orgueil, il craint de se montrer,
Le mérite étranger est un poids qui l'accable ;
Semblable à ce Géant si connu dans la Fable,
Triste ennemi des Dieux, par les Dieux écrasé ;
Lançant envain les feux dont il est embrasé.
Il blasphême, il s'agite en sa prison profonde ;
Il croit pouvoir donner des secousses au Monde;
Il fait trembler l'Etna dont il est oppressé :
L'Etna sur lui retombe, il en est terrassé.
J'ai vû des Courtisans, yvres de fausse gloire,
Détester dans *Villars* l'éclat de la Victoire.
Ils haïssoient le bras qui faisoit leur appui.
Il combattoit pour eux, ils parloient contre lui.
Ce Héros eut raison, quand cherchant les batailles,
Il disoit à Louis : *Je ne crains que Versailles.*

Contre

Contre vos Ennemis je marche sans effroi :
Défendez-moi des miens, ils sont près de mon Roi.

Cœurs jaloux ! A quels maux êtes-vous donc en proye ?
Vos chagrins sont formez de la publique joye ;
Convives dégoûtez, l'aliment le plus doux,
Aigri par votre bile, est un poison pour vous.
O vous, qui de l'honneur entrez dans la carriere,
Cette route à vous seul appartient-t'elle entiere ?
N'y pouvez-vous souffrir les pas d'un Concurrent ?
Voulez-vous ressembler à ces Rois d'Orient,
Qui de l'Asie esclave, oppresseurs arbitraires,
Pensent ne bien régner qu'en étranglant leurs freres ?

Lorsqu'aux jeux du Théâtre, écueil de tant d'esprits,
Une Affiche nouvelle entraîne tout Paris :
Quand *Dufréne* & *Gossin*, d'une voix attendrie,
Font parler Zamore, ou Fauste, ou Zénobie,
Le Spectateur content, qu'un beau trait vient saisir,
Laisse couler des pleurs, enfans de son plaisir :
Rufus désesperé, que ce plaisir outrage,
Pleure aussi dans un coin ; mais ses pleurs sont de rage.

Hé bien ! pauvre affligé, si ce fragile honneur
Si ce bonheur d'un autre a déchiré ton cœur,
Mets du moins à profit le chagrin qui t'anime :
Mérite un tel succès, compose, efface, lime.
Le Public applaudit aux Vers du *Glorieux* ;

Est-ce un affront pour toi ? Courage, écris, fais
   mieux ;
Mais garde-toi surtout, si tu crains les Critiques,
D'envoyer à Paris tes *Ayeux chimériques*: (*a*)
Ne fais plus grimacer tes odieux portraits,
Sous des crayons grossiers, pillez chez *Rabelais*.
Tôt ou tard on condamne un Rimeur satirique,
Dont la moderne Muse emprunte un air Gotique,
Et dans un Vers forcé que surcharge un vieux mot,
Couvre son peu d'esprit des phrases de *Marot*.
Ce jargon dans un Conte est encor supportable;
Mais le vrai veut un air, un ton plus respectable.
Si tu veux, faux Dévot, séduire un sot Lecteur,
Au miel d'un froid Sermon, mêle un peu moins
   d'aigreur:
Que ton jaloux orgueil parle un plus doux langage;
Singe de la Vertu, masque mieux ton visage,
La gloire du Rival s'obstine à t'outrager;
C'est en le surpassant que tu dois t'en venger.
Erige un monument plus haut que son trophée ;
Mais pour sifler *Rameau* l'on doit être un Orphée;
Il faut être Psiché pour censurer Vénus.
Eh ! Pourquoi censurer ? Quel triste & vain abus !
On ne s'embellit point en blâmant sa rivale.
Qu'a servi contre Bayle une infâme cabale ?
Par le fougueux Jurieu * Bayle persécuté,

           Sera

(*a*) Mauvaise Comédie qui n'a pû être jouée.
* Jurieu étoit un Ministre Protestant, qui s'acharna
contre Bayle & contre le bon sens ; il écrivit en fol,
& il fit le Prophete : Il prédit que le Royaume de Fran-

De l'Envie.

Sera des bons esprits à jamais respecté,
Et le nom de Jurieu, son rival fanatique,
N'est aujourd'hui connu que par l'horreur publique.
Souvent dans ses chagrins un misérable Auteur
Descend au rôle affreux de calomniateur.
Au lever de Sejan, chez Nestor, chez Narcisse,
Il distille à longs traits son absurde malice.
Pour lui tout est scandale, & tout impiété.
Assurer que ce Globe en sa course emporté,
S'éleve à l'Equateur, en tournant sur lui-même ;
C'est un rafinement d'erreur & de blasphême.
Malbranche est Spinosiste, & *Loke*, en ses Ecrits,
Du poison d'Epicure infecte les esprits.
Pope est un Scélérat, de qui la plume impie
Ose vanter de Dieu la clémence infinie,
Qui prétend follement ! O le mauvais Chrétien !
Que Dieu nous aime tous, & qu'ici tout est bien.

CENT fois plus malheureux, & plus infâme encore,
Est ce Fripier d'Ecrits, que l'intérêt dévore,
Qui vend au plus offrant son encre & ses fureurs ;
Méprisable en son goût, détestable en ses mœurs :
Médisant qui se plaint des brocards qu'il essuye ;

Satirique

ce éprouveroit des révolutions qui ne sont jamais arrivées. Quant à Bayle, on sçait que c'est un des Grands-Hommes que la France ait produits. Le Parlement de Toulouse lui a fait un honneur unique, en faisant valoir son Testament, qui devoit être annullé comme celui d'un Réfugié, selon la rigueur de la Loi, & qu'il déclara valide, comme le Testament d'un homme qui avoit éclairé le Monde, & honoré sa Patrie. L'Arrêt fut rendu sur le raport de Mr. de Senaux, Conseiller

Satirique ennuyeux, disant que tout l'ennuye ;
Criant que le bon goût s'est perdu dans Paris,
Et le prouvant très-bien, du moins par ses Ecrits.

On peut à *Despréaux* pardonner la Satyre :
Il joignit l'art de plaire au malheur de médire.
Le miel que cette Abeille avoit tiré des fleurs,
Pouvoit de sa piqure adoucir les douleurs.
Mais pour un lourd Frelon, méchamment imbécille,
Qui vit du mal qu'il fait, & nuit sans être utile,
On écrase à plaisir cet Insecte orgueilleux,
Qui fatigue l'oreille, & qui choque les yeux.
Quelle étoit votre erreur ? O vous, Peintres vulgaires !
Vous, rivaux clandestins, dont les mains téméraires,
Dans ce Cloître où *Bruno* semble encore respirer ;
Par une lâche envie ont pû défigurer.*
Du *Zeuxis* des Français les sçavantes Peintures,
L'honneur de son pinceau s'acrut par vos injures :
Ces lambeaux déchirez en sont plus précieux ;
Ces traits en sont plus beaux, & vous plus odieux.

Détestons à jamais un si dangereux vice.
Ah ! qu'il nous faut chérir ce trait plein de justice !
D'un Critique modeste, & d'un vrai Bel-Esprit,
Qui, lorsque *Richelieu* follement entreprit
De rabaisser du Cid la naissante merveille,
Tandis que *Chapelain* osoit juger *Corneille* ;

Chargé

* Quelques Peintres, jaloux du Sueur, gâterent ses Tableaux qui sont aux Chartreux.

Chargé de condamner cet Ouvrage imparfait,
Dit, pour tout jugement, je voudrois l'avoir fait :
C'est ainsi qu'un grand cœur sçait penser d'un
    Grand-Homme.

A la voix de *Colbert*, *Bernini* vint de Rome,
De *Perrault* dans le Louvre il admira la main.
Ah ! dit-il, si Paris renferme dans son sein
Des travaux si parfaits, un si rare Génie,
Falloit-il m'appeller du fond de l'Italie ?
Voilà le vrai mérite. Il parle avec candeur ;
L'envie est à ses pieds, la paix est dans son cœur.
Qu'il est grand ! qu'il est doux de se dire à soi-
    même,
Je n'ai point d'ennemis, j'ai des rivaux que j'aime !
Je prens part à leur gloire, à leurs maux, à leurs
    biens,
Les Arts nous ont unis, leurs beaux jours sont les
    miens.
C'est ainsi que la Terre, avec plaisir rassemble
Ces chaînes, ces sapins, qui s'élevent ensemble.
Un suc toûjours égal est préparé pour eux.
Leur pied touche aux Enfers, leur cime est dans
    les Cieux :
Leur tronc inébranlable, & leur pompeuse tête,
Résiste, en se touchant, au coups de la tempête.
Ils vivent l'un par l'autre ; ils triomphent du tems,
Tandis que sous leur ombre on voit de vils serpens
Se livrer, en sifflant, des guerres intestines,
Et de leur sang impur arroser leurs racines.

QUATRIÉME DISCOURS.

DE LA MODERATION EN tout dans l'Etude, dans l'Ambition, dans les Plaisirs.

A Mr. H***.

TOUT vouloir est d'un Fou ; l'excès est son partage ;
La Modération est le Trésor du Sage.
Il sçait régler ses goûts, ses travaux, ses plaisirs,
Mettre un but à sa course, un terme à ses desirs.
Nul ne peut avoir tout ; l'amour de la Science
A guidé ta jeunesse au sortir de l'enfance :
La Nature est ton Livre, & tu prétends y voir
Moins ce qu'on a pensé, que ce qu'il faut sçavoir.
La raison te conduit, avance à sa lumiere ;
Marche ercor quelques pas ; mais borne ta carriere,
Au bord de l'Infini ton cours doit s'arrêter,
Là commence un abyme, il le faut respecter.

REAUMUR, dont la main si sçavante & si sure,
A percé tant de fois la nuit de la Nature,
N'aprendra-t-il jamais par quels subtiles ressorts
L'Eternel Artisan fait végeter les corps ?
Pourquoi l'Aspic affreux, le Tigre, le Pantere,

N'ont

De la Modération en tout, &c.

N'ont jamais adouci leur cruel caractére,
Et que reconnoissant la main qui le nourrit,
Le Chien meurt en léchant le maître qu'il chérit.
D'où vient qu'avec cent pieds qui lui sont inutiles,
Cet Insecte tremblant traîne ses pas débiles ?
Pourquoi ce Ver changeant se bâtit un tombeau,
S'enterre, & résuscite avec un corps nouveau ?
Et le front couronné, tout brillant d'étincelles,
S'élance dans les airs en déployant ses aîles ?
Le sage *Du Fay* parmi ses Plans divers,
Végetaux rassemblez des bouts de l'Univers,
Me dira-t-il pourquoi la tendre Sensitive,
Se flétrit sous nos mains honteuse & fugitive ?

MALADE, & dans un lit, de douleurs accablé,
Par l'éloquent *Silva* vous êtes consolé :
Il sçait l'art de guérir autant que l'art de plaire ;
Demandez à *Silva* par quel secret mystere
Ce pain, cet aliment dans mon corps digeré,
Se transforme en un lait doucement préparé ?
Comment toûjours filtré dans ses routes certaines,
En longs ruisseaux de pourpre il court enfler mes veines ?
A mon corps languissant rend un pouvoir nouveau,
Fait palpiter mon cœur, & penser mon cerveau ?
Il leve au Ciel les yeux, il s'incline, il s'écrie :
Demandez-le à ce Dieu qui nous donna la vie.

* REVOLE *Maupertuis*, de ces Déserts glacez,

* *Cet Ouvrage fut fait en* 1737.

Quatriéme Discours.

Où les rayons du jour font six moix éclipſez;
Apôtre de Newton, digne appui d'un tel maître,
Né pour la vérité, viens la faire connoître.
Héros de la Phyſique, Argonautes nouveaux,
Qui franchiſſez les Monts, qui traverſez les Eaux,
Dont le travail immenſe & l'exacte meſure,
De la Terre étonnée ont fixé la figure;
Dévoilez ces reſſorts qui font la peſanteur.
Vous connoiſſez les Loix qu'établit ſon auteur;
Parlez, enſeignez-moi comment ſes mains fécondes,
Font tourner tant de Cieux, graviter tant de Mon-
    des?
Pourquoi, vers le Soleil notre Globe entraîné
Se meut autour de ſoi ſur ſon axe incliné?
Parcourant en douze ans les céleſtes demeures,
D'où vient que Jupiter a ſon jour de dix heures?
Vous ne le ſçavez point. Votre ſçavant Compas
Meſure l'Univers, & ne le connoît pas.
Je vous vois deſſiner par un Art infaillible,
Les dehors d'un Palais à l'homme inacceſſible;
Les angles, les côtez ſont marquez par vos traits,
Le dedans à vos yeux eſt fermé pour jamais.
Pourquoi donc m'affliger ſi ma débile vuë
Ne peut percer la nuit ſur mes yeux répanduë?
Je n'imiterai point ce malheureux Sçavant,
Qui des feux de l'Etna ſcrutateur imprudent,
Marchant ſur des monceaux de bitume & de cendre,
Fut conſumé du feu qu'il cherchoit à comprendre.

MODERONS-NOUS ſurtout dans notre ambition,

C'eſt

C'est du cœur des humains la grande passion.
On cherche à s'élever beaucoup plus qu'à s'instruire,
Vingt Savans qu'Apollon prenoit soin de conduire,
De l'éclat des grandeurs n'ont pû se détromper.
Au Parnasse ils régnoient, la Cour les vit ramper.
La Cour est de Circé le Palais redoutable,
La Fortune y préside, enchanteresse aimable,
Qui des mains des plaisirs préparant son poison,
Par un filtre invincible assoupit la raison.
Qui la voit est changé, c'est en vain qu'on la brave,
On est arrivé libre, on se retrouve esclave.
Le Guerrier tout couvert du sang des ennemis,
Le Magistrat austere & le grossier Commis,
Et la Dévote adroite, & le Marquis volage,
Tout y cherche, à l'envi, l'argent & l'esclavage,
Laissons ses insensez que leur espoir séduit,
Courir en malheureux au bonheur qui les fuit.
Mes Vers ne peuvent rien contre tant de folie,
La seule adversité peut réformer leur vie.
Parlons de nos plaisirs : Ce sujet plein d'appas,
Est bien moins dangereux, & ne s'épuise pas.
De nos refléxions c'est la source féconde,
Il vaut mieux en parler que des Maîtres du Monde,
Que m'importe leur Trône, & quel Suprême honneur,
Quel éclat peut valoir un sentiment du cœur !

Les plaisirs sont les fleurs que notre divin Maître,
Dans nos champs cultivez autour de nous fait naître.

Chacune a sa saison, & par des soins prudens
On peut en conserver dans l'Hyver de nos ans.
Mais s'il faut les cueillir, c'est d'une main légere,
On flétrit aisément leur beauté passagere :
N'offrez pas à vos sens de molesse accablez,
Tous les parfums de Flore à la fois exhalez :
Il ne faut point tout voir, tout sentir, tout entendre;
Quittons les voluptez pour sçavoir les reprendre;
Le travail est souvent le pere du plaisir,
Je plains l'homme accablé du poids de son loisir.
Le bonheur est un bien que nous vend la Nature,
Il n'est point ici-bas de moissons sans culture :
Tout veut des soins sans doute, & tout est acheté.

REGARDEZ Lucullus, de sa table entêté,
Au sortir d'un spectacle où de tant de merveilles
Le Son perdu pour lui frappe envain ses oreilles;
Il se traîne à souper plein d'un secret ennui,
Cherchant en vain la joye, & fatigué de lui.
Son esprit offusqué d'une vapeur grossiere,
Jette encore quelques traits sans force & sans lumiere;
Parmi les voluptez dont il croit s'enyvrer,
Malheureux ! il n'a pas le tems de désirer.

JADIS trop caressé des mains de la molesse,
Le plaisir s'endormit au sein de la paresse;
La langueur l'accabla; plus de chants, plus de Vers,
Plus d'amour, & l'ennui détruisoit l'Univers.
Un Dieu qui prit pitié de la Nature Humaine,

Mit

Mit auprès du plaisir, le travail & la peine;
La crainte l'éveilla, l'espoir guida ses pas,
Ce Cortege aujourd'hui l'accompagne ici-bas.
Ne nous en plaignons point, imitons la Nature,
Elle couvre nos champs de glace ou de verdure.
Tout renaît au Printems, tout meurit dans l'Eté,
Livrons-nous donc comme elle à la diversité.

CLIMENE a peu d'esprit, elle est vive, légere,
Touché de ses appas, vous avez sçu lui plaire.
Vous pensez sur la foi de vos emportemens,
De vos jours à ses pieds couler tous les momens.
Mais bien-tôt de vos sens vous voyez l'imposture,
Ce feu follet s'éteint, privé de nourriture,
Votre bonheur usé n'est qu'un dégoût affreux,
Et vous avez besoin de vous quitter tous deux.
Ah! pour vous voir toujours sans jamais vous déplaire,
Il faut un cœur plus noble, une ame moins Vulgaire.
Un esprit vrai, sensé, fécond, ingénieux,
Sans humeur, sans caprice, & surtout vertueux;
Pour les cœurs corrompus l'amitié n'est point faite.

O divine amitié! Félicité parfaite!
Seul mouvement de l'ame où l'excès soit permis,
Corrige les défauts qu'en moi le Ciel a mis;
Compagne de mes pas dans toutes mes demeures,
Dans toutes les saisons & dans toutes les heures,

Sans toi tout homme est seul ; il peut par ton apui,
Multiplier son être & vivre dans autrui.
Idole d'un cœur juste, & passion du Sage,
Amitié, que ton nom couronne cet Ouvrage.
Qu'il préside à mes Vers, comme il régne en mon cœur,
Tu m'appris à connoître, à chanter le bonheur.

CINQUIÉME

CINQUIÉME DISCOURS
SUR LA NATURE DU PLAISIR,

A SON ALTESSE ROYALE
Monseigneur le Prince de * * *

Jusqu'a' quand verrons-nous ce Rêveur fana-
   tique,
Fermer le Ciel au monde ; & d'un ton despotique,
Damnant le Genre-Humain, qu'il prétend con-
   vertir,
Nous prêcher la vertu pour la faire haïr ?
Sur les pas de *Calvin* ce fou sombre & sévere,
Croit que Dieu, comme lui, n'agit qu'avec colere.
Je croi voir d'un Tyran le Ministre abhorré,
D'Esclaves qu'il a faits tristement entouré.
Dictant d'un air hideux ses volontez sinistres,
Je cherche un Roi plus doux, & de plus doux Mi-
   nistres.
* P.... se crut parfait, alors qu'il n'aima rien,
Il faut que l'on soit homme afin d'être Chrétien.
Je suis homme, & d'un Dieu je chéris la clémence,
Mortels ! venez à lui ; mais par reconnaissance.

---

* Cette Piéce est uniquement fondée sur l'impossi-
bilité où est l'homme d'avoir des sensations par lui-
même. Tout sentiment prouve un Dieu, & tout sentiment agréable prouve un Dieu bienfaisant.

Cinquiéme Discours

La Nature attentive à remplir vos désirs,
Vous appelle à ce Dieu par la voix des plaisirs.
Nul encore n'a chanté sa bonté toute entiere,
Par le seul mouvement il conduit la matiere.
Mais c'est par le plaisir qu'il conduit les humains ?
Sentez dumoins les dons prodiguez par ses mains.
Tout mortel au plaisir a dû son existence,
Par lui le corps agit, le cœur sent, l'esprit pense ;
Soit que du doux sommeil la main ferme vos yeux,
Soit que le jour pour vous vienne embellir les Cieux ;
Soit que ses sens flétris cherchant leur nourriture,
L'aiguillon de la faim presse en vous la Nature,
Ou que l'amour vous force en des momens plus
    doux,
A produire un autre Etre, à revivre après vous,
Partout d'un Dieu clément la bonté salutaire,
Attache à vos besoins un plaisir nécessaire :
Les Mortels en un mot n'ont point d'autre moteur.

   Sans l'attrait du plaisir, sans ce charme vain-
    queur,
Qui des Loix de l'hymen eût subi l'esclavage ?
Quelle Beauté jamais auroit eu le courage
De porter un enfant dans son sein renfermé,
Qui déchire en naissant les flancs qui l'ont formé,
De conduire avec crainte une enfance imbécile,
Et d'un âge fougueux l'imprudence indocile ?

  Ah ! dans tous vos Etats, en tout tems, en
    tout lieu,
Mortels à vos plaisirs reconnoissez un Dieu !

Sur la Nature du plaisir.

Que dis-je ! à vos plaisirs ? C'est à la douleur même,
Que je connois de Dieu la sagesse suprême.
Ce sentiment si prompt dans un corps répandu,
Parmi tous nos dangers sentinelle assidu,
D'une voix salutaire incessamment nous crie :
Ménagez, défendez, conservez votre vie.
   O MOITIÉ de notre Etre, amour-propre enchanteur,
Sans nous tyranniser régne dans notre cœur.
Pour aimer un autre homme, il faut s'aimer soi-même :
Que Dieu soit notre exemple, il nous chérit, il s'aime.
Nous nous aimons dans nous, dans nos biens, dans nos fils,
Dans nos Concitoyens, surtout dans nos amis.
Cet amour nécessaire est l'ame de notre ame,
Notre esprit est porté sur ces aîles de flâme.
Oui, pour nous élever aux grandes actions,
Dieu nous a par bonté donné les passions. *
Tout dangereux qu'il est c'est un présent céleste,

* Comme presque tous les mots d'une Langue peuvent être entendus en plus d'un sens, il est bon d'avertir ici, qu'on entend par ce mot passions, des désirs vifs & continuez de quelque bien que ce puisse être. Ce mot vient de *Pâtir*, souffrir; parcequ'il n'y a aucun désir sans souffrance; désirer un bien c'est souffrir l'absence de ce bien, c'est *Pâtir*, c'est avoir une passion, & le premier pas vers le plaisir est essentiellement un soulagement de cette souffrance. Les vicieux & les gens de bien ont tout également de ces désirs vifs & continus, appellez *Passions*, qui ne deviennent des vices que par leur objet ; le désir de réussir dans son Art, l'amour conjugal, l'amour paternel, le goût des Sciences, sont des passions qui n'ont
rien

L'usage en est heureux, si l'abus est funeste.
J'admire & ne plains point un cœur maître de soi,
Qui tenant ses désirs enchaînez sous sa loi,
S'attache au Genre-Humain pour Dieu qui nous
    fit naître,
Se plaît à l'éviter plûtôt qu'à le connaître ;
Et brûlant pour son Dieu d'un amour dévorant,
Fuit les plaisirs permis, par un plaisir plus grand.
Mais que fier de ses croix, vain de ses abstinences,
Et surtout en secret lassé de ses souffrances,
Il condamne dans nous tout ce qu'il a quitté,
L'hymen, le nom de Pere, & la Societé ;
On voit de cet orgueil la vanité profonde,
C'est moins l'ami de Dieu que l'ennemi du monde ;
On lit dans ses chagrins les regrets des plaisirs.
Le Ciel nous fit un cœur, il lui faut des désirs.
Des Stoïques nouveaux le ridicule maître,
Prétend m'ôter à moi, me priver de mon être.
Dieu, si nous l'en croyons, seroit servi par nous,
Ainsi qu'en son Sérail un Musulman jaloux,
Qui n'admet près de lui que ces Monstres d'Asie,
Que le fer a privez des sources de la vie. *

Vous

rien de criminel. Il seroit à souhaiter que les Langues eussent des mots pour exprimer les désirs habituels qui en soi sont indifférens, ceux qui sont vertueux, ceux qui sont coupables : mais il n'y a aucune Langue au monde qui ait des signes représentatifs de chacune de nos idées, & on est obligé de se servir du même mot dans une acceptation différente, à-peu près comme on se sert quelquefois du même instrument pour des Ouvrages de différentes natures.

* Cela ne regarde que les esprits outrez, qui veulent ôter à l'homme tous les sentimens.

Vous qui vous élevez contre l'humanité,
N'avez vous lû jamais la docte Antiquité ?
Ne connoissez-vous point les filles de Pélie ?
Dans leur aveuglement voyez votre folie.
Elles croyent dompter la nature & le tems,
Et rendre leur vieux pere à la fleur de ses ans.
Leurs mains par piété dans son sein se plongerent,
Croyant le rajeunir, ses filles l'égorgerent.
Voilà votre portrait, Stoïques abusez,
Vous voulez changer l'homme, & vous le détruisez.

Un Monarque de l'Inde, honnête-homme & peu sage,
Vers les rives du Gange, après un long orage,
Voyant de vingt Vaisseaux les débris dispersez,
Des mâts demi-rompus, & des morts entassez,
Fit fermer par pitié le Port de son rivage ;
Défendit que jamais par un profane usage,
Les Pins de ses Forêts, façonnez en Vaisseaux,
Portassent sur les mers à des Peuples nouveaux,
Les fruits trop dangereux de l'humain avarice.
Un Bonze l'aplaudit, on vanta sa justice ;
Mais bien-tôt, triste Roi d'un Etat indigent,
Il se vit sans pouvoir ainsi que sans argent.
Un voisin moins bigot, & bien plus sage Prince,
Conquit en peu de tems sa sterile Province ;
Il rendit la mer libre, & l'Etat fut heureux.

Je suis loin d'en conclure, Orateur dangereux,
Qu'il faut lâcher la bride aux passions humaines,
De

De ce courfier fougueux je veux tenir les rênes;
Je veux que ce torrent par un heureux fecours,
Sans inonder mes champs les abreuve en fon cours.
Vents épurez les airs, & foufflez fans tempêtes;
Soleil fans nous brûler, marche & luit fur nos têtes.
Dieu des Etres penfans, Dieu des cœurs fortunez,
Conferves les defirs que vous m'avez donnez,
Ce goût de l'amitié, cette ardeur pour l'Etude,
Cet amour des beaux Arts & de la folitude:
Voilà mes paffions. Vous qui les aprouvez,
Vous, l'honneur de ces Arts par vos mains cultivez,
Vous, dont la paffion nouvelle & généreufe,
Eft d'éclairer la Terre, & de la rendre heureufe;
Grand Prince, efprit fublime, heureux préfent du
  Ciel,
Qui connoît mieux que vous les dons de l'Eternel?
Aidez ma voix tremblante & ma lire affoiblie,
A chanter le bonheur qu'il répand fur la vie.
Qu'un autre en frémiffant craigne fes cruautez,
Un cœur aimé de vous ne fent que fes bontez.

SIXIÉME DISCOURS.
DE LA NATURE DE L'HOMME.

LA Voix de la vertu préside à tes concerts,
Elle m'apelle à toi par le charme des Vers.
Ta grande étude est l'homme, & de ce Labyrinthe
Le fil de la raison te fait chercher l'enceinte.
Montre l'homme à mes yeux; honteux de m'ignorer,
Dans mon être, dans moi, je cherche à pénétrer.
Despréaux & *Pascal* en ont fait la Satyre,
Pope & le grand *Leibnitz* moins enclins à médire,
Semblent dans leurs Ecrits prendre un sage milieu,
Ils descendent à l'homme, ils s'élevent à Dieu.
Mais quelle épaisse nuit voile encore la nature?
Sous l'Oedipe nouveau de cette enigme obscure,
Chacun a dit son mot, on a long-tems rêvé,
Le vrai sens de l'Enigme est-il enfin trouvé?

Je sçai bien qu'à souper chez Laïs ou Catulle,
Cet examen profond passe pour ridicule.
Là pour tout argument quelques Couplets malins,
Exercent plaisamment nos cerveaux libertins.
Autre tems, autre étude, & la raison severe
Trouve accès à son tour, & peut ne point déplaire.
Dans le fond de son cœur on se plaît à rentrer,
Nos yeux cherchent le jour, lent à nous éclairer.
Le grand monde est léger, inapliqué, volage,

Sa voix trouble & séduit : est-on seul, on est sage,
Je veux l'être, je veux m'élever avec toi,
Des fanges de la Terre, au Trône de son Roi.
Montre-moi, si tu peux, cette chaîne invisible,
Du monde des esprits & du monde sensible,
Cet ordre si caché de tant d'êtres divers,
Que *Pope* après Platon crut voir dans l'Univers.

Vous me pressez envain. Cette vaste science,
Ou passe ma portée, ou me force au silence.
Mon esprit resserré sous le compas Français,
N'a point la liberté des Grecs & des Anglais.
Pope a droit de tout dire, & moi je dois me taire,
A Bourges un Bachelier peut percer ce mystere.
Je n'ai point mes Dégrez, & je ne prétends pas
Hazarder pour un mot de dangereux combats.
Ecoutez seulement un récit véritable,
Que peut-être *Fourmont* * prendra pour une Fable,
Et que je lûs hier dans un livre Chinois,
Qu'un Jésuite à Pequin traduisit autrefois.

Un jour quelques Souris se disoient l'une à l'autre,
Que ce monde est charmant ! quel empire est le nôtre ?
Ce Palais si superbe est élevé pour nous,
De toute éternité Dieu nous fit ces grands trous.
Vois-tu ces gras jambons sous cette voûte obscure,

Ils

---

* Homme très-sçavant dans l'Histoire des Chinois,
& même dans leur Langue.

De la Nature de l'Homme. 67

Ils y furent créez des mains de la Nature.
Ces montagnes de lard, éternels alimens,
Sont pour nous en ces lieux jusqu'à la fin des tems.
Oui, nous sommes, grand Dieu, si l'on en croît
 nos Sages,
Le Chef-d'œuvre, la fin, le but de tes Ouvrages.
Les Chats sont dangereux & prompts à nous man-
 ger,
Mais c'est pour nous instruire & pour nous corriger.

Plus loin, sur le duvet d'une herbe renaissante,
Près des bois, près des eaux, une troupe innocente
De Canards nazillans, de Dindons rengorgez,
De gros Moutons bêlans, que leur laine a chargez;
Disoient tout est à nous, Bois, Prez, Etangs,
 Montagnes,
Le Ciel pour nos besoins fait verdir les campa-
 gnes.
L'Asne paissoit auprès, & se mirant dans l'eau,
Il rendoit grace au Ciel en se trouvant si beau.
Pour les Asnes, dit-il, le Ciel a fait la Terre,
L'homme est né mon esclave, il me panse, il me ferre,
Il m'étrille, il me lave, il prévient mes désirs,
Il bâtit mon Sérail, il conduit mes plaisirs.
Respectueux témoin de ma noble tendresse,
Ministre de ma joye, il m'améne une Anesse,
Et je ris quand je vois cet Esclave orgueilleux,
Envier l'heureux don que j'ai reçu des Cieux.

L'Homme vint, & cria : Je suis puissant & sage,
 Cieux

Cieux, Terres, Elémens, tout est pour mon usage.
L'Océan fut formé pour porter mes Vaisseaux,
Les vents sont mes Couriers, les Astres mes flambeaux.
Ce Globe, qui des nuits blanchit les sombres voiles,
Croît, décroît, fuit, revient & préside aux Etoiles.
Moi, je préside à tout ; mon esprit éclairé,
Dans les bornes du monde eût été trop serré.
Mais enfin de ce monde, & l'oracle & le maître,
Je ne suis point encor ce que je devois être.
Quelques Anges alors, qui là-haut dans les Cieux
Réglent ces mouvemens imparfaits à nos yeux,
En faisant tournoyer ces immenses Planettes,
Disoient, pour nos plaisirs, sans doute elles sont faites.
Puis de-là sur la Terre ils jettoient un coup d'œil,
Ils se moquoient de l'homme & de son sot orgueil.
Le *Tien* * les entendit, il voulut que sur l'heure
On les fît assembler dans sa haute demeure.
Ange, homme, quadrupede, & ces Etres divers,
Dont chacun forme un monde en ce vaste Univers.

Ouvrages de mes mains, enfans du même pere,
Qui portez, leur dit il, *mon divin caractere,*
Vous êtes nez pour moi, rien ne fut fait pour vous,
Je suis le centre unique où vous répondez tous.
Des destins & des tems connoissez le seul maître ;
Rien n'est grand ni petit, tout est ce qu'il doit être.
D'un parfait assemblage, instrumens imparfaits,

* Dieu des Chinois.

Dans votre rang placez demeurez satisfaits.
L'Homme ne le fut point. Cette indocile espece,
Sera-t-elle occupée à murmurer sans cesse ?
Un vieux Lettré Chinois, qui toûjours sur les bancs
Combattit la raison par de beaux argumens,
Plein de *Confucius*, & sa Logique en tête,
Distinguant, concluant, présenta sa Requête.
Pourquoi suis-je en un point resserré par les tems ?
Mes jours devroient aller pardelà vingt mille ans.
Pourquoi ne suis-je pas haut de trois cens coudées ?
D'où vient que je ne puis, plus promt que mes idées,
Voyager dans la Lune, & réformer son cours ?
Pourquoi faut-il dormir un grand tiers de mes jours ?
Pourquoi ne puis-je, au gré de ma pudique flâme,
Faire aumoins en trois mois cent enfans à ma
    femme ?
Pourquoi suis-je en un jour si las de ses attraits ?
Tes pourquoi, dit le Dieu, ne finiront jamais ?
Bien-tôt tes questions vont être décidées :
Va chercher ta réponse au Pays des idées ;
Pars. Un Ange aussi-tôt l'emporta dans les airs,
Au sein du vuide immense, où se meut l'Univers,
A travers cent Soleils entourez de Planettes,
De Lunes, & d'Annaux, & de longues Comettes,
Il entre dans un Globe, où d'immortelles mains
Du Roi de la Nature ont tracé les desseins ;
Où l'œil peut contempler les images visibles,
Et des Mondes réels & des Mondes possibles.
Mon vieux Lettré chercha, d'espérance animé,
Un Monde fait pour lui, tel qu'il l'auroit formé.

           I I

Il cherchoit vainement: l'Ange lui fait connoître,
Que rien de ce qu'il veut en effet ne peut être;
Que si l'homme eût été tel qu'on feint les Géans,
Faisant la guerre au Ciel, ou plûtôt au bon sens,
S'il eût à vingt mille ans étendu sa carriere,
Ce petit amas d'eau, de sable & de poussiere,
N'eût jamais pu suffire à nourrir dans son sein
Ces énormes enfans d'un autre Genre Humain.
Le Chinois argumente, on le force à conclure
Que dans tout l'Univers chaque Etre a sa mesure;
Que l'homme n'est point fait pour ces vastes desirs;
Que sa vie est bornée, ainsi que ses plaisirs;
Que Dieu seul a raison, sans qu'il nous en informe.
Le Lettré, convaincu de sa sottise énorme,
S'en retourne ici-bas, ayant tout approuvé;
Mais il y murmura quand il fut arrivé.
Convertir un Docteur est une œuvre impossible.

Mathieu *Garo* chez nous eut l'esprit plus fléxible;
Il loua Dieu de tout: peut-être qu'autrefois
De longs ruisseaux de lait serpentoient dans nos bois;
La Lune étoit plus grande, & la nuit moins obscure;
L'hyver se couronnoit de fleurs & de verdure:
L'Homme, ce Roi du Monde, & Roi très fainéant,
Se contemploit à l'aise, admirant son néant,
Et formé pour agir, se plaisoit à rien faire.
Mais, pour nous, fléchissons sous un sort tout contraire;
Contentons-nous des biens qui nous sont destinez,
Passagers comme nous, & comme nous bornez,

De la Nature de l'Homme. 71

Sans rechercher en vain ce que peut notre Maître,
Ce que fut notre monde, & ce qu'il devoit être,
Observons ce qu'il est, & recueillons le fruit
Des Tréfors qu'il renferme, & des biens qu'il pro-
    duit.
Si du Dieu qui nous fit l'éternelle puiffance,
Eût à deux jours au plus borné notre exiftence,
Il nous auroit fait grace ; il faudroit confumer
Ces deux jours de la vie à lui plaire, à l'aimer ;
Le tems eft affez long pour quiconque en profite ;
Qui travaille & qui penfe en étend la limite.
On peut vivre beaucoup fans végeter longs-tems,
Et je vais te prouver par mes raifonnemens :....
Mais malheur à l'Auteur qui veut toûjours inf-
    truire ;
Le fecret d'ennuyer eft celui de tout dire.

C'est ainfi que ma Mufe, avec fimplicité,
Sur des tons différens chantoit la vérité,
Lorfque de la Nature éclairciffant les voiles,
Nos Français à *Quito* cherchoient d'autres Etoiles ;
Que *Cleraut*, *Maupertuis*, entourez de glaçons,
D'un Secteur à lunette étonnoient les Lapons,
Tandis que d'une main ftérilement vantée,
Le hardy *Vaucafon*, rival de Promethée,
Sembloit de la Nature, imitant les refforts,
Prendre le feu des Cieux pour animer les corps.

Pour moi, loin des Citez, fur les bords du
    Permeffe,

Je suivois la Nature, & cherchois la Sagesse;
Et des bords de la Sphere où s'emporta *Milton*,
Et de ceux de l'abîme où pénétra *Newton*,
Je les voyois franchir leur carriere infinie,
Amant de tous les Arts & de tout grand Génie;
Implacable ennemi du Calomniateur;
Du Fanatique absurde & du vil délateur;
Ami sans artifice, Auteur sans jalousie;
Adorateur d'un Dieu, mais sans hypocrisie;
Dans un corps languissant, de cent maux atta-
 qué;
Gardant un esprit libre, à l'Etude appliqué,
Et sçachant qu'ici-bas la félicité pure
Ne fut jamais permise à l'humaine Nature.

POËSIES

DIVERSES.

Tome V.

LE MONDAIN.

EGRETTERA qui veut le bon vieux
tems,
Et l'Age d'Or, & le Régne d'Astrée,
Et les beaux jours de Saturne & de
Rhée,
Et le Jardin de nos premiers Parens.
Moi, je rends grace à la Nature sage,
Qui pour mon bien m'a fait naître en cet âge,
Tant décrié par nos pauvres Docteurs,
Ce tems profane est tout fait pour mes mœurs.
J'aime le luxe & même la molesse ;
Tous les plaisirs, les Arts de toute espece.
La propreté, le goût, les ornemens :
Tout honnête-homme a de tels sentimens.
Il est bien doux pour mon cœur très-immonde,
De voir ici l'abondance à la ronde,
Mere des Arts, & des heureux travaux,
Nous apporter de sa source féconde,
Et des besoins & des plaisirs nouveaux.
L'Or de la Terre & les Trésors de l'Onde,
Leurs Habitans & les Peuples de l'air,

Tout sert au luxe, aux plaisirs de ce monde,
O le bon tems que le siécle de fer !
Le superflu, chose très-nécessaire,
A réüni l'un & l'autre hemisphere.
Voyez-vous pas ces agiles Vaisseaux,
Qui du Texel, de Londres, de Bordeaux,
S'en vont chercher par un heureux échange,
De nouveaux biens nez aux sources du Gange ;
Tandis qu'au-loin, vainqueurs des Musulmans,
Nos Vins de France enyvrent les Sultans.
Quand la Nature étoit dans son enfance,
Nos bons Ayeux vivoient dans l'ignorance,
Ne connoissoient, ni le *tien*, ni le *mien*.
Qu'auroient-ils pû connoître ? Ils n'avoient rien,
Ils étoient nuds, & c'est chose très-claire,
Que qui n'a rien n'a nul partage à faire.
Sobres étoient. Ah ! je le croi encore,
Martialo * n'est point du siécle d'Or.
D'un bon vin frais, ou la mousse, ou la féve,
Ne grata point le triste gosier d'Eve.
La soye & l'or ne brilloient point chez eux ;
Admirez-vous pour cela nos Ayeux ?
Il leur manquoit l'industrie & l'aisance.
Est-ce vertu ? C'étoit pure ignorance.
Quel idiot, s'il avoit eu pour lors,
Quelque bon lit, auroit couché dehors ?
Mon cher Adam, mon gourmand, mon bon pere,
Que faisois-tu dans les Jardins d'Eden ?

Travaillois-

* Auteur du Cuisinier François.

Le Mondain.

Travaillois-tu pour ce sot Genre-Humain ?
Careſſois-tu, Madame Eve, ma mere ?
Avouez-moi que vous aviez tous deux,
Les ongles longs, un peu noirs & craſſeux,
La chevelure aſſez mal ordonnée,
Le teint bruni, la peau bize & tannée.
Sans propreté l'amour le plus heureux
N'eſt plus amour, c'eſt un beſoin honteux.
Bien-tôt laſſez de leur belle avanture,
Deſſous un Chêne ils ſoupent galamment,
Avec de l'eau, du millet & du gland.
Le repas fait, ils dorment ſur la dure :
Voilà l'état de la pure nature.

Or, maintenant voulez-vous, mes amis,
Sçavoir un peu dans nos jours tant maudits,
Soit à Paris, ſoit dans Londre ou dans Rome,
Quel eſt le train des jours d'un Honnête-homme ?
Entrez chez lui ; la foule des Beaux Arts,
Enfans du goût, ſe montre à vos regards.
De mille mains l'éclatante induſtrie,
De ſes dehors orna la ſymétrie.
L'heureux pinceau, le ſuperbe deſſein,
Du doux *Correge* & du ſçavant *Pouſſin*,
Sont encadrez dans l'or d'une bordure :
C'eſt *Bouchardon* qui fit cette figure ;
Et cet argent fut poli par *Germain*.
Des Gobelins l'éguille & la Teinture,
Dans ces Tapis ſurpaſſent la Peinture.
Tous ces objets ſont vingt fois répétez,

Dans des Trumeaux tous brillans de clartez,
De ce Salon je vois par la fenêtre,
Dans des Jardins, des Myrthes en Berceaux,
Je vois jaillir les bondissantes eaux :
Mais du Logis j'entens sortir le Maître.
Un Char commode, avec graces orné,
Par deux chevaux rapidement traîné,
Paroît aux yeux une Maison roulante,
Moitié dorée & moitié transparente,
Nonchalamment je l'y vois promené :
De deux ressorts la liante souplesse,
Sur le pavé le porte avec molesse.
Il court au Bain : les parfums les plus doux
Rendent sa peau plus fraîche & plus polie ;
Le plaisir presse, il vole au rendez-vous,
Chez *Camargot*, chez *Gossin*, chez *Julie*.
Il est comblé d'amour & de faveurs.
Il faut se rendre à ce Palais magique,
Où les beaux Vers, la Danse, la Musique,
L'art de tromper les yeux par les couleurs,
L'art plus heureux de séduire les cœurs,
De cent plaisirs font un plaisir unique.
Il va siffler quelque Opéra nouveau,
Ou malgré lui court admirer *Rameau*.
Allons souper. Que ces brillans services,
Que ces ragoûts ont pour moi de délices !
Qu'un Cuisinier est un mortel divin !
Cloris, Æglé me versent de leur main,
D'un Vin Daï, dont la mousse pressée,
De la bouteille avec force élancée,

Comme un éclair fait voler son bouchon.
Il part, on rit, il frappe le plafond.
De ce Vin frais l'écume pétillante,
De nos Français est l'image brillante.
Le lendemain donne d'autres désirs,
D'autres soupers, & de nouveaux plaisirs.

Or maintenant *Mentor* & *Thelemaque*,
Vantez-nous bien votre petite Itaque,
Votre Salente & vos murs malheureux,
Où vos Crétois, tristement vertueux,
Pauvres d'effet, & riches d'abstinence,
Manquent de tout pour avoir l'abondance.
J'admire fort votre style flatteur,
Et votre Prose, encore qu'un peu traînante.
Mais mon ami, je consens de grand cœur,
D'être fessé dans vos murs de Salente,
Si je vais-là pour chercher mon bonheur.
Et vous, Jardin de ce premier bon-homme,
Jardin fameux par le Diable & la pomme;
C'est bien envain que tristement séduits,
Huet, *Calmet* dans leur sçavante audace,
Du Paradis ont recherché la place.
Le Paradis Terrestre est où je suis.

DÉFENSE DU MONDAIN,

OU

L'APOLOGIE DU LUXE.

A Table hier par un triste hazard,
J'étois assis près d'un maître Caffard,
Lequel me dit : Vous avez bien la mine
D'aller un jour échauffer la Cuisine
De Lucifer ; & moi, Prédestiné,
Je rirai bien quand vous serez damné.
Damné ! Comment ? Pourquoi ? Pour vos folies.
Vous avez dit en vos OEuvres non pies,
Dans certain Conte en rimes barboüillé,
Qu'au Paradis Adam étoit moüillé,
Lorsqu'il pleuvoit sur notre premier Pere ;
Qu'Eve avec lui buvoit de belle eau claire ;
Qu'ils avoient même avant d'être déchûs,
La peau tannée & les ongles crochus.
Vous avancez dans votre folle yvresse,
Prêchant le luxe, & vantant la molesse,
Qu'il vaut bien mieux, ô blasphêmes maudits !
Vivre à présent qu'avoir vêcu jadis.
Parquoi mon fils, votre Muse polluë
Sera rôtie, & c'est chose concluë.

Disant ces mots, son gosier altéré,

Humoit un Vin qui d'ambre coloré,
Sentoit encore la grappe parfumée
Dont fut pour nous la liqueur exprimée.
Mille rubis éclatoient sur son teint,
Lors je lui dis : Pour Dieu, Monsieur le Saint,
Quel est ce Vin ? D'où vient-il, je vous prie ?
D'où l'avez-vous ? Il vient de Canarie :
C'est un Nectar, un breuvage d'Elû ;
Dieu nous le donne, & Dieu veut qu'il soit bû.
Et ce Caffé, dont, après cinq services
Votre estomac goûte encor les délices ?
Par le Seigneur il me fut destiné,
Bon. Mais avant que Dieu vous l'ait donné,
Ne faut-il pas que l'humaine industrie
L'aille ravir aux Champs de l'Arabie ?
La Porcelaine & la frêle beauté
De cet Email à la Chine empâté,
Par mille mains pour vous fut préparée,
Cuite, recuite, & peinte & diaprée :
Cet argent fin, cizelé, gaudronné,
En Plat, en Vase, en Soucoupe tourné,
Fut arraché de la terre profonde,
Dans le Potose, au sein d'un nouveau monde.
Tout l'Univers a travaillé pour vous,
Afin qu'en paix dans votre heureux courroux,
Vous insultiez, pieux atrabilaire,
Au monde entier épuisé pour vous plaire.

O faux Dévot, véritable Mondain,
Connoissez-vous ; & dans votre prochain

Ne blâmez plus ce que votre indolence
Souffre chez vous avec tant d'indulgence.
Sçachez surtout que le Luxe enrichit
Un grand Etat, s'il en perd un petit.
Cette splendeur, cette pompe mondaine
D'un régne heureux est la marque certaine.
Le riche est né pour beaucoup dépenser,
Le pauvre est fait pour beaucoup amasser.
Dans ces Jardins regardez ces Cascades,
L'étonnement & l'Amour des Nayades;
Voyez ces flots, dont les nappes d'argent
Vont inonder ce marbre blanchissant;
Les humbles Prez s'abreuvent de cette onde;
La terre en est plus belle & plus féconde.
Mais de ces eaux si la source tarit,
L'herbe est séchée & la fleur se flétrit.
Ainsi l'on voit en Angleterre, en France,
Par cent canaux circuler l'abondance:
Le goût du Luxe entre dans tous les rangs;
Le Pauvre y vit des vanitez des Grands,
Et le travail gagé par la molesse
S'ouvre à pas lents la route à la richesse.
J'entends d'ici des Pédans à rabats,
Tristes Censeurs des plaisirs qu'ils n'ont pas,
Qui me citant *Denis d'Halicarnasse*,
Dion, *Plutarque*, & même un peu d'*Horace*;
Vont criaillant qu'un certain Curius,
Cincinnatus & des Consuls en Us,
Bêchoient la terre au milieu des allarmes;

Qu'ils

Qu'ils manioient la Charruë & les Armes;
Et que les Bleds tenoient à grand honneur
D'être semez par la main d'un Vainqueur.
C'est fort bien dit, mes Maîtres: Je veux croire
Des vieux Romains la chimérique Histoire.
Mais, dites-moi, si les Dieux par hazard,
Faisoient combattre Auteüil & Vaugirard,
Faudroit-il pas au retour de la Guerre,
Que le Vainqueur vînt labourer sa Terre?
L'Auguste Rome, avec tout son orgueil,
Rome jadis étoit ce qu'est Auteuil,
Quand ces enfans de Mars & de Sylvie,
Pour quelque Prez signalant leur furie,
De leur Village alloient au champ de Mars,
Ils arboroient du Foin * pour étendarts.
Leur Jupiter au tems du bon Roi Tulle,
Etoit de bois, il fut d'or sous Luculle.
N'allez donc pas avec simplicité,
Nommer vertu ce qui fut pauvreté.

Oh, que *Colbert* étoit un esprit sage!
Certain Butor conseilloit par ménage,
Qu'on abolît ces Travaux précieux,
Des Lyonnois Ouvrage industrieux;
Du Conseiller l'absurde prud'hommie,
Eût tout perdu par pure œconomie.
Mais le Ministre, utile avec éclat,
Sçut par le Luxe enrichir notre Etat.
De tous nos Arts il agrandit la source;

D 6   Et du

---

* Une poignée de Foin au bout d'un bâton, nommée *Manipulus*, étoit le premier Etendart des Romains.

Et du Midy, du Levant & de l'Ourſe,
Nos fiers voiſins de nos progrez jaloux,
Payoient l'eſprit qu'ils admiroient en nous.
Je veux ici vous parler d'un autre homme,
Tel que n'en vit Paris, Pekin, ni Rome ;
C'eſt Solomon, ce Sage fortuné,
Roi Philoſophe, & Platon couronné,
Qui connut tout, du cedre juſqu'à l'herbe ;
Vit-on jamais un Luxe plus ſuperbe ?
Il faiſoit naître au gré de ſes déſirs,
L'argent & l'or mais ſurtout les plaiſirs.
Mille Beautez ſervoient à ſon uſage.
Mille ? On le dit, c'eſt beaucoup pour un Sage.
Qu'on m'en donne une, & c'eſt aſſez pour moi,
Qui n'ai l'honneur d'être Sage ni Roi.

Parlant ainſi, je vis que les Convives
Aimoient aſſez mes Peintures naïves :
Mon doux Béat très-peu me répondoit,
Rioit beaucoup, & beaucoup plus buvoit ;
Et tout chacun préſent à cette Fête,
Fit ſon profit de mon diſcours honnête.

EPITRE

ÉPITRE
SUR LA CALOMNIE.

Ecoutez-moi, respectable Emilie,
Vous êtes belle : ainsi donc la moitié
Du Genre-Humain sera votre ennemie :
Vous possedez un sublime génie :
On vous craindra : votre tendre amitié
Est confiante, & vous serez trahie :
Votre vertu dans sa démarche unie,
Simple & sans fard, n'a point sacrifié
A nos Dévots : craignez la calomnie.
Attendez-vous, s'il vous plaît, dans la vie,
Aux traits malins que tout Fat à la Cour,
Par passe-tems souffre & rend tour-à-tour.
La Médisance est la fille immortelle
De l'Amour-propre & de l'Oisiveté.
Ce monstre aîlé paroît mâle & femelle,
Toujours parlant, & toujours écouté.
Amusement & fléau de ce monde,
Elle y préside, & sa vertu féconde
Du plus Stupide échaufe les propos :
Rebut du Sage, elle est l'esprit des Sots.
En ricanant, cette maigre Furie
Va de sa langue épandre les venins
Sur tous états. Mais trois sortes d'humains,
Plus que le reste, alimens de l'Envie,

Son

Sont exposez à sa dent de harpie :
Les Beaux-Esprits, les Belles & les Grands
Sont de ses traits les objets différens.
Quiconque en France avec éclat attire
L'œil du Public, est sûr de la Satyre :
Un bon Couplet, chez ce Peuple falot,
De tout mérite est l'infaillible lot.

   La jeune Æglée, de pompons couronnée,
Devant un Prêtre à minuit amenée,
Va dire un *Oui*, d'un air tout ingénu,
A son mari qu'elle n'a jamais vû.
Le lendemain en triomphe on la mene
Au Cours, au Bal, chez Bourbon, chez la Reine;
Le lendemain, sans trop sçavoir comment,
Dans tout Paris on lui donne un Amant.
Roi la chansonne, & son nom par la Ville
Court ajusté sur l'air d'un Vaudeville.
Æglé s'en meurt : ses cris sont superflus.
Consolez-vous, Æglé, d'un tel outrage,
Vous pleurerez, hélas ! bien davantage,
Lorsque de vous on ne parlera plus.
Et nommez-moi la Beauté, je vous prie,
De qui l'honneur fut toujours à couvert.
Lisez-moi Bayle, à l'Article Scomberg,
* Vous y verrez que la Vierge Marie
Des Chansonniers comme une autre à souffert :
                               Jerusalem

   * Cette calomnie citée dans Bayle & dans l'Abbé Houteville est tirée d'un ancien Livre Hébreu, intitulé *Toldos Jescut* ; dans lequel on donne pour Epoux à cette Personne Sacrée, Jonathan ; & celui que Jonathan soupçonne, s'apelle Joseph Panther.

Epitre sur la Calomnie.

Jerusalem a connu la Satyre,
Persans, Chinois, Batisez, Circoncis,
Prennent ses Loix, la Terre est son Empire;
Mais croyez-moi, son Trône est à Paris.
Là tous les soirs la troupe vagabonde,
D'un Peuple oisif appellé le Beau Monde,
Va promener de réduit en réduit
L'inquiétude & l'ennui qui le suit.
Là sont en foule antiques Mijaurées,
Jeunes Oisons, & Bégueules tirées,
Disant des riens d'un ton de Perroquet,
Lorgnant des Sots, & trichant au Piquet.
Blondins y sont, beaucoup plus femmes qu'elles,
Profondément remplis de bagatelles,
D'un air hautain, d'une bruyante voix,
Chantant, dansant, minaudant à la fois.
Si par hazard quelque personne honnête,
D'un sens plus droit, & d'un goût plus heureux,
Des bons Ecrits ayant meublé sa tête,
Leur fait l'afront de penser à leurs yeux;
Tout aussi-tôt leur brillante Cohuë,
D'étonnement & de colere émuë,
Bruyant essain de Frélons envieux,
Pique & poursuit cette Abeille charmante,
Qui leur apporte, hélas! trop imprudente,
Ce miel si pur & si peu fait pour eux.

Quant aux Héros, aux Princes, aux Ministres,
Sujets usez de nos discours sinistres:
Qu'on m'en nomme un dans Rome & dans Paris,

Depuis

Depuis César jusqu'au jeune LOUIS :
De *Richelieu* jusqu'à l'Ami d'Auguste,
Dont un Pasquin n'ait barbouillé le Buste.
Ce grand *Colbert*, dont les soins vigilans
Nous avoient plus enrichis en dix ans
Que les Mignons, les Catins & les *Traîtres*
N'ont en mille ans appauvri nos Ancêtres :
Cet homme unique, & l'Auteur & l'appui
D'une grandeur où nous n'osions prétendre,
Vit tout l'Etat murmurer contre lui ;
Et le Français osa troubler * la cendre
Du Bienfaiteur qu'il révere aujourd'hui.

Lorsque LOUIS, qui d'un esprit si ferme
Brava la mort comme ses Ennemis,
De ses grandeurs ayant subi le terme,
Vers la Chapelle alloit à Saint Denis ;
J'ai vu son Peuple, aux nouveautez en proye,
Yvre de vin, de folie & de joye,
De cent Couplets égayant le Convoi,
Jusqu'au tombeau maudire encor son Roi.

Vous avez tous connu, comme je pense,
Ce bon Régent qui gâta tout en France :
Il étoit né pour la Société,
Pour les Beaux Arts & pour la volupté.
Grand : mais facile, ingénieux, affable,
Peu scrupuleux ; mais de crime incapable :

Et

* Le Peuple voulut déterrer Mr. Colbert à St. Eustache.

Epitre sur la Calomnie.

Et cependant, ô menſonge ! ô noirceur !
Nous avons vû la Ville & les Provinces,
Au plus aimable, au plus clément des Princes,
Donner les noms.... Quelle abſurde fureur ?
Chacun les lit, ces Archives d'horreur,
Ces Vers impurs, appellez Philippiques, *
De l'impoſture éternelles Chroniques !
Et nul Français n'eſt aſſez généreux,
Pour s'élever, pour dépoſer contr'eux.

Que le menſonge un inſtant vous outrage,
Tout eſt en feu ſoudain pour l'appuyer :
La Vérité perce enfin le nuage,
Tout eſt de glace à vous juſtifier.

Mais voulez-vous après ce grand Exemple,
Baiſſer les yeux ſur de moindres Objets ?
Des Souverains deſcendons aux Sujets :
Des Beaux-Eſprits ouvrons ici le Temple,
Temple autrefois l'objet de mes ſouhaits,
Que de ſi loin Monſieur *Bardus* contemple,
Et que *Damis* ne viſita jamais.
Entrons : d'abord on voit la Jalouſie,
Du Dieu des Vers la fille & l'ennemie,
Qui ſous les traits de l'émulation,
Souffle l'orgueil, & porte ſa furie
Chez tous ces fous Courtiſans d'Apollon.
Voyez leur Troupe inquiéte, affamée,

---

* Libelle diffamatoire en Vers contre Monſieur le Duc d'Orleans.

Se déchirant, pour un peu de fumée,
Et l'un fur l'autre épanchant plus de fiel,
Que l'implacable & mordant Janféniste
N'en a lancé fur le fin Molinifte ;
Ou que *Doucin*, cet adroit Cafuifte,
N'en a verfé deffus *Pafquier Quefnel.*

Ce vieux Rimeur couvert d'ignominies,
Organe impur de tant de calomnies,
Cet ennemi du Public outragé,
Puni fans ceffe, & jamais corrigé :
Ce vil *Rufus*, que jadis votre pere
A par pitié tiré de la mifere,
Et qui bien-tôt, Serpent envenimé,
Piqua le fein qui l'avoit ranimé :
Lui, qui mêlant la rage à l'imprudence,
Devant Themis accufa l'Innocence ;
L'affreux *Rufus*, loin de cacher en paix
Des jours tiffus de honte & de forfaits,
Vient rallumer, aux marais de Bruxelles,
D'un feu mourant les pâles étincelles,
Et contre moi croit rejetter l'affront
De l'infamie écrite fur fon front.
Et que feront tous les traits fatiriques
Que d'un bras faible il décoche aujourd'hui,
Et ces ramas de larcins Marotiques,
Moitié Français & moitié Germaniques,
Pétris d'erreurs, & de haine & d'ennui ?
Quel eft le but, l'effet, la récompenfe
De ces Recueils d'impure médifance ?

Epître sur la Calomnie.

Le malheureux, délaissé des Humains,
Meurt des poisons qu'ont préparé ses mains.

Ne craignons rien de qui cherche à médire,
Envain *Boileau*, dans ses sévéritez,
A de *Quinaut* dénigré les beautez.
L'heureux *Quinaut*, vainqueur de la Satyre,
Rit de sa haine & marche à ses côtez.
Moi-même enfin, qu'une Cabale inique
Voulut noircir de son souffle caustique,
Je sçai jouïr, en dépit des Cagots,
De quelque gloire, & même du repos.

De tout ceci que faudra-t-il conclure ?
O vous Français, nez tous pour la censure ?
Doux & polis, mais malins & jaloux :
Peuple charmant faut-il donc voir chez vous
Tant d'agrémens & si peu d'indulgence ?
Belle Emilie, ornement de la France,
Vous connoissez ce dangereux pays,
Nous y vivons parmi nos ennemis ;
Au milieu d'eux brillez en assurance,
A tous vos goûts prêtez-vous prudemment,
A vos vertus livrez-vous hautement,
Vous forcerez la censure au silence.

LE TEMPLE
DE L'AMITIÉ.

AU fond d'un Bois à la Paix consacré,
Séjour heureux de la Cour ignoré,
S'éleve un Temple où l'Art & ses prestiges
N'étalent point l'orgueil de leurs prodiges ;
Où rien ne trompe & n'éblouït les yeux ;
Où tout est vrai, simple, & fait pour les Dieux.

De bons Gaulois de leurs mains le fonderent ;
A l'Amitié leurs cœurs le dédierent.
Las ! ils pensoient dans leur crédulité,
Que par leur race il seroit fréquenté.
En vieux langage on voit sur la façade
Les noms sacrez d'Oreste & de Pilade,
Le Médaillon du bon Pirritoüs,
Du sage Acate, & du tendre Nisius,
Tous grands Héros, tous amis véritables.
Ces noms sont beaux ; mais ils sont dans les Fables.
La Déïté de ce petit séjour,
Reine sans faste, & femme sans intrigue,
Divinité sans Prêtres & sans brigue,
Est peu fêtée au milieu de sa Cour.

A ses côtez fidéle interprête,
La Vérité charitable & discrete,

Toûjours

Toûjours utile à qui veut l'écouter,
Attend envain qu'on l'ose consulter :
Nul ne l'approche, & chacun la regrette.
Par contenance un Livre est dans ses mains,
Où sont écrits les bienfaits des humains;
Doux monumens d'estime & de tendresse,
Donnez sans faste, acceptez sans bassesse,
Du bienfaiteur noblement oubliez,
Par son ami sans regret publiez.
C'est des vertus l'Histoire la plus pure :
L'Histoire est courte, & le Livre est réduit
A deux feuillets de Gotique Ecriture,
Qu'on n'entend plus, & que le tems détruit.

Or des humains quelle est donc la manie,
Toute amitié de leurs cœurs est bannie :
Et cependant on les entend toûjours
De ce beau nom décorer leur discours.
Ses ennemis ne jurent que par elle :
En la fuyant chacun se dit fidéle :
Froid par dégoût, amant par vanité,
Chacun prétend en être bien traité.

De leur propos la Déesse en colere,
Voulut enfin que ses mignons chéris,
Si contens d'elle, & si sûrs de lui plaire,
Vinssent la voir en son sacré pourpris ;
Fixa le jour, & promit un beau prix
Pour chaque couple, au cœur noble, sincere,
Tendre comme elle, & digne d'être admis,
S'il se pouvoit, au rang des vrais amis.

Au jour nommé viennent d'un vol rapide,
Tous nos Français que la nouveauté guide ;
Un Peuple immense inonde le Parvis.
Le Temple s'ouvre, on vit d'abord paroître
Deux Courtisans par l'intérêt unis ;
Par l'amitié tous deux ils croyoient l'être.
Vint un Courier qui dit, qu'auprès du Maître
Vaquoit alors un beau Poste d'honneur,
Un noble Emploi de Valet Grand-Seigneur.
Nos deux amis poliment se quitterent,
Déesse, & Prix, & Temple abandonnerent.
Chacun des deux en son ame jurant
D'anéantir son très-cher Concurrant.

 Quatre Dévots, à la mine discrette,
Dos en arcade, & Missel à la main,
Unis en Dieu de charité parfaite,
Et tout brûlans de l'amour du prochain,
Psalmodioient, & bailloient en chemin ;
L'un, riche Abbé, Prélat à l'œil lubrique,
Au menton triple, au col apoplectique,
Porc engraissé des dixmes de Sion,
Oppressé fut d'une indigestion.
On confessa mon vieux ladre au plus vîte ;
D'huile fut oint, aspergé d'Eau-bénite,
Dûment lesté par le Curé du lieu
Pour son voyage au pays du bon Dieu.
Ses trois amis guaiment lui marmoterent
Un *Oremus* ; en leur cœur dévorerent
Son Bénéfice, & vers la Cour troterent.

Puis

Le Temple de l'Amitié.

Puis chacun d'eux, dévotement rival,
En se jurant fraternité sincere,
Les yeux baissez, va chez le Cardinal
De Jansénisme accuser son Confrere.

Guais & brillans, après un long repas,
Deux jeunes-gens se tenant sous les bras,
Lisant tout haut des Lettres de leurs Belles,
Leur amitié, leur figure étaloient,
En détonnant quelques Chansons nouvelles ;
Ainsi qu'au Bal à l'Autel ils alloient.
Nos étourdis pour rien se querellerent,
De l'Amitié l'Autel ensanglanterent ;
Et le moins fou laissa, tout éperdu,
Son tendre ami sur la place étendu.

Plus loin venoient, d'un air de complaisance,
Lise & Cloé, qui dès leur tendre enfance
Se confioient leurs plaisirs, leurs humeurs,
Et tous ces riens qui remplissent leurs cœurs ;
Se caressant, se parlant sans rien dire,
Et sans sujet toujours prêtes à rire.
Mais toutes deux avoient le même Amant :
A son nom seul, ô merveille soudaine !
Lise & Cloé prirent tout doucement
Le grand chemin du Temple de la Haine.

Enfin *Zaïre* y parut à son tour,
Avec ses yeux où languit la molesse,
Où le Plaisir brille avec la Tendresse.
Ah ! que d'ennui, dit-elle, en ce séjour !

Que

Que fait ici cette triste Déesse ?
Tout y languit : je n'y vois point l'amour.
Elle sortit, vingt rivaux la suivirent,
Sur le chemin vingt Beautez en gémirent.
Dieu sçait alors où ma *Zaïre* alla.
De l'Amitié le prix fut laissé-là ;
Et la Déesse en tout lieu célébrée,
Jamais connuë & toujours désirée,
Gela de froid sur ses sacrez Autels.
J'en suis fâché pour les pauvres Mortels.

ENVOI.

MOn cœur, ami charmant & sage,
Au vôtre n'étoit point lié,
Lorsque j'ai dit qu'à l'Amitié
Nul Mortel ne rendoit hommage.
Elle a maintenant à sa Cour
Deux cœurs dignes du premier âge.
Hélas ! le véritable Amour
En a-t'il beaucoup davantage ?

L'ANTI-GITON.

O Du Théâtre aimable Souveraine !
Belle *Cloé*, fille de *Melpomene* !
Puissent ces Vers de vous être goûtez,
Amour le veut, Amour les a dictez.
Ce petit Dieu, de son aîle légere,
Un arc en main parcouroit l'autre jour
Tous les recoins de votre Sanctuaire ;
Car le Théâtre appartient à l'Amour :
Tous ses Héros sont enfans de Cithére.
Hélas, Amour ! que tu fus consterné,
Lorsque tu vis ce Temple profané,
Et ton Rival, de son culte hérétique,
Etablissant l'usage antiphysique,
Accompagné de ses Mignons fleuris,
Fouler aux piés les myrthes de Cypris !

   Cet ennemi jadis eut dans Gomore
Plus d'un Autel, & les auroit encore,
Si par le feu son Pays consumé,
En lac un jour n'eût été transformé.
Ce Conte n'est de la Métamorphose,
Car Gens-de-bien m'ont expliqué la chose
Très-doctement, & partant ne veux pas
Mécroire en rien la vérité du cas.
Ainsi que Loth, chassé de son azyle,
Ce pauvre Dieu courut de Ville en Ville ;

Il vint en Grece, il y donna leçon
Plus d'une foi à *Socrate*, à *Platon*;
Chez des Héros il fit sa résidence,
Tantôt à Rome, & tantôt à Florence;
Cherchant toujours, si bien vous l'observez,
Peuples polis, & par art cultivez.
Maintenant donc le voici dans Lutece,
Séjour fameux des effrénez désirs,
Et qui vaut bien l'Italie & la Grece,
Quoiqu'on en dise, aumoins pour les plaisirs.
Là, pour tenter notre foible nature,
Ce Dieu paroît sous humaine figure.
Et si n'a pris Bourdon de Pélerin,
Comme autrefois l'a pratiqué Jupin,
Quand, voyageant au Pays où nous sommes,
Quittoit les Cieux pour éprouver les hommes.
Il n'a point l'air de ce pesant Abbé,
Brutalement dans le vice absorbé,
Qui tourmentant en tout sens son espece,
Mord son Prochain, & corrompt la Jeunesse;
Lui, dont l'œil louche, & le muffle effronté
Font frissonner la tendre volupté;
Et qu'on prendroit, dans ses fureurs étranges,
Pour un Démon qui viole des Anges.
Ce Dieu sçait trop, qu'en un Pédant crasseux,
Le plaisir même est un objet hideux.

D'un beau Marquis il a pris le visage,
Le doux maintien, l'air fin, l'adroit langage,
Trente Mignons le suivent en riant;

Philis le lorgne, & soupire en fuyant.
Ce faux Amour se pavane à toute heure,
Sur le Théâtre aux Muses destiné,
Où par *Racine* en triomphe amené,
L'Amour galant choisissoit sa demeure.
Que dis-je ? Hélas ! l'Amour n'habite plus
Dans ce réduit. Désespéré, confus,
Des fiers succez du Dieu qu'on lui préfére,
L'Amour honnête est allé chez sa mere,
D'où rarement il descend ici-bas.
Belle *Cloé*, ce n'est que sur vos pas
Qu'il vient encor. *Cloé* pour vous entendre,
Du haut des Cieux j'ai vû ce Dieu descendre.
Sur le Théâtre il vole parmi nous,
Quand sous le nom de *Phédre* ou de *Monime*,
Vous partagez entre *Racine* & vous
De notre encens le tribut légitime.
Que si voulez que cet enfant jaloux,
De ces beaux lieux désormais ne s'envole,
Convertissons ceux qui devant l'idole
De son Rival ont fléchi les genoux :
Il vous créa la Prêtresse du Temple :
A l'Hérétique il faut prêcher d'exemple ;
Vous viendrez donc avec moi dès ce jour
Sacrifier au véritable Amour.

LE CADENAT.

JE triomphois ; l'Amour étoit le maître,
Et je touchois à ces momens trop courts
De mon bonheur & du vôtre peut-être ;
Mais un Tyran veut troubler nos beaux jours ;
C'est votre Epoux. Geolier sexagénaire,
Il a fermé le libre Sanctuaire
De vos appas ; & trompant nos désirs,
Il tient la clef du séjour des plaisirs :
Pour éclaircir ce douloureux mystére,
D'un peu plus haut reprenons cette affaire.

 V o u s connoissez la Déesse *Cer*).
Or, en son tems *Cerès* eut une fille,
Semblable à vous, à vos scrupules près,
Brune, piquante, honneur de sa famille,
Tendre surtout, & menant à sa cour
L'Aveugle enfant que l'on appelle Amour.
Un autre aveugle, hélas ! bien moins aimable,
Le triste Hymen la traita comme vous.
Le vieux *Pluton*, riche autant qu'haïssable,
Dans les Enfers fut son indigne Epoux :
Il étoit Dieu, mais avare & jaloux.
Il fut cocu ; car c'étoit la justice.
Pirrithoüs, son fortuné Rival,
Beau, jeune, adroit, complaisant, libéral,
Au Dieu *Pluton* donna le bénéfice

Le Cadenat.

De Cocuage. Or ne demandez pas
Comment un homme avant sa derniere heure
Put pénétrer dans la sombre demeure.
Cet homme aimoit, l'Amour guida ses pas:
Mais aux Enfers, comme aux lieux où vous êtes,
Voyez qu'il est peu d'intrigues secrettes!
De sa chaudiere, un traître d'Espion
Vit le grand cas, & dit tout à *Pluton*;
Il ajoûta, que même à la sourdine
Plus d'un damné festoyoit *Proserpine*.
Le Dieu cornu, dans son noir Tribunal,
Fit convoquer son Sénat infernal;
Il assembla les détestables ames
De tous ses Saints dévolus aux Enfers,
Qui dès long-tems en Cocuage expers,
Pendant leur vie ont tourmenté leurs femmes.
Un Florentin lui dit: Frere & Seigneur,
Pour détourner la maligne influence
Dont votre Altesse a fait l'expérience,
Tuer sa Dame est toujours le meilleur.
Mais, las, Seigneur! la vôtre est immortelle,
Je voudrois donc, pour votre sûreté,
Qu'un Cadenat de structure nouvelle,
Fût le garant de sa fidélité:
A la vertu par la force asservie,
Lors vos plaisirs borneront son envie:
Plus ne sera d'Amant favorisé.
Et plût aux Dieux que quand j'étois en vie
D'un tel secret je me fusse avisé!

A ces discours les Damnez applaudirent,
Et sur l'airain, les Parques l'écrivirent.
En un moment, Feux, Enclumes, Fourneaux,
Sont préparez aux gouffres infernaux.
Tisiphoné, de ces lieux Serruriere,
Au Cadenat met la main la premiere :
Elle l'acheve, & des mains de *Pluton*,
Proserpina reçut ce triste don.
On m'a conté, qu'essayant son ouvrage,
Le cruel Dieu fut ému de pitié ;
Qu'avec tendresse il dit à sa moitié :
Que je vous plains ! Vous allez être sage.

Or, ce secret aux Enfers inventé,
Chez les Humains tôt après fut porté ;
Et depuis ce, dans Venise & dans Rome,
Il n'est Pédant, Bourgeois, ni Gentilhomme,
Qui pour garder l'honneur de sa maison
De Cadenats n'ait sa provision.
Là, tout jaloux, sans craindre qu'on le blâme,
Tient sous la clef la vertu de sa femme.
Or votre Epoux dans Rome a fréquenté ;
Chez les méchans on se gâte sans peine ;
Et ce Galant vit fort à la Romaine.
Mais son Trésor est-il en sûreté ?
A ses projets l'Amour sera funeste,
Ce Dieu charmant sera notre vangeur ;
Car vous m'aimez, & quand on a le cœur
De femme honnête, on a bien tôt le reste.

A MADAME

A MADAME
LA MARQUISE
DU CHASTELLET.

Sur la Physique de Newton.

TU m'appelles à toi, vaste & puissant Génie,
Minerve de la France, immortelle Emilie,
Disciple de *Newton* & de la vérité,
Tu pénetres mes sens des feux de ta clarté.
Je quitte *Melpomène* & les jeux de Théâtre,
Ces combats, ces lauriers dont je fus idolâtre :
De ces triomphes vains mon cœur n'est plus touché.
Que le jaloux *Rufus*, à la terre attaché,
Traîne au bord du tombeau la fureur insensée,
D'enfermer dans un Vers une fausse pensée ;
Qu'il arme contre moi ses languissantes mains,
Des traits qu'il destinoit au reste des Humains.
Que quatre fois par mois un ignorant *Zoïle*
Eleve en frémissant une voix imbécile.
Je n'entends point leurs cris que la Haine a formez ;
Je ne vois pas leurs pas dans la fange imprimez.
Le charme tout-puissant de la Philosophie,
Eleve un esprit sage au-dessus de l'envie.
Tranquille au haut des Cieux que *Newton* s'est soumis,

A Madame la Marquise du Chastellet.

Il ignore en effet s'il a des ennemis.
Je ne les connois plus. Déja de la carriere
L'auguste Vérité vient m'ouvrir la barriere ;
Déja ces tourbillons, l'un par l'autre pressez,
Se mouvant sans espace, & sans régles entassez,
Ces fantômes sçavans à mes yeux disparoissent.
Un jour plus pur me luit ; les mouvemens renaissent :
L'espace, qui de Dieu contient l'immensité,
Voit rouler dans son sein l'Univers limité,
Cet Univers si vaste à notre foible vûë,
Et qui n'est qu'un atôme, un point dans l'étenduë.

Dieu parle, & le cahos se dissipe à sa voix :
Vers un centre commun tout gravite à la fois,
Ce ressort si puissant, l'ame de la Nature,
Etoit enseveli dans une nuit obscure :
Le compas de *Newton* mesurant l'Univers,
Leve enfin ce grand voile, & les Cieux sont ouverts.

Il dévoile à mes yeux, par une main sçavante,
De l'Astre des Saisons la robe étincelante :
L'Emeraude, l'Azur, le Pourpre, le Rubis,
Sont l'immortel tissu dont brillent ses habits.
Chacun de ses rayons dans sa substance pure,
Porte en soi les couleurs dont se peint la Nature,
Et confondus ensemble ils éclairent nos yeux,
Ils animent le monde, ils emplissent les Cieux.

Confiden

A Madame la Marquise du Chastellet.

Confidens du Très-haut, Substances éternelles,
Qui brûlez de ses feux, qui couvrez de vos aîles
Le Trône où votre Maître est assis parmi vous,
Parlez ; du grand *Newton* n'étiez-vous point jaloux ?

La Mer entend sa voix. Je vois l'humide Empire
S'élever, s'avancer vers le Ciel qui l'attire ;
Mais un pouvoir central arrête ses efforts ;
La Mer tombe, s'affaisse, & roule vers ses bords.

Cometes que l'on craint à l'égal du Tonnerre,
Cessez d'épouvanter les Peuples de la Terre ;
Dans une Ellipse immense achevez votre cours ;
Remontez, descendez près de l'Astre des jours ;
Lancez vos feux, volez ; & revenant sans cesse,
Des Mondes épuisez ranimez la vieillesse.

Et toi, sœur du Soleil, Astre qui dans les Cieux,
Des Sages éblouis trompois les foibles yeux,
Newton de ta carriere a marqué les limites ;
Marche, éclaire les nuits, tes bornes sont prescrites.

Terre, change de forme, & que la pesanteur,
En abaissant le Pôle éleve l'Equateur.
Pôle, immobile aux yeux, si lent dans votre course,
Fuyez le char glacé des sept Astres de l'Ourse ;
Embrassez dans le cours de vos longs mouvemens,
Deux cens siécles entiers pardelà six mille ans.

A Madame la Marquise du Chastellet.

Que ces objets sont beaux ! Que notre ame épurée
Vole à ces véritez dont elle est éclairée.
Oüi, dans le sein de Dieu, loin de ce corps mortel,
L'esprit semble écouter la voix de l'Eternel.

Vous, à qui cette voix se fait si bien entendre,
Comment avez-vous pû, dans un âge encore tendre,
Malgré les vains plaisirs, ces écueils des beaux jours,
Prendre un vol si hardi, suivre un si vaste cours ?
Marcher après *Newton* dans cette route obscure
Du labyrinthe immense où se perd la Nature ?
Puissai-je auprès de vous, dans ce Temple écarté,
Aux regards des Français montrer la vérité.
Tandis (1) qu'Algaroti, sûr d'instruire & de plaire,
Vers le Tybre étonné, conduit cette Etrangere ;
Que de nouvelles fleurs il orne ses attraits,
Le compas à la main j'en tracerai les traits ;
De mes crayons grossiers je peindrai l'Immortelle,
Cherchant à l'embellir je la rendrois moins belle.
Elle est, ainsi que vous, noble, simple & sans fard,
Au-dessus de l'Eloge, au-dessus de mon Art.

---

(1) Mr. Algaroti, jeune Vénitien, faisoit imprimer alors à Venise un Traité sur la Lumiere, dans lequel il expliquoit l'attraction.

AUX MÂNES
DE MONSIEUR
DE GENONVILLE,
Conseiller au Parlement, & intime ami de l'Auteur.

Toi, que le Ciel jaloux ravit dans son printems;
Toi, de qui je conserve un souvenir fidéle;
  Vainqueur de la Mort & du tems;
  Toi, dont la perte, après dix ans,
  M'est encore affreuse & nouvelle;
Si tout n'est pas détruit, si sur les sombres bords
Ce souffle si caché, cette faible étincelle,
Cet Esprit, le moteur & l'esclave du corps,
Ce je ne sçai quel sens qu'on nomme ame immor-
  telle,
Reste inconnu de nous est vivant chez les Morts;
S'il est vrai que tu sois, & si tu peux m'entendre,
O! mon cher GENONVILLE, avec plaisir reçoi
Ces Vers & ses soupirs que je donne à ta cendre,
Monument d'un amour immortel comme toi.
Il te souvient du tems où l'aimable *Egerie*,
  Dans les beaux jours de notre vie,
Ecoutoit nos Chansons, partageoit nos ardeurs.
Nous nous aimions tous trois. La raison, la folie,
L'Amour, l'enchantement des plus tendres erreurs;
  Tout réunissoit nos trois cœurs.
Que nous étions heureux! Même cette indigence,

Aux Mânes de Mr. de Genonville.

       Triste compagne des beaux jours,
Ne put de notre joye empoisonner le cours.
Jeunes, gais, satisfaits, sans soins, sans pré-
    voyance,
Aux douceurs du présent bornant tous nos désirs,
Quel besoin avions-nous d'une vaine abondance?
Nous possedions bien mieux, nous avions les plaisirs:
Ces plaisirs, ces beaux jours coulez dans la molesse,
      Ces Ris, enfans de l'Allégresse,
Sont passez avec toi dans la nuit du trépas.
Le Ciel, en récompense, accorde à ta Maîtresse
      Des grandeurs & de la richesse,
Appuis de l'âge mûr, éclatant embarras,
Faible soulagement quand on perd sa jeunesse.
La Fortune est chez elle où fut jadis l'Amour.
Les plaisirs ont leur tems, la sagesse a son tour.
L'Amour s'est envolé sur l'aîle du bel âge;
Mais jamais l'amitié ne fuit du cœur du Sage.
Nous chantons quelquefois & tes Vers & les miens,
De ton aimable esprit nous célébrons les charmes,
Ton nom se mêle encore à tous nos entretiens:
Nous lisons tes Ecrits, nous les baignons de larmes.
Loin de nous à jamais ces Mortels endurcis,
Indignes du beau nom, du sacré nom d'Amis,
Ou toûjours remplis d'eux, ou toûjours hors d'eux-
    mêmes,
Au monde, à l'inconstance ardens à se livrer,
Malheureux, dont le cœur ne sçait pas comme on
    aime,
Et qui n'ont point connu la douceur de pleurer.

LA MORT DE MADEMOISELLE LE COUVREUR.

QUE vois-je, quel objet ! Quoi ! ces lévres charmantes,
Quoi ! ces yeux d'où partoient ces flâmes éloquentes,
Eprouvent du trépas les livides horreurs ?
Muses, Graces, Amours, dont elle fut l'image,
O mes Dieux & les siens, secourez votre Ouvrage.
Que vois-je ? C'en est fait, je t'embrasse, & tu meurs.
Tu meurs ; on sçait déjà cette affreuse nouvelle :
Tous les cœurs sont émus de ma douleur mortelle,
J'entends de tous côtez les Beaux Arts éperdus,
S'écrier, en pleurant, Melpomène n'est plus.
  Que direz-vous, Race future,
Lorsque vous apprendrez la flétrissante injure
Qu'à ces Arts désolez font des hommes cruels,
  Ils privent de la sépulture
Celle qui dans la Grece auroit eu des Autels.
Quand elle étoit au monde ils soupiroient pour elle;
Je les ai vû soumis, autour d'elle empressez :
Si-tôt qu'elle n'est plus, elle est donc criminelle ;
Elle a charmé le monde, & vous l'en punissez.
Non, ces bords désormais ne seront plus prophanes, *

Ils

* Elle est enterrée sur le bord de la Seine.

Ils contiennent ta cendre ; & ce triste Tombeau
Honoré par nos chants, consacré par tes Mânes,
Est pour nous un Temple nouveau.
Voilà mon St. Denis ; oüi, c'est-là que j'adore
Ton esprit, tes graces, tes appas.
Je les aimai vivans, je les encense encore,
Malgré les horreurs du trépas,
Malgré l'erreur & les ingrats,
Que seuls de ce Tombeau l'opprobre deshonore.
Ah ! verrai-je toûjours ma faible Nation,
Incertaine en ses vœux flétrir ce qu'elle admire,
Nos mœurs avec nos Loix toûjours se contredire,
Et le Français volage endormi sous l'empire
De la Superstition ?
Quoi ! N'est-ce donc qu'en Angleterre
Que les Mortels osent penser ?
O rivale d'Athènes ! ô Londres ! heureuse terre,
Ainsi que des Tyrans vous avez sçu chasser
Les préjugez honteux qui vous livroient la guerre.
C'est-là qu'on sçait tout dire, & tout récompenser ;
Nul Art n'est méprisé ; tout succès a sa gloire ;
Le Vainqueur de *Tallard*, le fils de la Victoire,
Le sublime *Dryden*, & le sage *Adisson*,
Et la charmante *Ophils*, l'immortel *Newton*,
Ont part au Temple de Mémoire.

La Mort de Mlle. le Couvreur.

Et Le Couvreur à Londres auroit eu des Tombeaux
Parmi les Beaux-Esprits, les Rois & les Héros.
Quiconque a des talens, à Londre est un Grand Homme.
L'Abondance & la Liberté,
Ont après deux mil ans chez vous ressuscité
L'esprit de la Grece & de Rome.
De Laurier d'Apollon, dans nos stériles champs,
La feüille négligée est désormais flétrie;
Dieux! Pourquoi mon Pays n'est-il plus la Patrie
Et de la Gloire & des Talens?

A MONSEIGNEUR
LE PRINCE ROYAL DE PRUSSE,
Depuis Roi de Prusse.

De l'usage de la Science dans les Princes.

Prince, il est peu de Rois que les Muses instruisent,
Peu savent éclairer les Peuples qu'ils conduisent.
Le sang des Antonins sur la terre est tari ;
Car depuis ce Héros à Rome si chéri,
Ce Philosophe Roi, ce divin Marc-Aurele,
Des Princes, des Guerriers, des Savans le modéle,
Quel Roi sous un tel joug osant se captiver,
Dans les sources du vrai fut jamais s'abreuver ?
Deux ou trois, tout-au-plus, prodiges dans l'Histoire,
Du nom de Philosophe ont mérité la gloire ;
Le reste est à vos yeux le vulgaire des Rois,
Esclaves des plaisirs, fiers oppresseurs des Loix,
Fardeaux de la Nature, ou fléaux de la Terre,
Endormis sur le Trône, ou lançant le tonnerre.
Le monde aux piés des Rois les voit sous un faux jour,
Qui sait régner fait tout, si l'on en croit la Cour.
Mais quel est en effet ce grand art politique,
Ce talent si vanté dans un Roi despotique ?
Tranquile sur le Trône, il parle, on obéït ;

S'il sourit, tout est gai, s'il est triste, on frémit,
Quoi ! régir d'un coup d'œil une foule servile,
Est-ce un poids si pésant, un art si difficile ?
Non. Mais fouler aux piés la coupe de l'erreur
Dont veut vous enyvrer un ennemi flateur,
Des Prélats courtisans confondre l'artifice,
Aux organes des Loix enseigner la justice,
Des Ecoles enfin chassant l'absurdité,
Dans leur sein ténébreux placer la vérité ;
Eclairer le Savant, & soutenir le Sage,
Voilà ce que j'admire, & c'est-là votre ouvrage.
L'ignorance, en un mot, flétrit toute grandeur.

Du dernier Roi d'Espagne un grave * Ambassadeur,
De deux Savans Anglais reçut une priere :
Ils vouloient dans l'Ecole, apportant la lumiére,
De l'air qu'un long cristal enferme en sa hauteur,
Aller au haut d'un Mont marquer la pésanteur.
Il pouvoit les aider dans ce savant voyage ;
il les prit pour des fous, lui seul étoit peu sage.
Que dirai-je d'un Pape & de sept Cardinaux,
D'un Zéle Apostolique unissant les travaux,
Pour apprendre aux Humains dans leurs augustes Codes,
Que c'étoit un péché de croire aux Antipodes.

* Cette Avanture se passa à Londres la premiere année du Régne de Charles II. Roi d'Espagne.

Combien de Souverains Chrétiens & Musul-
mans,
Ont tremblé d'une Eclipse, ont craint des Talis-
mans ?
Tout Monarque indolent, dédaigneux de s'ins-
truire,
Est le jouet honteux de qui veut le séduire.
Un Astrologue, un Moine, un Chimiste effronté,
Se font un revenu de sa crédulité.
Il prodigue au dernier son or par avarice,
Il demande au premier si Saturne propice,
D'un aspect fortuné regardant le Soleil,
Lui permet de dîner, ou l'appelle au Conseil.
Il est aux pieds de l'autre, & d'une ame sou-
mise,
Par la crainte du Diable il enrichit l'Eglise.
Un pareil Souverain ressemble à ces faux Dieux,
Vils marbres adorés, ayant en vain des yeux ;
Et le Prince éclairé que la Raison domine,
Est un vivant portrait de l'Essence divine.

Je sai que dans un Roi l'Etude, le Savoir,
N'est pas le seul mérite & l'unique devoir ;
Mais qu'on me nomme enfin dans l'Histoire Sa-
crée,
Le Roi dont la mémoire est la plus révérée,
C'est ce Héros savant que Dieu même éclaira,
Qu'on chérit dans Sion, que la Terre admira,
Qui mérita des Rois le volontaire hommage.

Son

Son Peuple étoit heureux, il vivoit sous un Sage :
L'abondance à sa voix passant le sein des Mers,
Voloit pour l'enrichir des bouts de l'Univers,
Comme à Londre, à Bourdeaux, de cent voiles suivie,
Elle aporte au Printems les Trésors de l'Asie.
Ce Roi que tant d'éclat ne pouvoit éblouïr,
Sut joindre à ses talens l'art heureux de jouïr.
Ce sont-là les leçons qu'un Roi prudent doit suivre ;
Le Savoir en effet n'est rien sans l'Art de vivre.
Qu'un Roi n'aille donc point épris d'un faux éclat,
Pâlissant sur un Livre, oublier son Etat.
Que plus il est instruit, plus il aime sa gloire.

De ce Monarque Anglais vous connaissez l'Histoire :
Dans un fatal exil Jacques laissa périr
Son gendre infortuné qu'il eût pû secourir.
Ah ! qu'il eût mieux valu, rassemblant ses Armées,
Délivrer des Germains les Villes opprimées,
Vanger de tant d'Etats les désolations,
Et tenir la balance entre les Nations,
Que d'aller, des Docteurs briguant les vains suffrages,
Au doux Enfant Jesus dédier ses Ouvrages !
Un Monarque éclairé, n'est pas un Roi pédant,

Il combat en Héros, il pense en vrai Savant.
Tel fut ce Julien méconnu du Vulgaire,
Philosophe & Guerrier, terrible & populaire.
Ainsi ce grand César, Soldat, Prêtre, Orateur;
Fut du Peuple Romain l'Oracle & le Vainqueur;
Il seroit aujourd'hui votre modéle Auguste,
Et votre exemple en tout, s'il avoit été juste.

REPONSE
A UNE LETTRE

Dont le Roi de Prusse honora l'Auteur à son avénement à la Couronne.

QUOI, vous êtes Monarque, & vous m'aimez encore?
Quoi ! le premier moment de cette heureuse aurore,
Qui promet à la Terre un jour si lumineux,
Marqué par vos bontés, met le comble à mes vœux !
O cœur toûjours sensible ! ame toûjours égale !
Vos mains du Trône à moi remplissent l'intervale :
Citoyen couronné, des préjugez vainqueur,
Vous m'écrivez en homme, & parlez à mon cœur.
Cet Ecrit vertueux, ces divins caractéres,

Du

Du bonheur des Humains sont les gages sinceres.
Ah Prince ! ah digne espoir de nos cœurs captivez !
Ah ! régnez à jamais comme vous écrivez.
Poursuivez, remplissez des vœux si magnanimes ;
Tout Roi jure aux Autels de réprimer les crimes,
Et vous plus digne Roi, vous jurez dans mes mains
De protéger les Arts, & d'aimer les humains.
Et toi, (*a*) dont la vertu brilla persécutée ;
Toi qui prouvas un Dieu ; mais qu'on nommoit Athée :
Martyr de la raison, que l'envie en fureur
Chassa de son Pays par la main de l'erreur,
Reviens, il n'est plus rien qu'un Philosophe craigne,
Socrate est sur le Trône, & la Vérité régne.
Cet or qu'on entassoit, ce pur sang des Etats,
Qui leur donne la mort en ne circulant pas,
Répandu par ses mains au gré de sa prudence,
Va ranimer la vie, & porter l'abondance.
Il ne recherche point ces énormes Soldats,
Ce superbe appareil inutile aux combats,
Fardeaux embarrassans, colosses de la Guerre,
Enlevez (*b*) à prix d'or aux deux bouts de la Terre,

Il

(*a*). Le Professeur Wolf, persécuté comme Athée par les Théologiens de l'Université de Hall, chassé par Fridéric second, sous peine d'être pendu, & fait Chancelier de la même Université à l'avénement de Fridéric III.

(*b*) Un de ces Soldats qu'on nommoit Petit-Jean, avoit été acheté 24000 liv.

Il veut dans ses Guerriers le zele & la valeur,
Et sans les mesurer, juge d'eux par le cœur.
Ainsi pense le Juste, ainsi régne le Sage :
Mais il faut au Grand-Homme un plus heureux partage ;
Consulter la prudence, & suivre l'équité,
Ce n'est encor qu'un pas vers l'Immortalité.
Qui n'est que Juste est dur, qui n'est que Sage est triste,
Dans d'autres sentimens l'Héroïsme consiste ;
Le Conquérant est craint, le Sage est estimé :
Mais le Bienfaisant charme, & lui seul est aimé ;
Lui seul est vraiment Roi, sa gloire est toûjours pure,
Son nom parvient sans tache à la race future.
A qui se fait chérir faut-il d'autres exploits ?
Trajan non loin du Gange enchaîna trente Rois ;
A peine a-t'il un nom fameux par la victoire :
Connu par ses bienfaits sa bonté fait sa gloire.
Jerusalem conquise, & ses murs abattus,
N'ont point éternisé le grand nom de Titus.
Il fut aimé, voilà sa grandeur véritable.

O vous qui l'imitez, vous son rival aimable,
Effacez le Héros dont vous suivez les pas,
Titus perdit un jour, & vous n'en perdrez pas.

EPITRE

EPITRE
A UN MINISTRE D'ETAT.

Sur l'Encouragement des Arts.

ESPRIT sage & brillant que le Ciel a fait naître,
Et pour plaire aux Sujets, & pour servir leur Maître,
Que j'aime à voir ton goût par des soins bienfaisans
Encourager les Arts à ta voix renaissans !
Sans accorder jamais d'injuste préférence
Entre tous ces Rivaux ta main tient la balance,
Tel qu'un pere éclairé qui sait de ses enfans
Discerner, applaudir, employer les talens.

 Je plains tout esprit faible, aveugle en sa manie,
Qui dans un seul objet confina son génie :
Et qui de son Idole adorateur charmé,
Veut immoler le reste au Dieu qu'il s'est formé :
Entens-tu murmurer ce sauvage Algebriste
A la démarche lente, au teint blême, à l'œil triste;
Qui d'un calcul aride à peine encore instruit,
Sait que quatre est à deux, comme seize est huit?
Il méprise Racine, il insulte à Corneille,
Lulli n'a point de sons pour sa pesante oreille,
Et Rubens vainement sous ses pinceaux flatteurs,

De la belle nature aſſortit les couleurs.
De XX redoublez admirant la puiſſance,
Il croit que Varigon fut ſeul utile en France,
Et s'étonne ſurtout, qu'inſpiré par l'amour,
Sans algebre autrefois Quinault charmât la Cour.

 Avec non moins d'orgueil & non moins de
  folie,
Un Eleve d'Euterpe, un enfant de Thalie,
Qui dans ſes Vers pillez nous répéte aujourd'hui
Ce qu'on a dit cent fois & toûjours mieux que
  lui,
De ſa frivole Muſe admirateur unique,
Conçoit pour tout le reſte un dégoût l'étargi-
  que;
Prend pour des Arpenteurs Archimede & New-
  ton,
Et voudroit mettre en Vers Cujas & Ciceron.
Ce Bœuf qui péſamment rumine ſes problêmes,
Ce Papillon folâtre, ennemi des Syſtêmes,
Sont regardez tous deux avec un ris moqueur,
Par un Légiſte en robe, Apprentif chicaneur,
Qui de papiers timbrez barbouilleur mercenaire,
Vous vend pour un écu ſa plume & ſa colere.

 Pauvres fous, vains eſprits, s'écrie avec
  hauteur,
Un ignorant fouré, fier du nom de Docteur:
Venez à moi, je ſuis l'Oracle de l'Egliſe;
J'argumente, j'écris, je bénis, j'exorciſe.

          J'ai

A UN MINISTRE D'ETAT.

J'ai des péchez en Chaire épluché tous les cas ;
J'ai trente ans fans l'entendre, expliqué Saint Thomas.
Ainfi ces Charlatans de leur Art idolâtres,
Attroupent un vain Peuple aux pieds de leurs Théâtres ;
L'honnête-homme eft plus jufte, il approuve en autrui,
Les Arts & les talens qu'il ne fent point en lui.

JADIS avant que Dieu confommant fon Ouvrage
Eût fouffié dans Eden au nez de fon image,
Il fe plut à créer des animaux divers ;
L'aigle au regard perçant pour régner dans les airs,
Le Pan pour étaler l'Iris de fon plumage.
Le Courfier vigoureux, ardent, plein de courage,
Le Chien fidéle & prompt, l'Ane docile & lent,
Et le Taureau farouche, & l'animal bêlant,
Le Chantre des Forêts, la douce Tourterelle,
Qu'on a cru fauffement des Amans le modéle ;
L'homme les nomma tous, & par un heureux choix,
Difcernant leurs inftincts, affigna leurs emplois.

AINSI par un goût fûr, par un choix toûjours fage,
Des talens différens tu fais un jufte ufage,
Tu fais de Melpomène animer les accens,
De fa riante fœur chérir les agrémens,

Tome V.   F   Protéger

Protéger de Rameau la profonde harmonie,
Et metre un compas d'Or dans les mains d'Uranie.
Le véritable esprit peut se plier à tout,
On ne vit qu'à-demi quand on n'a qu'un seul goût.
Heureux qui sait mêler l'agréable à l'utile,
Des travaux aux plaisirs passer d'un vol agile,
S'occuper en Ministre, & vivre en Citoyen,
Et se prêter à tout sans s'asservir à rien.
Un semblable génie au-dessus du Vulgaire,
A l'art de gouverner joint le grand art de plaire,
On voit d'autres Mortels auprès du Trône admis,
Ils ont tous des flatteurs, il a seul des amis.

ODE
AU ROI DE PRUSSE,
Sur son Avénement au Trône.

ENFIN, voici le jour le plus beau de ma vie,
Que le monde attendoit, & que vous seul craignez,
Le grand jour où la terre est pour vous embellie,
Le jour où vous régnez.

Fuyez loin de son Trône, Imposteurs Fanatiques,
Vils Tyrans des esprits, sombres persécuteurs ;

Vous

Vous dont l'ame implacable, & les mains fréné-
    tiques
        Ont tramé tant d'horreurs.

❖ ❖

Quoi! je t'entends encor abſurde calomnie?
C'eſt toi, monſtre inhumain, c'eſt toi qui pour-
    ſuivis
Et Deſcartes & Bayle, & ce puiſſant génie,
        Succeſſeur de Leibnits.

❖ ❖

Tu prenois ſur l'Autel un glaive qu'on révére,
Pour frapper ſaintement les plus ſages humains,
Mon Roi va te percer du fer que le Vulgaire
        Adoroit dans tes mains.

❖ ❖

Il te frappe, tu meurs, il vange notre injure,
La vérité renaît, l'erreur s'évanouït,
La terre éléve au Ciel une voix libre & pure,
        Le Ciel ſe réjouit.

❖ ❖

Et vous de Borgia déteſtables maximes,
Science d'être injuſte à la faveur des Loix,
Art d'opprimer la terre, Art malheureux des crimes
        Qu'on nommoit l'Art des Rois.

❖ ❖

Périſſent à jamais vos leçons tyraniques,
Le crime eſt trop facile, il eſt trop dangereux,
Un eſprit faible eſt fourbe, & les grands Politiques
        Sont les cœurs généreux.

F 2　　　　Ouvrons

Ouvrons du monde entier les Annales fidelles,
Voyons-y les Tyrans; ils font tous malheureux,
Les foudres qu'ils portoient dans leurs mains cri-
            minelles
        Sont retombés sur eux.

Ils sont morts dans l'opprobre, ils sont morts dans
            la rage;
Mais Antonin, Trajan, Marc-Aurele, Titus,
Ont eu des jours serains, sans nuit & sans orage,
        Purs comme leurs vertus.

Ils renaîtront en vous, ces vrais Héros de Rome,
A les remplacer tous vous êtes destiné :
Régnez, vivez heureux, que le plus honnête-
            homme
        Soit le plus fortuné.

Un Philosophe régne, ah! le siécle où nous
            sommes
Le désiroit sans doute & n'osoit l'espérer,
Seul il a mérité de gouverner les hommes,
        Il sait les éclairer.

On a vu trop long-tems l'orgueilleuse ignorance
Ecrasant sous ses pieds le mérite abattu,
Insulter aux Talens, aux Arts, à la Science
        Autant qu'à la Vertu.

Avec un ris mocqueur, avec un ton de maître,
Un Esclave de Cour, enfant des voluptés
S'est écrié souvent, est-on fait pour connaître ?
  Est-il des vérités ?

Il n'en est point pour vous, ame stupide & fiere,
Absorbé dans la nuit, vous méprisez les Cieux,
Le Salomon du Nord aporte la lumiere,
  Barbare, ouvrez les yeux.

CE QUE C'EST QUE LA VERTU.

Discours en Vers.

LE nom de la Vertu retentit sur la terre,
On l'entend au Théâtre, au Barreau, dans la Chaire ;
Jusqu'au milieu des Cours il parvient quelquefois,
Il s'est même glissé dans les Traités des Rois.
C'est un beau mot sans doute, & qu'on se plaît d'entendre,
Facile à prononcer, difficile à comprendre.
On trompe, on est trompé, je crois voir des jettons
Donnez, reçus, rendus, troquez par des fripons ;
Ou bien ces faux billets, vains enfans du Système

De ce fou d'Ecoſſois qui ſe duppa lui-même.
Qu'eſt-ce que la Vertu ? Le meilleur Citoyen,
Brutus, ſe repentit d'être un Homme-de-bien :
La Vertu, diſoit-il, eſt un nom ſans ſubſtance.

L'Ecole de Zenon dans ſa fiere ignorance
Prit jadis pour vertu l'inſenſibilité,
Dans les champs Levantins le Derviche hébêté,
L'œil au Ciel, les bras hauts & l'eſprit en prieres,
Du Seigneur en danſant invoque les lumieres,
En tournant dans un cercle au nom de Mahomet,
Croit de la Vertu même atteindre le ſommet.

Les reins ceints d'un cordon, l'œil armé d'impudence,
Un Hermite à ſandale, engraiſſé d'ignorance,
Parlant du nez à Dieu, chante au dos d'un Lutrin,
Cent Cantiques Hébreux mis en mauvais Latin.
Le Ciel puiſſe bénir ſa piété profonde.
Mais quel en eſt le fruit ? Quel bien fait-il au monde ?
Malgré la ſainteté de ſon auguſte emploi,
C'eſt n'être bon à rien, que n'être bon qu'à ſoi.

Quand l'ennemi divin des Scribes & des Prêtres,
Chez Pilate autrefois fut traîné par des traîtres,
De cet air inſolent qu'on nomme dignité,
Le Romain demanda, *qu'eſt-ce que Vérité ?*
L'Homme-Dieu qui pouvoit l'inſtruire ou le confondre,

A ce Juge orgueilleux dédaigna de répondre.
Son silence éloquent disoit assez à tous
Que ce vrai tant cherché ne fut point fait pour nous.
Mais lorsque pénétré d'une ardeur ingénue,
Un simple Citoyen l'aborda dans la rue,
Et que disciple sage, il prétendit savoir
Quel est l'état de l'homme & quel est son devoir ;
Sur ce grand intérêt, sur ce point qui nous touche,
Celui qui savoit tout, ouvrit alors la bouche,
Et dictant d'un seul mot des Décrets solemnels :
Aimez Dieu, lui, dit-il, mais aimez les mortels.
Voilà l'Homme & sa Loi ; c'est assez, le Ciel même
A daigné tout nous dire en ordonnant qu'on aime;
Le monde est médisant, vain, léger, envieux,
Le fuir est très-bien fait, le servir encor mieux,
A sa famille, aux siens, je veux qu'on soit utile.

Où vas-tu loin de moi, Fanatique indocile ?
Pourquoi ce teint jauni, ces regards effacez,
Ces élans convulsifs & ces pas égarez ? *
Contre un siécle indévot plein d'une sainte rage,
Tu cours chez ta Béate à son cinquiéme étage,
Quelques Saints possédés dans cet honnête lieu,
Jurent, tordent les mains en l'honneur du bon Dieu ;
Sur leurs trétaux montez, ils rendent des Oracles,
Prédisent le passé, font cent autres Miracles,

* Les Convulsionaires.

L'aveugle y vient pour voir, & des deux yeux privé,
Retourne aux *Quinze-Vingts* marmotant son *Ave*.
Le boiteux saute & tombe, & sa sainte famille
Le ramene en chantant, porté sur sa bequille ;
Le sourd au front stupide, écoute & n'entend rien ;
D'aise alors tout pâmez, de pauvres gens-de-bien,
Qu'un sot voisin bénit & qu'un fourbe seconde,
Aux filles du quartier, prêchent la fin du monde.

Je sai que ce saint œuvre a des charmes puissants.
Mais, dis-moi, n'as-tu point des devoirs plus pressans ?
D'où vient que ton ami languit dans la misere ?
Pourquoi lui refuser le plus vil nécessaire ?
Chez toi, chez tes pareils, le seul riche est sauvé,
Et le pauvre inutile est le seul reprouvé.

Ce Magistrat, dit-on, est sévére, infléxible,
Rien n'amollit jamais sa grande ame insensible,
J'entends, il fait haïr sa place & son pouvoir,
Il fait des malheureux par zéle & par devoir.
Mais l'a-t-on jamais vû sans qu'on le sollicite,
Courir d'un air affable au devant du mérite,
Le choisir dans la foule & donner son appui
A l'honnête-homme obscur qui se tait devant lui ?
De quelques Criminels il aura fait justice !
C'est peu d'être équitable, il faut rendre service.
Le Juste est bienfaisant. On conte qu'autrefois
Le Ministre odieux d'un de nos meilleurs Rois,

Lui difoit en ces mots fon avis defpotique:
Timante eft en fecret bien mauvais Catholique,
On a trouvé chez lui la Bible de Calvin,
A ce funefte excès vous devez mettre un frein,
Il faut qu'on l'emprifonne ou dumoins qu'on l'éxile.
Comme vous, dit le Roi, Timante m'eft utile,
Vous m'apprenez affez quels font fes attentats,
Il m'a donné fon fang, & vous n'en parlez pas:
De ce Roi bienfaifant, la candeur équitable
Peint mieux que vingt Sermons la Vertu équitable.

Ce beau nom de Vertu fera-t'il accordé,
Au mérite farouche, à l'art toujours fardé,
A l'indolent Germont, dont la pitié difcrette
Craint de parler pour moi quand Sejan m'inquiéte?
Au faible & doux Cyrus tout le jour occupé
Des propos d'un flateur & des foins d'un foupé?
Non, je donne ce titre au cœur tendre & fublime
Qui prévient les befoins d'un ami qu'on opprime;
Je le donne à *Norman*, je le donne à *Cochin*,
Dont l'éloquente voix protégea l'orphélin;
Non pas à toi, Griffon, babillard mercenaire,
Qui prodiguant envain ta vénale colere,
Et changeant un Art noble en un lâche métier,
N'as fait qu'un plat Libelle au-lieu d'un Plaidoyer;
Magiftrat dont l'efprit fait éclairer le zéle,
Parlant comme de Thou, jugeant comme Pucelle;

Tendre

Tendre & solide ami, bienfaicteur généreux,
Qui peut te refuser le nom de Vertueux?

Jouis de ce grand titre, ô toi dont la sagesse,
N'est point le fruit amer d'une austere rudesse,
Toi qui malgré l'éclat dont tu blesses les yeux,
Peux compter plus d'amis que tu n'as d'envieux;
Certain Légiflateur dont la plume féconde
Fit tant de vains projets pour le bien de ce monde,
Et qui depuis trente ans écrit pour des ingrats,
Vient de créer un mot qui manque à Vaugelas.
Ce mot est *bienfaisance*, il me plaît, il rassemble,
Si le cœur en est cru, bien des Vertus ensemble;
Petits Grammairiens, grands Précepteurs des sots,
Qui pesez la parole & mesurez les mots;
Pareille expression vous semble hazardée,
Mais l'Univers entier doit en chérir l'idée.

AU CAMP
DEVANT PHILISBOURG,
Le 3 Juillet 1734.

C'Est ici que l'on dort sans lit,
Et qu'on prend ses repas par terre.
Je vois & j'entens l'Athmosphere
Qui s'embrase & qui retentit
De cent décharges de tonnerre,

Et dans ces horreurs de la Guerre,
Le Français chante, boit & rit :
Bellone va réduire en cendres
Les Courtines de Philisbourg,
Par cinquante mille Alexandres
Payez à quatre sous par jour.
Je les vois prodiguant leur vie
Chercher ces combats meurtriers,
Couverts de fange & de Lauriers,
Et pleins d'honneur & de folie.

Je vois briller au milieu d'eux
Ce Fantôme nommé la Gloire,
A l'œil supérbe, au front poudreux,
Portant au cou cravate noire,
Ayant sa trompette en sa main,
Sonnant la charge & la victoire,
Et chantant quelques airs à boire
Dont ils répetent le refrein,

O Nation brillante & vaine !
Illustres Fous, Peuple charmant,
Que la Gloire à son char enchaîne,
Il est beau d'affronter gayement
Le trépas & le Prince Eugene.

Mais helas ! quel sera le prix.
De vos héroïques prouesses ?
Vous serez Cocus dans Paris
Par vos femmes & vos Maîtresses.

LETTRE
A MADAME DE GONDRIN,
Depuis Mde la Comtesse de Toulouse.

Sur le péril qu'elle avoit couru en traversant la Loire en 1719.

Savez-vous, gentille Doüairiere,
Ce que dans Sulli l'on faisoit,
Lors qu'Eole vous conduisoit
D'une si terrible maniere ?
Le malin Perigni rioit,
Et pour vous déja préparoit
Une Epitaphe familiere,
Disant qu'on vous repêcheroit
Incessamment dans la riviere ;
Et qu'alors il observeroit
Ce que votre humeur un peu fiere
Sans ce hazard lui cacheroit.
Cependant l'Espar, la Valiere,
Guiche, Sully, tout soupiroit ;
Roussi parloit peu ; mais juroit,
Et l'Abbé Courtin qui pleuroit,
En voyant votre heure derniere,
Adressoit à Dieu sa priere,
Et pour vous tout bas murmuroit

Quelque

A MADAME DE GONDRIN. 135
Quelque Oraison de son Breviaire,
Qu'alors, contre son ordinaire
Dévotement il fredonnoit,
Dont à peine il se souvenoit,
Et que même il n'entendoit guére.
Mais quel Spectacle ! j'envisage
Les Amours qui de tous côtez,
S'opposent à l'affreuse rage
Des vents contre vous irritez.
Je les vois : ils sont à la nage,
Et plongez jusqu'au cou dans l'eau,
Ils conduisent votre batteau ;
Et vous voilà sur le rivage.
GONDRIN, songez à faire usage
Des jours qu'Amour a conservez,
C'est pour lui qu'il les a sauvez,
Il a des droits sur son Ouvrage.

LETTRE

Ecrite à Mr. l'Abbé DE CHAULIEU
DE SULLY, *le 5. Juillet* 1717.

A Vous, l'*Anacreon* du Temple,
A vous le Sage si vanté,
Qui nous prêchez la Volupté
Par vos Vers & par votre exemple;
Vous, dont le Luth délicieux,
Quand la goutte au lit vous condamne,
Rend des sons aussi gracieux,
Que quand vous chantez la Tocane,
Assis à la Table des Dieux.

Je vous écrits de Sully, où Chapelle a demeuré; c'est-à-dire, s'est enyvré deux ans de suite. Je voudrois bien qu'il eût laissé dans ce Château un peu de son talent Poëtique, cela accommoderoit fort ceux qui veulent vous écrire. Mais comme on prétend qu'il vous l'a laissé tout entier, j'ai été obligé d'avoir recours à la magie dont vous m'avez tant parlé.

Et dans une Tour assez sombre
Du Château qu'habita jadis
Le plus léger des Beaux-Esprits.
Un beau soir j'évoquai son ombre:

Lettre à Mr. l'Abbé de Chaulieu.

Aux Déïtez des sombres lieux
Je ne fis point de sacrifice,
Comme ces fripons qui des Dieux
Chantoient autre fois le Service ;
Où la Sorciere *Pitonisse*,
Dont la grimace & l'artifice
Avoient fait dresser les cheveux
A ce sot Prince des Hébreux,
Qui crut bonnement que le Diable,
D'un Prédicateur ennuyeux,
Lui montroit le spectre effroyable.
Il n'y faut point tant de façon
Pour une ombre aimable & légere ;
C'est bien assez d'une Chanson,
Et c'est tout ce que je puis faire.
Je lui dis sur mon violon :
Eh : de grace, Monsieur *Chapelle*,
Quittez le manoir de *Pluton*,
Pour cet enfant qui vous appelle ;
Mais non sur la voûte éternelle.
Les Dieux vous ont reçu, dit-on,
Et vous ont mis entre *Apollon*
Et le fils joüflu *de Semele*.
Du haut de ce divin canton,
Descendez, aimable *Chapelle* :
Cette familiere Oraison,
Dans la demeure fortunée
Reçut quelque approbation ;
Car enfin, quoique mal tournée
Elle étoit faite en votre nom.

Chapelle

Chapelle vint. A son approche,
Je sentis un transport soudain ;
Car il avoit sa lire en main,
Et son Gassendi dans sa poche ;
Il s'appuyoit sur *Bachaumon*,
Qui lui servit compagnon
Dans le récit de ce voyage,
Qui, du plus charmant badinage,
Fut la plus charmante leçon.

Je lui demandai comme il s'y prenoit autrefois dans le monde,

Pour chanter toûjours sur sa Lyre
Ces Vers aisez, ces Vers coulans,
De la Nature heureux enfans,
Où l'Art ne trouve rien à dire.
L'Amour, me dit-il, & le vin,
Autrefois me firent connoître
Les graces de cet Art Divin :
Puis à *Chaulieu* l'Epicurien
Je servis quelque tems de Maître ;
Il faut que *Chaulieu* soit le tien.

LETTRE

A Mr. LE DUC DE SULLY.

A Paris le 18. Août 1720.

J'IRAI chez vous, Duc adorable,
Vous, dont le goût, la vérité,
L'esprit, la candeur, la bonté,
Et la douceur inaltérable,
Font respecter la volupté,
Et rendent le Sagesse aimable.
Que dans ce Champêtre séjour,
Je me fais un plaisir extrême
De parler sur la fin du jour,
Et pas un seul mot du Systême *,
De ce Systême tant vanté,
Par qui nos Héros de Finance
Emboursent l'argent de la France,
Et le tout par pure bonté.
Pareils à la vieille Sybille
Dont il est parlé dans *Virgile*,
Qui possedant pour tout Trésor,
Des Recettes d'Energumene,
Prend du Troyen le Rameau d'Or,
Et lui rend des feüilles de Chêne.

Peut-être

---

* Le Systême de Mr. Law, qui bouversa la France en 1720.

Peut-être les larmes aux yeux,
Je vous apprendrai pour nouvelle,
Le trépas de ce vieux goûreux,
Qu'anima l'esprit de *Chapelle.*
L'éternel Abbé de *Chaudieu,*
Paroîtra bien-tôt devant Dieu,
Et si d'une Muse féconde ;
Les Vers aimables & polis
Sauvent une ame en l'autre monde,
Il ira droit en Paradis.
L'Autre jour à son agonie,
Son Curé vint de grand matin
Lui donner en cérémonie,
Avec son Huile & son Latin,
Un passe-port pour l'autre vie.
Il vit tous ses péchez lavez
D'un petit mot de pénitence,
Et reçut ce que vous sçavez,
Avec beaucoup de bienséance ;
Il fit même un très-beau Sermon,
Qui satisfit tout l'Auditoire.
Tout haut il demanda pardon,
D'avoir eu trop de vaine gloire.
C'étoit-là, dit-il, le péché
Dont il fut le plus entiché ;
Car on sçait qu'il étoit Poëte.
Et que sur ce point tout Auteur,
Ainsi que tout Prédicateur,
N'a jamais eu l'ame bien nette.

Il sera

Il sera pourtant regretté,
Comme s'il eût été modeste,
Sa perte au Parnasse est funeste.
Presque seul il étoit resté,
D'un siécle plein de politesse.
On dit qu'aujourd'hui la jeunesse,
A fait à la délicatesse
Succeder la grossiereté,
La débauche à la volupté,
Et la vaine & lâche paresse,
A cette sage oisiveté
Que l'Etude occupoit sans cesse.
Pour notre petit Genonville,
Si digne du siécle passé
Et des Faiseurs de Vaudeville,
Il me paroît très-empressé,
D'abandonner pour vous la Ville,
Le Systême n'a point gâté
Son esprit aimable & facile,
Il a toûjours le même stile,
Et toûjours la même gaité.
Je sçai que par déloyauté,
Le fripon n'a guére à tâter
De la Maîtresse tant jolie
Dont j'étois si fort entêté.
Il rit de cette perfidie,
Et j'aurois pû m'en courroucer ;
Mais je sçai qu'il faut se passer,
Des Bagatelles dans la vie.

A MONSEIGNEUR

A MONSEIGNEUR
LE PRINCE DE VENDOME.

DE Sully, salut & bon Vin,
   Au plus aimable de nos Princes,
De la part de l'Abbé Courtin,
Et du Rimailleur des plus minces,
Que son bon Ange & son Lutin,
Ont envoyé dans ces Provinces.

Vous voyez, Monseigneur, que l'envie de faire quelque chose pour vous a réuni deux hommes bien différens.

L'un gras, rond, gros, court, séjourné,
Citadin de Papimanie,
Porte un teint de Prédestiné,
Avec la croupe rebondie.
Sur son front, respecté du tems,
Une fraîcheur toujours nouvelle,
Au bon Doyen de nos galants,
Donne une jeunesse éternelle.
L'autre dans Papefigue est né,
Maigre, long, sec & décharné,
N'ayant eu croupe de sa vie,
Moins malin qu'on ne vous le dit;
Mais peut-être de Dieu maudit,
Puisqu'il aime & qu'il versifie.

A Mr. le Prince de Vendôme.

Notre premier deſſein étoit d'envoyer à Votre Alteſſe un Ouvrage dans les formes, moitié Vers, moitié Proſe, comme en uſoient les *Chapelles*, les *des Barreaux*, les *Hamiltons*, contemporains de l'Abbé, & nos Maîtres. J'aurois preſque ajoûté *Voiture*, ſi je ne craignois de fâcher mon Confrere, qui prétend n'être pas aſſez vieux pour l'avoir vû.

Comme il y a des choſes aſſez hardies à dire, par le tems qui court, le plus ſage de nous deux, qui n'eſt pas moi, ne vouloit en parler qu'à condition qu'on n'en ſçauroit rien.

> Il alla donc vers le Dieu du myſtere,
> Dieu des Normands, par moi très-peu fêté,
> Qui parle bas, quand il ne peut ſe taire,
> Baiſſe les yeux & marche de côté.
> Il favoriſe, & certes c'eſt dommage,
> Force fripons; mais il conduit le Sage.
> Il eſt au Bal, à l'Egliſe, à la Cour,
> Au tems jadis il a guidé l'Amour.

Malheureuſement ce Dieu n'étoit pas à Sully; il étoit en tiers, dit-on, entre l'Archevêque de.... & Madame de.... ſans cela nous euſſions achevé notre Ouvrage ſous ſes yeux.

Nous euſſions peint les Jeux voltigeans ſur vos traces.

Et cet

Et cet esprit charmant, au sein d'un doux loisir,
  Agréable dans le plaisir,
  Héroïque dans les disgraces.
Nous vous eussions parlé de ces bienheureux jours,
  Jours consacrez à la tendresse.
  Nous vous eussions avec adresse,
  Fait la peinture des Amours,
  Et des Amours de toute espece.
  Vous en eussiez vû de Paphos,
  Vous en eussiez vu de Florence,
  Mais avec tant de bienséance,
  Que le plus âpre des Dévots
  N'en eût pas fait la différence.
Bacchus y paroîtroit de Tocane échauffé,
  D'un bonnet de Pampre coëffé,
Célébrant avec vous sa plus joyeuse Orgie,
L'Imagination seroit à son côté,
De ses brillantes fleurs ornant la Volupté
  Entre les bras de la Folie.
  Petits soupers, jolis festins,
  Ce fut parmi vous que naquirent,
  Mille Vaudevilles malins,
  Que les Amours à rire enclins,
  Dans leurs sotisiers recueillirent,
  Et que j'ai vûs entre leurs mains.
  Ah ! que j'aime ces Vers badins,
  Ces riens naïfs & pleins de grace,
  Tels que l'ingénieux *Horace*,
  En eût fait l'ame d'un repas,

         Lorsqu'à

A Mr. le Prince de Vendôme.

Lorsqu'à table il tenoit sa place,
Avec Auguste & Mécénas.

Voilà un foible crayon du Portrait que nous voulions faire. Mais.

Il faut être inspiré pour de pareils Ecrits,
Nous ne sommes point Beaux-Esprits,
  Et notre flageolet timide,
  Doit céder cet honneur charmant,
  Au Luth aimable, au Luth galant
  De ce Successeur de *Clement*,
  Qui dans votre Temple réside.
  Sçachez donc que l'oisiveté,
  Fait ici notre grande affaire.
  Jadis de la Divinité
  C'étoit le partage ordinaire ;
  C'est le vôtre, & vous m'avouerez,
  Qu'après tant de jours consacrez
  A Mars, à la Cour, à Cithére,
  Lorsque de tout on a tâté,
  Tout fait, ou du moins tout tenté,
  Il est bien doux de ne rien faire.

A Mr. DE GENONVILLE,

Sur une Maladie.

NE me soupçonne point de cette vanité
    Qu'a notre ami *Chaulieu* de parler de lui-
      même ;
Et laisse-moi jouïr de la douceur extrême,
    De t'ouvrir avec liberté
    Un cœur qui te plaît & qui t'aime.
    De ma Muse en mes premiers ans,
Tu vis les tendres fruits imprudemment éclore,
Tu vis la calomnie avec ses noirs serpens,
    Des plus beaux jours de mon Printemps
    Obscurcir la naissante Aurore.
D'une injuste prison, je subis la rigueur :
    Mais au moins de mon malheur
    Je sçus tirer quelque avantage ;
J'appris à m'endurcir contre l'adversité,
    Et je me vis un courage
Que je n'attendois pas de la légéreté
    Et des erreurs de mon jeune âge.
Dieux ! que n'ai-je eu depuis la même fermeté !
    Mais à de moindres allarmes,
    Mon cœur n'a point résisté.
Tu sçai combien l'Amour m'a fait verser de lar-
    mes.

Fripon

A Mr. de Genonville.

Fripon, tu le fçai trop bien,
Toi dont l'amoureuſe adreſſe
M'ôta mon unique bien :
Toi dont la délicateſſe,
Par un ſentiment fort humain,
Aima mieux ravir ma Maîtreſſe
Que de la tenir de ma main.
Mais je t'aimai toujours, tout ingrat & vau-
rien,
Je te pardonnai tout avec un cœur Chrétien,
Et ma facilité fit grace à ta foibleſſe.
Hélas! Pourquoi parler encor de mes amours!
Quelquefois ils ont fait le charme de ma vie,
    Aujourd'hui la maladie
En éteint le flambeau peut-être pour toûjours.
De mes ans paſſagers la trame eſt racourcie,
Mes organes laſſez ſont morts pour les plai-
ſirs;
Mon cœur eſt étonné de ſe voir ſans déſirs.
    Dans cet état il ne me reſte
Qu'un aſſemblage vain des ſentimens confus,
Un préſent douloureux, un avenir funeſte,
Et l'affreux ſouvenir d'un bonheur qui n'eſt plus.
Pour comble de malheur je ſens de ma penſée
    Se déranger les reſſorts,
Mon eſprit m'abandonne, & mon ame éclipſée,
Perd en moi de ſon être, & meurt avant mon
corps.
Eſt-ce-là ce rayon de l'Eſſence Suprême,

Tome V   G   Qu'on

146 *A Mr. de Genonville, sur une Maladie.*

  Qu'on nous peint si lumineux,
Est-ce-là cet esprit survivant à nous-mêmes?
Il naît avec nos sens, croît, s'affoiblit comme eux;
  Hélas! périroit-il de même!
  Non, sans doute, & j'ose esperer
Que de la Mort, du Tems & des Destins le maître,
Dieu conserve pour lui le plus pur de notre être,
Et n'anéantit point ce qu'il daigne éclairer.

A Mr. LE MARÉCHAL DE VILLARS.

JE me flattois de l'espérance
D'aller goûter quelque repos
Dans votre Maison de plaisance,
Mais *Vinache* * a ma confiance,
Et j'ai donné la préférence,
Sur le plus grand de nos Héros,
Au plus grand Charlatan de France.
Ce discours vous déplaira fort,
Et je confesse que j'ai tort
De parler du soin de ma vie,
A celui qui n'eut d'autre envie
Que de chercher partout la mort.
Mais souffrez que je vous réponde,
Sans m'attirer votre courroux,
Que j'ai plus de raisons que vous
De vouloir rester dans ce Monde :
Car si quelque coup de canon,
Dans vos beaux jours brillans de gloire,
Vous eût envoyé chez Pluton,
Voyez la consolation
Que vous auriez dans la nuit noire,
Lorsque vous sçauriez la façon,
Dont vous auroit traité l'Histoire ?

PARIS vous eût premierement,

* Médecin Empirique.

Fait un service fort célébre,
En préfence du Parlement ;
Et quelque Prélat ignorant
Auroit prononcé hardiment,
Une longue Oraifon Funebre,
Qu'il n'eût pas fait affurément.
Puis en vertueux Capitaine
On vous auroit proprement mis
Dans l'Eglife de Saint Denis,
Entre du *Guefclin* & *Turenne*.
Mais fi quelque jour, moi chétif,
J'allois paffer le noir efquif,
Je n'aurois qu'une vile Biere,
Deux Prêtres s'en iroient gayement,
Porter ma figure légére,
Et la loger mefquinement
Dans un recoin du Cimetiere.
Mes Niéces au-lieu de priere,
Et mon Janféniste de Frere,
Riroient à mon enterrement ;
Et j'aurois l'honneur feulement,
Que quelque Mufe médifante,
M'affubleroit pour un moment,
D'une Epitaphe impertinente.
Vous voyez donc très-clairement,
Qu'il eft bon que je me conferve,
Pour être encore témoin long-tems
De tous les Exploits éclatans
Que le Seigneur Dieu vous réferve.

A MADAME

A MADAME DE FONTAINE-MARTEL.

O Très-finguliere Martel !
J'ai pour vous eftime profonde :
C'eft dans votre petit Hôtel ;
C'eft fur vos foupers que je fonde
Mon plaifir, le feul bien réel
Qu'un honnête-homme ait en ce monde.
Il eft vrai qu'un peu je vous gronde ;
Mais malgré cette liberté,
Mon cœur vous trouve, en vérité,
Femme à peu de femmes feconde ;
Car, fous vos cornettes de nuit,
Sans préjugez & fans foibleffe,
Vous logez efprit qui féduit
Ce qui tient fort à la Sageffe.
Or votre fageffe n'eft pas
Cette pointilleufe Harpie,
Qui raifonne fur tous les cas,
Et qui, trifte fœur de l'Envie,
Ouvrant un gofier édenté
Contre la tendre volupté,
Toujours prêche, argumente & crie.
Mais celle qui fi doucement.

A Madame de Fontaine-Martel.

Sans effort & sans industrie,
Se bornant tout au sentiment,
Sçait jusqu'au dernier moment
Répandre un charme sur la vie.
Voyez-vous pas de tous côtez
De très-décrépites Beautez,
Pleurans de n'être plus aimables,
Dans leur besoin de passion,
S'affoler de dévotion,
Et rechercher l'ambition
D'être bégueules respectables ?
Bien-loin de cette triste erreur,
Vous avez, au-lieu des Vigiles,
Des soupers longs, gais & tranquilles ;
Des Vers aimables & faciles,
Au-lieu de fatras inutiles.
De *Quesnel* & de *le Tourneur* ;
Voltaire, au-lieu d'un Directeur ;
Et pour mieux chasser toute angoisse,
Au Curé préférant *Campra*,
Vous avez loge à l'Opéra,
Au-lieu de banc dans la Paroisse :
Et ce qui rend mon sort plus doux,
C'est que ma Maîtresse chez vous,
La Liberté, se voit logée :
Cette Liberté mitigée,
A l'œil ouvert, au front serein,
A la démarche dégagée,
N'étant ni prude, ni Catin,

Décente

A Madame de Fontaine-Martel.

Décente, & jamais arrangée,
Souriant d'un souris badin
A ces paroles chatouilleuses,
Qui font baisser un œil malin
A Mesdames les Précieuses.
C'est-là qu'on trouve la gayeté,
Cette sœur de la Liberté,
Jamais aigre dans la Satyre,
Toujours vive dans les bons mots,
Se moquant quelquefois des sots,
Et très-souvent, mais à propos,
Permettant au Sage de rire.
Que le Ciel benisse le cours
D'un sort aussi doux que le vôtre,
Martel; l'Automne de vos jours
Vaut mieux que le Printems d'un autre.

LETTRE

Ecrite de Plombiers

A Mr. PALLU,

Aout 1729.

Du fond de cet antre pierreux,
Entre deux montagnes cornuës,
Sous un Ciel noir & pluvieux,
Où les Tonnerres orageux
Sont portez sur d'épaisses nuës,
Près d'un bain chaud, toûjours croté,
Plein d'une eau qui fume & bouillonne,
Où tout malade empaqueté,
Et tout hypocondre entêté,
Qui de son mal toûjours raisonne,
Se baigne, s'enfume, & se donne
La Question pour la santé.

De cet antre où je vois venir
D'impotentes sempiternelles,
Qui toutes pensent rajeunir ;
Un petit nombre de Pucelles,
Mais un beaucoup plus grand de celles
Qui voudroient le redevenir ;
Où par le Coche on nous amene

De vieux

A Monsieur Pallu.

De vieux Citadins de Nancy,
Et des Moines de Commercy,
Avec l'Attribut de Lorraine
Que nous rapporterons d'ici.

DE ces lieux où l'ennui foisonne,
J'ose encore écrire à *Paris*.
Malgré *Phœbus* qui m'abandonne,
J'invoque l'Amour & les Ris ;
Ils connoissent peu ma personne ;
Mais c'est à PALLU que j'écris,
Alcibiade me l'ordonne.
Alcibiade qu'à la Cour
Nous vîmes briller tour-à-tour,
Par ses graces, par son courage ;
Guai, généreux, tendre, volage,
Et séducteur comme l'amour
Dont il fut la brillante image.

L'AMOUR ou le tems l'a défait
Du beau vice d'être infidéle ;
Il prétend d'un Amant parfait
Etre devenu le modéle.

J'IGNORE quel objet charmant
A produit ce grand changement,
Et fait sa conquête nouvelle :
Mais, qui que vous soyïez, la Belle,
Je vous en fais mon compliment.

On pourroit bien, à l'avanture,
Choisir un autre greluchon,
Plus Alcide pour la figure,
Et pour le cœur, plus Celadon ?
Mais quelqu'un plus aimable ? Non,
Il n'en est point dans la Nature ;
Car, Madame, où trouvera-t'on
D'un ami la discrétion,
D'un vieux Seigneur la politesse,
Avec l'imagination
Et les graces de la jeunesse,
Un tour de conversation,
Sans empressement, sans paresse,
Et l'esprit monté sur le ton
Qui plaît à gens de toute espece ?
Et n'est-ce rien d'avoir tâté,
Trois ans de la formalité
Dont on assomme une Ambassade,
Sans nous avoir rien rapporté
Dont cent Ministres font parade ?
A ce portrait si peu flatté,
Qui ne voit mon Alcibiade ?

RÉPONSE

A une Dame, ou soi-disant telle.

TU commences par me louer,
　Tu veux finir par me connoître.
Tu me loueras bien moins ; mais il faut t'avouër
Ce que je suis, ce que je voudrois être.
J'aurai vu dans trois ans passer quarante Hy-
　vers,
Apollon présidoit au jour qui m'a vû naître,
Au sortir du Berceau j'ai béguayé des Vers,
Bien-tôt ce Dieu puissant m'ouvrit son sanctuaire ;
Mon cœur vaincu par lui, se rangea sous sa loi,
D'autres ont fait des Vers par le désir d'en faire,
　　Je fus Poëte malgré moi.
Tous les goûts à la fois sont entrez dans mon ame,
Tout Art a mon hommage, & tout plaisir m'enflâ-
　me,
La Peinture me charme ; on me voit quelquefois,
Au Palais de Philippe, ou dans celui des Rois,
Sous les efforts de l'Art admirer la Nature,
Du brillant *Cagliari* * saisir l'esprit Divin,
Et dévorer des yeux la touche noble & sûre,
　　De *Raphaël* & du *Poussin*.

　　　G 6　　　　De ces

* *Paul Veronese.*

De ces Appartemens qu'anime la Peinture,
Sur les pas du plaisir je vole à l'Opéra.
    J'applaudis tout ce qui me touche,
    La fertilité de *Campra*,
La gayeté de *Mouret*, les graces de *Destouche*,
Pelissier par son art, *le More* par sa voix,
Tour-à-tour ont mes vœux & suspendent mon
    choix.
Quelquefois embrassant la science hardie,
    Que la curiosité,
    Honora par vanité,
    Du nom de Philosophie,
Je cours après *Newton* dans l'abîme des Cieux;
Je veux voir si des nuits la Couriere inégale,
Par le pouvoir changeant d'une force centrale,
En gravitant vers nous s'approche de nos yeux,
Et pese d'autant plus qu'elle est près de ces lieux,
    Dans les limites d'un ovale.
J'en entends raisonner les plus profonds Esprits,
Maupertuits & *Cleraut*, calculante Cabale :
Je les vois qui des Cieux franchissent l'intervale,
Et je vois trop souvent que j'ai très-peu compris.
De ces obscuritez je passe à la Morale,
Je lis au cœur de l'homme, & souvent j'en rougis.
J'examine avec soin les informes Ecrits,
Les Monumens épars, & le style énergique
De ce fameux *Pascal*, ce Dévot satyrique.
Je vois ce rare Esprit trop promt à s'enflâmer
    Je combat ses rigueurs extrêmes.
        Il enseigne

Il enseigne aux Humains à se haïr eux-mêmes.
Je voudrois malgré lui leur apprendre à s'aimer.
Ainsi mes jours égaux que les Muses remplissent,
Sans soins, sans passions, sans préjugez fâcheux,
Commencent avec joye & vivement finissent
  Par des soupers délicieux.
L'amour dans mes plaisirs ne mêle plus ses peines,
La tardive raison vient de briser mes chaînes,
J'ai quitté prudemment ce Dieu qui m'a quitté.
J'ai passé l'heureux tems fait pour la volupté.
Est-il donc vrai, grands Dieux! il ne faut plus que
  j'aime.
La foule des Beaux Arts dont je veux tour-à-tour
  Remplir le vuide de moi-même,
N'est point encor assez pour remplacer l'amour.

LETTRE

LETTRE
SUR LA TRACASSERIE.

A Monsieur de Buffi, Evêque de Luçon.

Ornement de la Bergerie,
Et de l'Eglise & de l'Amour ;
Auſſi-tôt que Flore, à ſon tour,
Peindra la Campagne fleurie,
Revoyez la Ville chérie ;
Eſt-il pour vous d'autre Patrie ?
Et ſeroit-il dans l'autre vie
Un plus beau Ciel, un plus beau jour,
Si l'on pouvoit de ce ſéjour
Exiler la TRACASSERIE ?
Evitons ce Monſtre odieux,
Monſtre femelle, dont les yeux
Portent un poiſon gracieux ;
Et que le Ciel, en ſa furie,
De notre bonheur envieux,
A fait naître dans ces beaux lieux
Au ſein de la Galanterie.
Voyez-vous, comme un miel flatteur,
Diſtile de ſa bouche impure ?
Voyez-vous comme l'impoſture
Lui prête un ſecours ſéducteur !

Le courroux

Lettre sur la Tracasserie.

Le courroux étourdi la guide,
L'embarras, le soupçon timide,
En chancelant suivent ses pas.
Des faux rapports, l'erreur avide
Court au-devant de la perfide,
Et la caresse dans ses bras.
Que l'Amour, secouant ses aîles,
De ces commerces infidéles
Puisse s'envoler à jamais :
Qu'il cesse de forger des traits
Pour tant de Beautez criminelles.
Je hais bien tout mauvais Railleur,
De qui le Bel-Esprit batise
Du nom d'ennui, la paix du cœur,
Et la constance de sottise.
Heureux qui voit couler ses jours
Dans la Mollesse & l'Incurie,
Sans intrigues, sans faux détours,
Près de l'objet de ses amours,
Et loin de la Coquetterie.
Que chaque jour rapidement,
Pour de pareils Amans s'écoule ;
Ils ont tous les plaisirs en foule,
Hors ceux du raccommodement.
Rendez-nous donc votre présence,
Galant Prieur de Frigolet,
Très-aimable, & très-frivolet,
Venez voir votre humble Valet
Dans le Palais de la Constance.

Les graces.

Les Graces, avec complaisance,
Vous suivront en petit-colet,
Et moi, leur serviteur folet,
J'ébaudirai votre Excellence
Par des airs de mon Flageolet,
Dont l'Amour marque la cadence,
En faisant des pas de Ballet.

A MONSIEUR DE FORMONT,

En lui renvoyant les Oeuvres de Descartes & de Mallebranche.

RIMEUR charmant, plein de raison,
Philosophe entouré de Graces ;
Epicure, avec Apollon,
S'empresse à marcher sur vos traces ;
Je renonce au fatras obscur
Du Grand Rêveur de l'Oratoire,
Qui croit parler de l'esprit pur,
Ou qui veut nous le faire accroire ;
Nous disant qu'on peut, à coup sûr,
Entretenir Dieu dans sa gloire.
Ma raison n'a pas plus de foi
Pour *René*, le Visionaire,
Songeur de la nouvelle Loi ;
Il éblouït plus qu'il n'éclaire.
Dans une épaisse obscurité
Il fait briller des étincelles.
Il a gravement débité
Un tas brillant d'erreurs nouvelles,
Pour mettre à la place de celles
De la bravade Antiquité.
Dans sa cervelle trop féconde,
Il prend, d'un air fort important,

Des dez pour arranger le monde ;
Bridoye en auroit fait autant.

   Adieu. Je vais chez ma Silvie ;
Un esprit fait comme le mien,
Goûte bien mieux son entretien,
Qu'un Roman de Philosophie.
De ses attraits toûjours frappé,
Je ne la crois pas trop fidelle.
Mais puisqu'il faut être trompé,
Je ne veux l'être que par elle.

A Mr. LE DUC DE LA FEUILLADE.

CONSERVEZ précieusement
L'Imagination fleurie,
Et la bonne plaisanterie
Dont vous possédez l'agrément,
Au défaut du tempérament
Dont vous vous vantez hardiment,
Et que tout le monde vous nie.
La Dame qui depuis long-tems
Connoît à fond votre personne,
A dit : Hélas ! je lui pardonne
D'en vouloir imposer aux gens ;
Son esprit est dans son printems ;
Mais son corps est dans son automne.
Adieu. Monsieur le Gouverneur,
Non, plus de Province frontiere,
Mais d'une Beauté singuliere,
Qui par son esprit, par son cœur,
Et par son humeur libertine
De jour en jour fait grand honneur
Au Gouverneur qui l'endoctrine ;
Priez le Seigneur seulement,
Qu'il empêche que Cythérée
Ne substitue incessamment
Quelque jeune & frais Lieutenant,
Qui feroit sans vous son entrée
Dans un si beau Gouvernement.

A MONSIEUR DE FONTENELLE.

De Villars, le 1. Septembre 1720.

LES Dames qui sont à Villars, Monsieur, se sont gâtées par la Lecture de vos Mondes. Il vaudroit mieux que ce fût par vos Eglogues, & nous les verrions plus volontiers ici, Bergeres, que Philosophes. Elles mettent à observer les Astres un tems qu'elles pourroient beaucoup mieux employer ; & comme leur goût décide des nôtres, nous nous sommes tous faits Physiciens pour l'amour d'Elles.

> Le soir sur des Lits de Verdure,
> Lits que de ses mains la Nature,
> Dans ces Jardins délicieux,
> Forma pour une autre avanture ;
> Nous brouillons tout l'ordre des Cieux ;
> Nous prenons Venus pour Mercure ;
> Car vous sçaurez qu'ici l'on n'a,
> Pour examiner les Planettes,
> Au-lieu de vos longues Lunettes,
> Que des Lorgnettes d'Opera,

Comme nous passons la nuit à observer les Etoiles, nous négligeons fort le Soleil,

A Mr. de Fontenelle.

à qui nous ne rendons visite que lorsqu'il a fait près des deux tiers de son tour. Nous venons d'apprendre tout-à-l'heure qu'il a paru de couleur de sang tout le matin ; qu'ensuite sans que l'air fût obscurci d'aucun nuage, il a perdu sensiblement de sa lumiere & de sa grandeur : Nous n'avons sçu cette nouvelle que sur les cinq heures du soir. Nous avons mis la tête à la fenêtre, & nous avons pris le Soleil pour la Lune, tant il étoit pâle. Nous ne doutons point que vous n'ayïez vû la même chose à Paris.

C'est à vous que nous nous adressons, Monsieur, comme à notre Maître. Vous sçavez rendre aimables les choses que beaucoup d'autres Philosophes rendent à peine intelligibles ; & la Nature devoit à la France & à l'Europe un Homme comme vous, pour corriger les Sçavans, & pour donner aux Ignorans le goût des Sciences.

> Or dites-nous donc, Fontenelles,
> Vous qui par un vol imprévu,
> De Dédale prenant les aîles,
> Dans les Cieux avez parcouru
> Tant de carrieres immortelles,
> Où Saint Paul avant vous a vu
> Force Beautez surnaturelles
> Dont très-prudemment il s'est tu.
> Du Soleil par vous si connu,

Ne sçavez-

Ne sçavez-vous point de nouvelles ?
Pourquoi sur un Char tout sanglant
A-t-il commencé sa carriere ?
Pourquoi perd-il, pâle & tremblant,
Et sa grandeur & sa lumiere ?
Que dira le *Boulainvilliers* *
Sur ce terrible Phénomene ?
Va-t-il à des Peuples entiers
Annoncer leur perte prochaine ?
Verrons-nous des incursions,
Des Edits, des Guerres sanglantes,
Quelques nouvelles Actions,
Ou le retranchement des Rentes ?
Jadis quand vous étiez Pasteur,
On vous eût vu sur la Fougere
A ce changement de couleur,
Du Dieu brillant qui nous éclaire,
Annoncer à votre Bergere
Quelque changement dans son cœur.
Mais depuis que votre Apollon
Voulut quitter la Bergerie,
Pour Euclide & pour Varignon ;
Et les rubans de Céladon,
Pour l'Astrolabe d'Uranie,
Vous nous parlerez le Jargon
De Calcul, de Réfraction.

Mais

---

* Le Comte de Boulainvilliers, homme d'une grande Erudition ; mais qui avoit la foiblesse de croire à l'Astrologie.

Mais daignez un peu, je vous prie,
Si vous voulez parler raison,
Nous l'habiller en Poësie ;
Car sçachez que dans ce Canton,
Un trait d'imagination
Vaut cent pages d'Astronomie.

RÉPONSE

* RÉPONSE

De Mr. de Fontenelle à Mr. de Voltaire.

Vous dites donc, Gens de Village,
Que le Soleil à l'horison
Avoit assez mauvais visage.
Et bien quelque subtil nuage
Vous avoit fait la trahison,
De défigurer son image.
Elle étoit là comme en prison,
D'un air malade ; mais je gage
Que le drôle en son haut étage
Ne craignoit point la pamoison.
Vous n'en sçaurez pas davantage,
Et voici ma peroraison.
Adieu, votre jeune saison
A tout autre soin vous engage ;
L'ignorance est son appanage,
Avec les plaisirs à foison,
Convenable & doux assemblage.
J'avouerai bien, & j'en enrage,
Que le Sçavoir & la Raison
N'est presqu'aussi qu'un badinage ;
Mais badinage de Grison.
Il est des hochets pour tout âge,
Que de son brillant équipage,
Toujours de maison en maison

L'inquiet

à Mr. de Voltaire.

L'inquiet Phœbus déménage.
Laiſſez-le en paix faire voyage,
Rabattez-vous ſur le gazon,
Un gazon canapé ſauvage,
Des ſoucis de l'humain lignage
Eſt un puiſſant contrepoiſon.
Pour en avoir bien ſçu l'uſage,
On chante encor en vieux langage
Martin & l'adroite Aliſon.
Ce n'eſt pourtant pas que je doute,
Qu'un beau jour qui ſera bien noir
Le pauvre Soleil ne s'encroute,
En nous diſant: Meſſieurs, bon ſoir,
Cherchez dans la céleſte voute
Quelqu'autre qui vous faſſe voir;
Pour moi j'en ai fait mon devoir,
Et moi-même ne voit plus goute.
Encore un coup, Meſſieurs, bon ſoir:
Et peut-être en ſon déſeſpoir
Oſera-t-il rimer en oute,
Si quelque Déeſſe n'écoute.
Mais ſur notre triſte manoir
Combien de maux fera pleuvoir
Cette céleſte Banqueroute?
On allumera maint bougeoir,
Mais qui n'aura pas grand pouvoir.
Tout ſera pêle & mêle, & toute
Société ſera diſſoute,
Sans qu'on diſe juſqu'au revoir.

Chacun de l'éternel dortoir
Enfilera bien-tôt la voute
Sans tester & sans laisser d'hoir ;
Et ce que le plus je redoute,
Chacun demandera la Broute,
Et croira ne plus rien valoir.

STANCES
SUR LES POETES EPIQUES.

Pleins de beautez & de défauts,
Le vieil *Homere* a mon estime;
Il est, comme tous les Héros,
Babillard, outré, mais sublime.

Virgile orne mieux la Raison,
A plus d'Art, autant d'Harmonie;
Mais il s'épuise avec *Didon*,
Et rate à la fin *Lavinie*.

De faux-brillans, trop de Magie,
Mettent le *Tasse* un cran plus bas.
Mais que ne tolere-t-on pas
Pour *Armide* & pour *Herminie* ?

Milton, plus sublime qu'eux tous,
A des beautez moins agréables;
Il semble chanter pour les Fous,
Pour les Anges & pour les Diables.

Après *Milton*, après le *Tasse*,
Parler de moi seroit trop fort ;
Et j'attendrai que je sois mort,
Pour apprendre quelle est ma place.

Vous en qui tant d'esprit abonde,
Tant de grace & tant de douceur,
Si ma place est dans votre cœur,
Elle est la premiere du monde.

ODE*
SUR LA MORT
DE L'EMPEREUR CHARLES VI.
Du 2 Novembre 1740.

IL tombe pour jamais, ce Cédre dont la tête
Défia si long-tems les vents & la tempête,
Et dont les grands rameaux ombrageoient tant
d'Etats ;
    En un instant frappée
    Sa racine est coupée
    Par la faulx du trépas.

Voilà ce Roi des Rois, & ses grandeurs suprêmes ;
La mort a déchiré ces trente Diadêmes,
D'un front chargé d'ennuis, dangereux ornement.
    O Race auguste & fiere !
    Un reste de poussiere
    Est ton seul monument.

Son nom même est détruit ; le tombeau le dévore ;
Et si le foible bruit s'en fait entendre encore,
On dira quelquefois, il régnoit, il n'est plus :
    Eloges funéraires

De tant de Rois Vulguaires
Dans la foule perdus.

⁂

Ah ! s'il avoit lui-même en ces plaines fumantes
Qu'Eugene enſanglanta de ſes mains triomfantes,
Conduit de ſes Germains les nombreux armemens,
 Et rafermi l'Empire
 De qui la gloire expire
 Sous les fiers Ottomans !

⁂

S'il n'avoit pas langui dans ſa Ville allarmée,
Redoutable en ſa Cour, aux Chefs de ſon Armée,
Puniſſant ſes Guerriers par lui-même avilis :
 S'il eût été terrible
 Au Sultan invincible,
 Et non pas à Vallis.

⁂

Ou ſi plus ſage encor, & détournant la guerre,
Il eût par ſes bienfaits ramené ſur la Terre,
Les beaux jours, les vertus, l'abondance & les Arts,
 Et cette Paix profonde
 Que ſçut donner au monde
 Le ſecond des Céſars.

⁂

La Renommée alors en étendant ſes aîles
Eût répandu ſur lui les clartez immortelles,

Qui de la nuit, du tems percent les profondeurs;
    Et son nom respectable
    Eût été plus durable
    Que ceux de ses Vainqueurs.

·❦❧·❦❧·

Je ne profane point les dons de l'harmonie,
Le sévére Apollon défend à mon génie
De verser, en bravant, & les mœurs & les Lois,
    Le fiel de la Satyre
    Sur la Tombe où respire
    La Majesté des Rois.

·❦❧·❦❧·

Mais, ô Vérité sainte ! O juste Renommée !
Amour du Genre-Humain, dont mon ame enflâmée
Reçoit avidement les ordres éternels,
    Dictez à la mémoire
    Les leçons de la gloire
    Pour le bien des Mortels.

·❦❧·❦❧·

Rois, la mort vous apelle au Tribunal auguste
Où vous êtes pesez aux balances du Juste.
Votre siécle est témoin, le Juge est l'avenir :
    Demis-Dieux mis en poudre,
    Lui seul peut vous absoudre,
    Lui seul peut vous punir.

ODE*
A LA REINE DE HONGRIE,

Faite le 30 Juin de 1742.

FILLE de ces Héros que l'Empire eut pour maîtres,
Digne du Trône auguste où l'on vit tes Ancêtres
Toujours près de leur chute, & toujours affermir;
    Princesse magnanime,
    Qui jouïs de l'estime
    De tous tes Ennemis.

Le Français généreux, si fier, & si traitable,
Dont le goût pour la gloire est le seul goût durable,
Et qui vole en aveugle où l'honneur le conduit;
    Inonde ton Empire.
    Te combat, & t'admire,
    T'adore & te poursuit.

Par des nœuds étonnans l'altiere Germanie,
A l'Empire Français malgré soi réunie,
Fait de l'Europe entiere un objet de pitié;
    Et leur longue querelle
    Fut cent fois moins cruelle
    Que leur triste amitié.

Ainsi de l'Equateur, & des antres de l'Ourse,
Les vents impétueux emportent dans leur course
Deux nuages épais, l'un à l'autre opposés ;
  Et tandis qu'ils s'unissent,
  Les foudres retentissent
  De leurs flancs embrasés.

Quoi ! des Rois bienfaisants ordonnent ces ra-
 vages !
Ils annoncent le calme, ils forment les orages ?
Ils prétendent conduire à la félicité
  Les Nations tremblantes
  Par les routes sanglantes
  De la calamité !

O * Vieillard vénérable, à qui les destinées
Ont de l'heureux Nestor accordé les années ?
Sage que rien n'allarme, & que rien n'éblouït,
  Veux-tu priver le monde
  De cette Paix profonde
  Dont ton ame jouït ?

Ah ! s'il pouvoit encore au gré de sa prudence,
Tenant également le glaive & la balance,

* Le Cardinal de Fleury.

Fermer par des ressorts aux Mortels inconnus,
    De sa main respectée
    La porte ensanglantée
    Du Temple de Janus.

Si de l'or des Français les sources égarées
Ne fertilisaient plus, de lointaines contrées
Raportaient l'abondance au sein de nos ramparts,
    Embellissaient nos Villes,
    Arosaient les aziles
    Où languissent les Arts.

Beaux Arts enfans du Ciel, de la Paix & des Graces,
Que Louis en triomphe amena sur ses traces,
Ranimez vos travaux si brillants autrefois ;
    Vos mains découragées,
    Vos lyres négligées,
    Et vos tremblantes voix.

De l'Immortalité vos succez sont le gage.
Tous ces Traitez rompus, & suivis du carnage,
Ces Triomphes d'un jour, si vains, si célébrez :
    Tout passe, & tout retombe
    Dans la nuit de la tombe,
    Et vous seuls demeurez.

LETTRE*
AU ROI DE PRUSSE.

Ce 20 Avril 1741.

EH bien, mauvais Plaisants, Critiques obstinez,
Prétendus Beaux-Esprits à médire acharnez ;
Qui parlant sans penser, fiers avec ignorance,
Mettez légérement les Rois dans la balance ;
Qui d'un ton décisif, aussi hardi que faux,
Assurez qu'un Savant ne peut être un Héros ;
Ennemis de la gloire & de la Poësie,
Grands Critiques des Rois, allez en Silésie.
Voyez cent Bataillons près de Neiss écrasez :
C'est-là qu'est mon Héros. Venez, si vous l'osez.
C'est lui-même, c'est lui, dont l'ame universelle
Courut de tous les Arts la carriere immortelle ;
Lui qui de la Nature a vu les profondeurs,
Des Charlatans dévots confondit les erreurs ;
Lui qui dans un repas, sans soins & sans affaire,
Passoit les ignorants dans l'Art heureux de plaire ;
Qui sait tout, qui fait tout, qui s'élance à grands
     pas
Du Parnasse à l'Olympe, & des Jeux aux Combats.
Je sai que Charles Douze, & Gustave & Turenne,
N'ont point bu dans les eaux qu'épanche l'Hypo-
crene;   H 6   Mais

Mais enfin ces Guerriers, illustres ignorans,
En étoient moins polis, & n'étoient pas plus grands.
Mon Prince est au-dessus de leur gloire Vulgaire,
Quand il n'est point Achille, il sait être un Homere.
Tour-à-tour la terreur de l'Autriche & des sots,
Fertile en grands projets aussi-bien qu'en bons mots,
Il épouvante Vienne & les Suppôts de Rome ;
Il parle, agit, combat, écrit, régne en Grand-Homme.
O vous qui prodiguez l'esprit & les vertus !
Reposez-vous, mon Prince, & ne m'effrayez plus ;
Et quoique vous sachiez tout penser & tout faire,
Songez que les boulets ne vous respectent guére,
Et qu'un plomb dans un tube entassé par des sots,
Peut casser d'un seul coup la tête d'un Héros,
Lorsque multipliant son poids par sa vîtesse
Il fend l'air qui résiste & pousse autant qu'il presse.
Alors privé de vie, & chargé d'un grand nom,
Sur un lit de parade étendu tout du long,
Vous iriez tristement revoir votre Patrie.
O Ciel ! que feroit-on dans votre Académie ?
Un dur Anatomiste, éleve d'Atropos,
Viendroit Scapel en main dissequer mon Héros.
La voilà, diroit-il, cette cervelle unique,
Si belle, si féconde & si philosophique.

Il mor-

Lettre au Roi de Prusse.

Il montreroit aux yeux les fibres de ce cœur
Généreux, bienfaisant, juste, plein de grandeur.
Il couperoit ; mais non ces horribles images
Ne doivent point souiller les lignes de nos pages.
Conservez, ô mes Dieux ! l'aimable Féderic,
Pour son bonheur, pour moi, pour le bien du Public.
Vivez, Prince, & passez dans la Paix, dans la Guerre,
Surtout dans les plaisirs, tous les Ics de la Terre,
Teodoric, Ulric, Jenseric, Alaric,
Dont aucun ne vous vaut selon mon pronostic.
Mais lorsque vous aurez de Victoire en Victoire
Arondi vos Etats ainsi que votre gloire,
Daignez vous souvenir que ma tremblante voix,
En chantant vos vertus préfagea vos Exploits.
Songez bien qu'en dépit de la grandeur suprême,
Votre main mille fois m'écrivoit je vous aime.
Adieu, grand Politique, & rapide Vainqueur.
Trente Etats subjugez ne valent point un cœur.

LETTRE*
AU ROI DE PRUSSE.

A Paris ce 15 Mai 1742.

QUAND vous aviez un pere, & dans ce pere
  un Maître,
Vous étiez Philosophe, & viviez sous vos Loix,
  Aujourd'hui mis au rang des Rois,
  Et plus qu'eux tous digne de l'être,
Vous servez cependant vingt Maîtres à la fois.
Ces Maîtres sont Tyrans. Le premier c'est la
  gloire,
  Tyran dont vous aimez les fers,
  Et qui met au bout de nos Vers,
Ainsi qu'en vos Exploits, *la brillante Victoire.*
  La Politique à son côté
  Moins éblouïssante, aussi forte;
Méditant, rédigeant, ou rompant un Traité,
Vient mesurer vos pas que cette gloire emporte.
  L'intérêt, la fidélité
Quelquefois s'unissant, & trop souvent contraires,
Des amis dangereux, de secrets adversaires:
Chaque jour des desseins & des dangers nouveaux:
Tout écouter, tout voir & tout faire à propos:
  Payer les uns en espérance,

Les autres en raisons, quelques-uns en bons mots :
Faire chérir ses Loix, & craindre sa puissance,
    Que d'embarras ! que de travaux !
Régner n'est pas un sort aussi doux qu'on le pense,
    Qu'il en coûte d'être un Héros !

Il ne vous en coûte rien, à Vous, SIRE, tous cela vous est naturel ; vous faites de grandes, de sages actions avec cette même facilité que vous faites de la Musique & des Vers, & que vous écrivez de ces Lettres qui donneraient à un Bel-Esprit de France, une Place distinguée parmi les Beaux-Esprits jaloux de lui.

Je conçois quelque espérance que VOTRE MAJESTÉ raffermira l'Europe comme elle l'a ébranlée, & que mes Confreres les Humains vous beniront après vous avoir admiré.

Mon espoir n'est pas uniquement fondé sur le Projet que l'Abbé de Saint Pierre a envoyé à VOTRE MAJESTÉ. Je présume qu'Elle voit les choses que veut voir le Pacificateur trop mal écouté de ce monde, & que le Roi Philosophe sait parfaitement ce que le Philosophe qui n'est pas Roi s'efforce envain de deviner.

Je présume encor beaucoup de vos charitables intentions. Mais ce qui me donne une sécurité parfaite, c'est une douzaine de Faiseurs & de Faiseuses de cabrioles que VOTRE MAJESTÉ fait venir de France ce dans ſes Etats. On ne danſe guéres que dans la Paix. Il eſt vrai que vous avez fait payer les Violons à quelques Puiſſances voiſines ; mais c'eſt pour le bien commun, & pour le vôtre. Vous avez rétabli la Dignité & les Prérogatives des Electeurs. Vous êtes devenu tout-d'un-coup l'Arbitre de l'Allemagne ; & quand vous avez fait un Empereur, il ne vous en manque que le Titre. Vous avez avec cela cent vingt mille hommes bien faits, bien armez, bien vêtus, bien nourris, bien affectionnez. Vous avez gagné des Batailles & des Villes à leur tête : c'eſt à Vous à danſer. SIRE, Voiture vous auroit dit que vous avez l'air à la danſe ; mais je ne ſuis pas auſſi familier que lui avec les Grands-Hommes & avec les Rois, & il ne m'appartient pas de jouer aux Proverbes avec eux.

Au-lieu de douze bons Académiciens, vous avez donc, SIRE, douze bons Danſeurs. Cela eſt plus aiſé à trouver, & beaucoup plus guai. On a vu quelquefois des Académiciens ennuyer un Héros, & des Acteurs de l'Opéra le divertir.

Cet Opéra dont VOTRE MAJESTÉ décore Berlin, ne l'empêche pas de ſonger aux Belles-Lettres. Chez vous un goût ne fait pas tort à l'autre. Il y a des ames qui n'ont pas un ſeul goût, votre ame les a tous ; & ſi Dieu aimoit un peu le Genre Humain,

Humain, il accorderoit cette universalité à tous les Princes, afin qu'ils pussent discerner le bon en tout genre, & le protéger. C'est pour cela que je m'imagine qu'ils sont faits originairement.

Je connais quelques Acteurs pour la Tragédie, qui ne sont pas sans talents, & qui pourroient convenir à Votre Majesté; car je me flatte qu'Elle ne se bornera pas à des Galimatias Italiens, & à des Gambades Françaises. Le Héros aimera toûjours le Théâtre qui représente les Héros. Puissiez-vous, SIRE, joüir bien-tôt de toutes sortes de plaisirs, comme vous avez acquis toutes sortes de gloire. C'est le vœu sincere de votre Admirateur, de votre Sujet, qui malheureusement ne vit point dans vos Etats; d'un esprit pénétré de la grandeur du vôtre; & d'un cœur qui s'intéresse à votre bonheur autant que vous-même.

Recevez, SIRE, avec votre bonté ordinaire mes très-profonds respects.

LETTRE*
AU ROI DE PRUSSE

A Cirey ce 21 Décembre 1741.

SOLEIL pâle, flambeau de nos tristes hyvers,
    Toi qui de ce monde es le pere
Et qu'on a cru long-tems le pere des bons Vers,
Malgré tous les mauvais que chaque jour voit faire,
    Soleil, par quel cruel destin
Faut-il que dans ce mois où l'an touche à sa fin,
Tant de vastes dégrez t'éloignent de Berlin?
C'est-là qu'est mon Héros, dont le cœur & la tête
Rassemblent tout le feu qui manque à ses Etats.
Mon Héros, qui de Neiss achevoit la conquête,
    Quand tu fuyois de nos climats :
Pourquoi vas-tu, dis-moi, vers le Pole Antartique?
Quels charmes ont pour toi les Negres de l'Afrique?
    Revole sur tes pas loin de ce triste bord,
    Imite mon Héros, viens éclairer le Nord.

C'est ce que je disois, SIRE, ce matin au Soleil votre Confrere, qui est aussi l'ame d'une partie de ce monde. Je lui en dirais bien davantage sur le compte de VO-
TRE

Lettre au Roi de Prusse. 187

TRE MAJESTÉ, si j'avais cette facilité de faire des Vers que je n'ai plus, & que vous avez. J'en ai reçu ici que vous avez fait dans Neiss tout aussi aisément que vous avez pris cette Ville. Cette petite Anecdote, jointe aux Vers que votre Humanité m'envoye immédiatement après la Victoire de Moluits, fournit de bien singuliers mémoires pour servir un jour à l'Histoire du Siécle.

Louïs XIV. prit en hyver la Franche-Comté; mais il ne donna point de bataille, & ne fit point de Vers au Camp devant Dole, ou devant Besançon. Ceux que VOTRE MAJESTÉ a faits dans Neiss ressemblent à ceux que Salomon faisoit dans sa gloire, quand il disoit après avoir tâté de tout, *tout n'est que vanité*. Il est vrai que le bon-homme parloit ainsi au milieu de trois cens femmes & de sept cens concubines; le tout sans avoir donné de bataille, ni fait de siége. Mais n'en déplaise, SIRE, à Salomon & à vous, ou bien à vous & à Salomon, il ne laisse pas d'y avoir quelque réalité dans ce monde.

> Conquérir cette Silésie,
> Revenir couvert de Lauriers
> Dans les bras de la Poësie,
> Donner aux Belles, aux Guerriers,
> Opera, Bal & Comédie;
> Se voir craint, chéri, respecté,

Et con-

Et connaître au sein de la gloire
L'esprit de la société,
Bonheur si rarement goûté
Des Favoris de la Victoire.
Savourer avec volupté
Dans des momens libres d'affaire
Les bons Vers de l'Antiquité,
Et quelquefois en daigner faire
Dignes de la Postérité :
Semblable vie a dequoi plaire;
Elle a de la réalité,
Et le plaisir n'est point chimere.

VOTRE MAJESTÉ a fait bien des choses en peu de tems. Je suis persuadé qu'il n'y a personne sur la Terre plus occupé qu'Elle, & plus entraîné dans la varieté des affaires de toute espece. Mais avec ce génie dévorant, qui met tant de choses dans la Sphere d'activité, vous conserverez toujours cette supériorité de raison que vous éleve au-dessus de ce que vous êtes & de ce que vous faites.

Tout ce que je crains, c'est que vous ne veniez à trop mépriser les hommes. Des millions d'animaux sans plumes à deux pieds, qui peuplent la Terre, sont à une distance immense de Votre Personne, par leur ame comme par leur état. Il y a un beau Vers de Milton.

A Mongst unequals no society.

Il y a encore un autre malheur, c'est que VOTRE MAJESTÉ peint si bien les nobles friponneries des Politiques, les soins intéressez des Courtisans, &c. qu'Elle finira par se défier de l'affection des Hommes de toute espece, & qu'Elle croira qu'il est démontré en Morale, qu'on n'aime point un Roi pour lui-même. SIRE, que je prenne la liberté de faire aussi ma démonstration. N'est-il pas vrai qu'on ne peut pas s'empêcher d'aimer pour lui-même un homme d'un esprit supérieur, qui a bien des talents, & qui joint à tous ces talents-là celui de plaire? Or s'il arrive que par malheur ce Génie Supérieur soit Roi, son état en doit-il empirer? Et l'aimera-t-on moins parcequ'il porte une Couronne? Pour moi je sens que la Couronne ne me refroidit point-du-tout. Je suis, &c.

LETTRE*
AU ROI DE PRUSSE.

A Paris ce 1 No-
vembre 1744.

DU Héros de la Germanie,
   Et du plus Bel Esprit des Rois,
Je n'ai reçu depuis trois mois
Ni beaux Vers, ni Prose polie :
Ma Muse en est en létargie.
Je me réveille aux fiers accents
De l'Allemagne ranimée
Aux fanfares de votre Armée,
A vos tonnerres menaçants,
Qui se mêlent aux cris perçants
Des cent voix de la Renommée.
Je vois de Berlin à Paris,
Cette Déesse vagabonde,
De Fréderic & de Louïs
Porter les noms au bout du monde,
Ces noms que la Gloire a tracez
Dans un Cartouche de lumiere ;
Ces noms qui répondent assez
Du bonheur de l'Europe entiere,
S'ils sont toujours entrelassez

   QU'ILS seront les heureux Poëtes,

Lettre au Roi de Prusse.

Les Chantres bourſouflez des Rois,
Qui pourront élever leurs voix,
Et parler de ce que vous faites ?
C'eſt à vous ſeul de vous chanter,
Vous qu'en vos mains j'ai vu porter
La Lyre & la Lance d'Achille ;
Vous qui rapide en votre ſtile
Comme dans vos Exploits divers,
Faites de la Proſe & des Vers,
Comme vous prenez une Ville.
D'Horace heureux imitateur,
Sa guaité, ſon eſprit, ſa grace,
Ornent votre ſtile enchanteur :
Mais votre Muſe le ſurpaſſe
Dans un point cher à notre cœur.
L'Empereur protégeoit Horace,
Et vous protégez l'Empereur.
Fils de Mars & de Calliope,
Et digne de ces deux grands noms,
Faites le deſtin de l'Europe,
Et daignez faire des Chanſons ;
Et quand Temis avec Bellone,
Par votre main rafermira
Des Ceſars le funeſte Trône :
Quand le Hongrois cultivera
A l'abri d'une Paix profonde,
Du Tokai la vigne féconde :
Quand partout ſon vin ſe boira,
Qu'en le buvant on chantera

Les Pai-

Les Pacificateurs du monde;
Mon Prince à Berlin reviendra,
Mon Prince à son Peuple qui l'aime,
Libéralement donnera
Un nouvel & bel Opera
Qu'il aura composé lui-même.
Chaque Auteur vous aplaudira;
Car tout envieux que nous sommes
Et du mérite & d'un grand nom,
Un Poëte est toujours fort bon
A la tête de cent mille hommes.
Mais croyez-moi, d'un tel secours
Vous n'avez pas besoin pour plaire,
Fussiez-vous pauvre comme Homere,
Comme lui vous vivrez toujours.
Pardon si ma plume légére,
Que souvent la vôtre enhardit,
Ecrit toujours au Bel-Esprit,
Beaucoup plus qu'au Roi qu'on révére.
Le Nord à vos sanglants progrès,
Vit des Rois le plus formidable;
Moi qui vous aprochai de près,
Je n'y vis que le plus aimable.

STANCES

STANCES.*

SI vous voulez que j'aime encore,
Rendez-moi l'âge des Amours,
Au crépuscule de mes jours
Réjoignez, s'il se peut, l'Aurore.

Des Beaux lieux où le Dieu du vin
Avec l'Amour tient son Empire,
Le tems qui me prend par la main
M'avertit que je me retire.

De son infléxible rigueur
Tirons aumoins quelque avantage.
Qui n'a pas l'esprit de son âge,
De son âge a tout le malheur.

Laissons à la belle Jeunesse
Ses folâtres emportemens ;
Nous ne vivons que deux momens,
Qu'il en soit un pour la Sagesse.

Quoi ! pour toujours vous me fuyez,
Tendresse, illusion, folie,

STANCES.

Dons du Ciel qui me consoliez
Des amertumes de la vie.

On meurt deux fois, je le vois bien :
Cessez d'aimer & d'être aimable,
C'est une mort insuportable,
Cessez de vivre ce n'est rien.

Ainsi je déplorois la perte
Des erreurs de mes premiers ans,
Et mon ame aux désirs ouverte
Regrettoit ses égaremens.

Du Ciel alors daignant descendre
L'amitié vint à mon secours
Elle étoit peut-être aussi tendre,
Mais moins vive que les amours.

Touché de sa beauté nouvelle,
Et de sa lumiere éclairé,
Je la suivis ; mais je pleurai
De ne pouvoir plus suivre qu'elle.

A MONSIEUR DE GERVASI, MÉDECIN.

TU revenois couvert d'une gloire éternelle,
   Le Gevaudan * surpris t'avoit vû triompher
Des traits contagieux d'une Peste cruelle,
   Et ta main venoit d'étouffer
De cent poisons cachez la semence mortelle.
Dans Maisons cependant je voyois mes beaux jours
Vers leurs derniers momens précipiter leurs cours.
Déjà près de mon lit la Mort inéxorable
Avoit levé sur moi sa faux épouvantable.
Le vieux Nocher des Morts à sa voix accourut.
C'en étoit fait, sa main tranchoit ma destinée :
Mais tu lui dis, arrête…. & la Mort étonnée
Reconnut son vainqueur, frémit & disparut.
Hélas ! si comme moi l'aimable Genonville,
Avoit de ta présence eu le secours utile,
Il vivroit, & sa vie eût rempli nos souhaits ;
De son cher entretien je goûterois les charmes,
Mes jours, que je te dois, renaîtraient sans allarmes,

Et mes

---

* Mr. de Gervasi, célébre Médecin de Paris, avoit été envoyé dans le Gevaudan pour la Peste, & à son retour il est venu guérir l'Auteur de la Petite Vérole dans le Château de MAISONS, à six lieuës de Paris, en 1723.

Et mes yeux, qui sans toi se fermoient pour jamais,
Ne se rouvriroient point pour répandre des larmes.
C'est toi du moins, c'est toi par qui dans ma dou-
leur
      Je peux joüir de la douceur
      De plaire & d'être cher encore
Aux illustres amis dont mon destin m'honore.
Je reverrai Maisons, dont les soins bienfaisans
      Viennent d'adoucir ma souffrance ;
Maisons en qui l'esprit tient lieu d'expérience,
      Et dont j'admire la prudence
      Dans l'âge des égaremens.
Je me flatte en secret qu'à mon dernier Ouvrage
Le vertueux Sully donnera son suffrage ;
Que son cœur généreux, avec quelque plaisir,
Au sortir du tombeau me reverra paroître,
      Et que * Mariamne peut-être
Pourra par ses malheurs enchanter son loisir.
Beaux Jardins de Villars, ombrages toûjours frais,
      C'est sous vos feuillages épais
Que je retrouverai ce Héros plein de gloire,
      Qui nous a ramené la Paix
      Sur les aîles de la Victoire.
C'est-là que Richelieu par son air enchanteur,
Par ses vivacitez, son esprit & ses graces,
Dès qu'il reparoîtra, sçaura joindre mon cœur
      A tant

---

* Tragédie de l'Auteur représentée une seule fois en 1724. & qu'il a retirée pour la corriger & la faire paroître l'année prochaine. L'Auteur l'a retouchée de nouveau dans cette Edition de ses Oeuvres.

A tant de cœurs soumis qui volent sur ses traces,
Et toi, cher Bullingbrook, Héros qui d'Apollon
    As reçu plus d'une couronne;
    Qui réunis en ta personne
    L'Eloquence de Ciceron,
L'esprit de Mécénas, l'agrément de Petrone:
Enfin donc je respire, & respire pour toi;
Je pourrai désormais te parler & t'entendre.
Mais Ciel! quel souvenir vient ici me surprendre,
Cette aimable Beauté qui m'a donné sa foi,
Qui m'a juré toujours une amitié si tendre,
Daignera-t-elle encore jetter les yeux sur moi?
Hélas! en descendant sur le sombre rivage,
Dans mon cœur expirant je portois son image;
Son amour, ses vertus, ses graces, ses appas,
Les plaisirs que cent fois j'ai goûtez dans ses bras,
A ces derniers momens flattoient encor mon ame,
Je brûlois en mourant d'une immortelle flâme.
Grands Dieux! me faudroit-il regretter le trépas?
M'auroit-elle oublié? Seroit-elle volage?
Que dis-je, malheureux! où vais-je m'engager?
    Quand on porte sur le visage,
D'un mal si redouté le fatal témoignage,
Est-ce à l'amour qu'il faut songer?

LETTRE
DE Mr. DE VOLTAIRE
AU ROY DE PRUSSE.

On n'a pas trouvé la datte dans la Copie.

SIRE,

Je reçois une Lettre de Berlin du 25 Décembre : elle contient deux grands articles ; un plein de bonté, de tendresse & d'attention à me combler des bienfaits les plus flatteurs. Le second article est un Ouvrage bien fort de Métaphysique. On croiroit que cette Lettre est de Mr. de Leibnitz ou de Mr. Voltius, & cependant elle est d'un Roy. Vous m'ordonnez de me jetter dans la nuit de la Métaphysique pour

pour oser disputer contre les Leibnitzs, les Volfs & les Frederics. Me voilà comme Ajax combattant dans l'obscurité, & disant aux Dieux : *Rendez-nous le jour.*

1°. J'avouë d'abord que l'opinion de la *Raison suffisante* de Mrs. de Volfs & Leibnitz, est une idée très-belle ; c'est-a-dire, très-vraye : car enfin il n'y a rien qui n'ait une raison de son existance. Mais cette idée exclut-elle la liberté de l'homme ?

2°. Qu'entens-je par liberté ? Le pouvoir de penser & d'opérer des mouvements en consequence; pouvoir très-borné sans doute, comme toutes nos facultez. Car, SIRE, plus vous êtes grand, plus vous sentez que l'homme est peu de chose.

3°. Est-ce un autre qui fait tout cela pour moi ? Si c'est moi, je suis libre ; car être libre c'est agir, ce qui est passif n'est point libre. Est-ce un autre qui agit pour moi ? Je suis donc trompé par cet autre quand je croi être un agent.

4°. Quelle est cet autre qui me tromperoit ? Si c'est un Dieu, c'est lui qui me trompe continuellement : c'est l'Etre infiniment sage, infiniment conséquent, qui sans raison suffisante s'occupe éternellement d'erreur ; chose opposée directement à son essence, qui est la verité. S'il n'y a point de Dieu, qui est-ce qui me trompe ? Est-ce la matiere, qui d'elle-même n'a point l'intelligence ?

5°. Pour nous prouver, malgré ce sentiment intérieur, malgré ce témoignage que nous nous rendons de notre liberté; pour nous prouver, dis-je, que cette liberté n'existe pas, il faut prouver nécessairement qu'elle est impossible. Cela me paroît incontestable. Voyons comment la liberté seroit impossible.

6°. Cette liberté ne peut être impossible que de deux façons, ou parcequ'il n'y a aucun Etre qui puisse la donner, ou parcequ'elle est en elle-même contradictoire avec notre malheureuse machine. Comme un carré rond est une contradiction, &c. Or l'idée de la liberté de l'homme ne portant rien en soi de contradictoire, reste à voir si l'Etre infini & Créateur est libre; & si étant libre, il peut donner une petite partie de cet attribut à l'homme, comme il lui a donné une petite portion d'intelligence.

7°. Si Dieu n'est pas libre, il n'est pas un agent, donc il n'est pas Dieu. Or s'il est libre, s'il est tout-puissant, il suit qu'il peut donner à l'homme la liberté. Reste donc à savoir quelle raison on auroit de croire qu'il ne nous a pas fait ce présent.

8°. On prétend que Dieu ne nous a pas donné la liberté; parceque si nous étions des agents, nous serions en cela indépendants de lui. Que feroit Dieu, dit-on, pendant que nous agirions nous-mêmes?

Je

Je répons que Dieu fait lorsque les hommes agissent, ce qu'il faisoit avant qu'ils fussent, & ce qu'il fera quand ils ne seront plus : Que son pouvoir n'en est pas moins nécessaire à la conservation de ses ouvrages, & que cette communication qu'il nous a fait d'un peu de liberté, ne nuit en rien à sa puissance infinie.

9°. On nous objecte que nous sommes quelquefois emportez malgré nous, &c. Je répons : Donc nous sommes quelquefois maîtres de nous. La maladie prouve la santé, & la liberté est la santé de l'ame.

10°. On objecte que l'assentiment de notre esprit est toujours nécessaire; que la volonté suit cet assentiment, &c. Donc, dit-on, nous voulons, nous agissons nécessairement. Je réponds, qu'en effet on désire nécessairement : mais désir & volonté sont deux choses très-différentes, & si différentes, qu'un homme veut & fait souvent ce qu'il ne désire pas. Combattre ses désirs est le plus bel effet de la liberté, & je crois qu'une des grandes sources du mal-entendu qui est entre les hommes sur cet article, vient de ce que l'on confond souvent la volonté & le désir.

11°. On objecte, que si nous étions libres il n'y auroit point de Dieu. Je crois au-contraire que ce n'est que parcequ'il y a un Dieu que nous sommes libres; car si tout étoit nécessaire, si ce monde existoit par lui-même d'une néceſſité abſoluë inhérente dans ſa nature, (ce qui fourmille de contradictions) il eſt certain qu'en ce cas tout s'opereroit par des mouvements liez néceſſairement enſemble. Donc il n'y auroit alors aucune liberté : Donc ſans Dieu point de liberté. Je ſuis bien ſurpris des raiſonnemens échapez ſur cette matiere à l'illuſtre Mr. Leibnitz.

12°. Le plus terrible argument qu'on ait jamais apporté contre la liberté, eſt l'impoſſibilité d'accorder avec elle la préſcience de Dieu; & quand on me dit, *Dieu ſait ce que vous ferez dans vingt ans; donc ce que vous ferez dans vingt ans eſt d'une néceſſité abſoluë*: j'avouë que je ſuis à bout, & que tous les Philoſophes qui ont voulu concilier les futurs contingens avec la préſcience Divine, ont été de bien mauvais Négociateurs. Il y en a d'aſſez déterminez pour dire que Dieu peut très-bien ignorer l'avenir, à-peu-près (s'il eſt permis de parler ainſi) comme un Roy peut ignorer ce que fera un Général à qui il aura donné la Carte blanche. C'eſt le ſentiment des Sociniens. On objecte à ces raiſonnemens-là, que Dieu voit en un inſtant l'avenir, le paſſé & le préſent; que l'Eternité eſt inſtantance pour lui. Mais ils répondent qu'ils n'entendent pas ce langage, & qu'une Eternité, qui eſt un inſtant, leur paroît auſſi abſurde qu'une immenſité qui n'eſt qu'un point.

Ne

Ne pourroit-on pas, sans être aussi hardi qu'eux, dire que Dieu prévoit nos actions libres, à-peu-près comme un homme d'esprit prévoit le parti que prendra dans cette occasion un homme dont il connoît le caractere? La différence sera qu'un homme prévoit à tort & à travers, & que Dieu prévoit avec une justesse infinie. L'homme devine très-mal, & Dieu prévoit très-bien. C'est le sentiment de Clarke, ce grand Férailleur en Métaphysique. J'avouë que tout cela me paroît très-hazardé, & que c'est un aveu plûtôt qu'une solution de la difficulté. J'avouë enfin, SIRE, qu'on fait contre la liberté d'excellentes objections; mais on en fait d'aussi bonnes contre l'existance de Dieu; & comme malgré les difficultez extrêmes contre la création & contre la Providence, je crois néanmoins la création & la Providence, aussi je me crois libre (jusques à certain point, s'entend) malgré les puissantes objections que l'on fera toujours contre cette malheureuse liberté.

Je crois donc écrire à V. M. non pas comme à un Automate créé pour être à la tête de quelques milliers de Marionnettes humaines; mais comme à un Etre des plus libres & des plus sages que Dieu ait jamais daigné créer. Si vous pensiez, SIRE, que nous sommes de pures machines, que deviendroit l'amitié dont vous
faites

faites vos délices? De quels prix feroient les grandes actions que vous ferez? Quelle reconnoissance vous devra-t'on des soins que VOTRE MAJESTÉ prendra de rendre les hommes plus heureux & meilleurs? Comment enfin regarderiez-vous l'attachement qu'on a pour votre personne, les services qu'on vous rendra, le sang qu'on versera pour vous? Quoi! le plus généreux, le plus tendre, le plus sage des hommes verroit tout ce qu'on feroit pour lui plaire, du même œil dont on voit des vices de moulin tourner par le courant de l'eau, & se briser à force de servir? Non, SIRE, votre ame est trop noble pour souffrir qu'on la prive ainsi de son plus beau partage, &c.

LETTRE DE Mr. DE V.....

LETTRE

DE

Mr. DE V....

A Mr. DE C...

MONSIEUR,

Vous avez vu, & vous pouvez rendre témoignage, comment cette bagatelle fut conçuë & exécutée. C'étoit une plaisanterie de Société. Vous y avez eu part comme un autre; chacun fournissoit ses idées, & je n'ai guéres eu d'autre fonction que celle de les mettre par écrit.

Mr. de.... disoit, que c'étoit dommage que Bayle eût enflé son Dictionnaire de plus de deux cens Articles de Ministres & de Professeurs Luthériens ou Calvinistes; qu'en cherchant l'Article de César il n'avoit rencontré que celui de Jean Césarius Professeur à Cologne; & qu'au-lieu de Scipion il avoit trouvé si grandes pages sur Gerard Scioppius. De-là on concluoit, à la pluralité des voix, à réduire Bayle en un seul Tome, dans la Bibliotheque du Temple du Goût.

Vous m'assuriez tous, que vous aviez été assez ennuyez en lisant l'Histoire de l'Académie Françaises; que vous vous intéressiez fort peu à tous les détails des Ouvrages de Balesdens, de Porcheres, de Bardin, de Baudouin, de Faret, de Colletet, de Cottin, & d'autres pareils Grands-Hommes; & je vous en crus sur votre parole. On ajoûtoit, qu'il n'y a guéres aujourd'hui de Femmes-d'Esprit qui n'écrivent de meilleures Lettres que Voiture. On disoit, que St. Evremont n'auroit jamais dû faire des Vers, & qu'on ne devoit pas imprimer toute sa Prose. C'est le sentiment du Public éclairé; & moi, qui trouve toûjours tous les Livres trop longs, & surtout les miens, je réduisois aussi tous ces Volumes à très-peu de pages.

Je n'étois en tout cela que le Sécretaire du Public. Si ceux qui perdent leur Cause se plaignent, ils ne doivent pas s'adresser à celui qui a écrit l'Arrêt.

Je sçai que des Politiques ont regardé cette innocente plaisanterie du Temple du Goût, comme un grave attentat. Ils prétendent qu'il n'y a qu'un mal-intentionné qui puisse avancer, que le Château de Versailles n'a que sept croisées de face sur la Cour; & soutenir que le Brun, qui étoit Premier Peintre du Roi, a manqué de coloris. Des

Des Rigoristes disent qu'il est impie de mettre des Filles de l'Opéra, Lucrece, & des Docteurs de Sorbonne, dans le Temple du Goût.

Des Auteurs ausquels on n'a point pensé, crient à la Satire, & se plaignent que leurs défauts sont désignez, & leurs grandes beautez passées sous silence ; crime irrémissible, qu'ils ne pardonneront de leur vie ; & ils appellent le Temple du Goût, un Libelle diffamatoire.

On ajoûte, qu'il est d'une ame noire de ne louer personne sans un petit correctif, & que dans cet Ouvrage dangereux nous n'avons jamais manqué de faire quelque égratignure à ceux que nous avons caressez.

Je répondrai en deux mots à cette accusation. Qui louë tout n'est qu'un Flateur : celui-là seul sçait louer, qui loue avec restriction.

Ensuite pour mettre de l'ordre dans nos idées, comme il convient dans ce siécle éclairé, je dirai qu'il faudroit un peu distinguer entre la Critique, la Satire & le Libelle.

Dire que le Traité des Etudes est un Livre à jamais utile, & que par cette raison même il en faut retrancher quelques plaisanteries & quelques familiaritez peu convenables à ce sérieux Ouvrage ; dire que les Mondes est un Livre charmant & unique, & qu'on est fâché d'y trouver que le jour est une beauté blonde, & la nuit une beauté brune, & autres petites douceurs ; voilà, je croi de la Critique.

Que Despréaux ait écrit

— Pour trouver un Auteur sans défaut,
La raison dit Virgile, & la rime Quinaut.

C'est de la Satire, & de la Satire même assez injuste en tous sens, (avec le respect que je lui dois:) car la rime de défaut n'est point assez belle pour exiger celle de Quinaut; & il est aussi peu vrai de dire que Virgile est sans défaut, que de dire que Quinaut est sans naturel & sans graces.

Les Couplets de Rousseau, le Masque de Laverne, & telle autre horreur; certains Ouvrages de Gacon; voilà ce qui s'appelle un Libelle diffamatoire.

Tous les Honnêtes-gens qui plaisent, sont Critiques; les Malins sont Satiriques; les Pervers font des Libelles; & ceux qui ont fait avec moi le Temple du Goût, ne sont assurément ni malins, ni méchans.

Enfin, voilà ce qui nous amusa pendant plus de quinze jours. Les idées se succedoient les unes aux autres; on changeoit tous les soirs quelque chose, & cela a produit sept ou huit Temples du Goût, absolument différens.

Un jour nous y mettions les Etrangers: le lendemain nous n'admettions que le Français. Les Maffei, les Pope, les Bononcini ont perdu à cela plus de cinquante Vers qui ne sont pas fort à regretter. Quoiqu'il en soit, cette plaisanterie n'étoit point-du-tout faite pour être publique.

Une

Une des plus mauvaises & des plus infidéles Copies d'un des plus négligez Brouillons de cette bagatelle, ayant couru dans le monde, a été imprimée sans mon neveu, & celui qui l'a donnée, quel qu'il soit, a très-grand tort.

Peut-être fait-on plus mal encore de donner cette nouvelle Edition : il ne faut jamais prendre le Public pour le confident des amusemens. Mais la sottise est faite, & c'est un des cas où l'on ne peut faire que des fautes.

Voici donc une faute nouvelle, & le Public aura cette petite Esquisse, (si cela même peut en mériter le nom) telle qu'elle a été faite dans une Société où l'on sçavoit s'amuser sans la ressource du Jeu, où l'on cultivoit les Belles-Lettres sans esprit de Parti, où l'on aimoit la Vérité plus que la Satire, & où l'on sçavoit louer sans flatterie.

S'il avoit été question de faire un Traité du Goût, on auroit prié les De Côtes & les Baufrancs de parler d'Architecture, les Coypels de définir leur Art avec esprit, les Destouches de dire quelles sont les graces de la Musique, les Crebillons de peindre la Terreur qui doit animer le Théâtre. Pour peu que chacun d'eux eût voulu dire ce qu'il sçait, cela auroit fait un gros in folio. Mais on s'est contenté de mettre en général les sentimens du Public, dans un petit Ecrit sans conséquence, & je me suis chargé uniquement de tenir la plume.

Il me reste à dire un mot sur notre jeune Noblesse

Noblesse, qui employe l'heureux loisir de la Paix à cultiver les Lettres & les Arts ; bien différente en cela des Augustes Visigoths leurs Ancêtres, qui ne sçavoient pas signer leurs noms. S'il y a encore dans notre Nation si polie quelques Barbares & quelques Mauvais-Plaisans qui osent désapprouver des occupations si estimables, on peut assurer qu'ils en feroient autant s'ils le pouvoient. Je suis très-persuadé que quand un Homme ne cultive point un Talent, c'est qu'il ne l'a pas ; qu'il n'y a personne qui ne fit des Vers, s'il étoit né Poëte ; & de la Musique, s'il étoit né Musicien.

Il faut seulement que les graves Critiques, aux yeux desquels il n'y a d'amusement honorable dans le monde que le Lansquenet & le Biribi, sçachent que les Courtisans de Louis XIV. au retour de la Conquête de Hollande en 1672. danserent à Paris sur le Théâtre de Lulli dans le Jeu de Paume de Belleaire, avec les Danseurs de l'Opéra, & que l'on n'osa pas en murmurer. A plus forte raison doit-on, je croi, pardonner à la Jeunesse, d'avoir de l'esprit dans un âge où l'on ne connoissoit que la débauche.

Omne tulit punctum, cui miscuit utile dulci.

V.

LE TEMPLE DU GOÛT.

LE Cardinal, Oracle de la France,
Non ce Mentor qui gouverne aujourd'hui,
Mais ce Nestor, qui du Pinde est l'appui,
Qui des Sçavans a passé l'espérance ;
Qui les soutient, qui les anime tous ;
Qui les éclaire, & qui régne sur nous
Par les attraits de sa douce éloquence ;
Ce Cardinal qui sur un nouveau ton,
En Vers Latins fait parler la Sagesse,
Réunissant Virgile avec Platon,
Vangeur du Ciel & Vainqueur de Lucrece. (1)

Ce Cardinal enfin, que tout le monde doit reconnaître à ce Portrait, me dit un jour qu'il vouloit que j'allasse avec lui au Temple du Goût. C'est un séjour, me dit-il, qui ressemble au Temple de l'Amitié, dont tout le monde parle, où peu de gens vont, & que la plûpart de ceux qui y voyagent n'ont presque jamais bien examiné.

Je réponds avec franchise,
Hélas ! je connois assez peu
Les Loix de cet aimable Dieu ;
       Mais

Mais je sçai qu'il vous favorise;
Entre vos mains il a remis
Les clefs de son beau Paradis ;
Et vous êtes, à mon avis,
Le vrai Pape de cette Eglise.
Mais de l'autre Pape & de vous
(Dût Rome se mettre en courroux)
La différence est bien visible ;
Car la Sorbonne ose assurer
Que le Saint Pere peut errer,
Chose à, mon sens, assez possible.
Mais pour moi, quand je vous entends,
D'un ton si doux & si plausible,
Débiter vos Discours brillans,
Je vous croirois presque infaillible.

Ah! me dit-il, l'infaillibilité est à Rome pour les choses qu'on ne comprend point, & dans le Temple du Goût pour les choses que tout le monde comprend. Il faut absolument que vous veniez avec moi. Mais, insistai-je encore, si vous me menez avec vous, je m'en vanterai à tout le monde.

Sur ce petit Pélerinage
Aussi-tôt on demandera
Que je compose un gros Ouvrage;
Voltaire simplement fera
Un récit court, qui ne sera
Qu'un très-frivole badinage.
Mais son récit on frondera,

A la Cour on murmurera ;
Et dans Paris on me prendra
Pour un vieux Conteur de Voyage,
Qui vous dit, d'un air ingénu,
Ce qu'il n'a ni vû ni connu,
Et qui nous ment à chaque page.

Cependant, comme il ne faut jamais se refuser un plaisir honnête, dans la crainte de ce que les autres en pourront penser, je suivis le Guide qui me faisoit l'honneur de me conduire.

Aimable Abbé, vous fûtes du Voyage,
Vous, que le Goût ne cesse d'inspirer,
Vous dont l'esprit si délicat, si sage,
Vous, dont l'exemple a daigné me montrer
Par quels chemins on peut s'en s'égarer,
Chercher ce Goût, ce Dieu que dans cet âge
Maints Beaux-Esprits font gloire d'ignorer.

Nous rencontrâmes en chemin bien des obstacles. D'abord nous trouvâmes Mrs. Baldus, Sciopius, Lexicocrassus, Scriblerius, une nuée de Commentateurs qui restituoient des Passages, & qui compiloient de gros Volumes, à propos d'un mot qu'ils n'entendoient pas.

Là, j'aperçus les Daciers, (2) les Saumaises, (3)
Gens hérissez de sçavantes fadaises ;

Le tein

Le teint jauni, les yeux rouges & secs,
Le dos courbé sous un tas d'Auteurs Grecs ;
Tout noircis d'encre, & coëffez de poussiere,
Je leur criai de loin, par la portiere :
N'allez-vous pas dans le Temple du Goût
Vous décrasser? Nous, Messieurs, point-du-tout.
Ce n'est pas-là, grace au Ciel, notre étude :
Le Goût n'est rien ; Nous avons l'habitude
De rédiger au long, de point-en-point,
Ce qu'on pensa ; mais nous ne pensons point.

Après cet aveu ingénu, ces Messieurs voulurent absolument nous faire lire certains Passages de Dictys de Crete, & de Métrodore de Lampsaque, que Scaliger avoit estropiez. Nous les remerciâmes de leur courtoisie, & nous continuâmes notre chemin. Nous n'eûmes pas fait cent pas, que nous trouvâmes un homme entouré de Peintres, d'Architectes, de Sculpteurs, de Doreurs, de faux Connoisseurs, de Flateurs. Ils tournoient le dos au Temple du Goût.

D'un air content l'Orgueil se reposoit,
Se panadoit sur son large visage :
Et mon Crassus, tout en ronflant disoit :
J'ai beaucoup d'Or, de l'esprit davantage :
Du Goût, Messieurs, j'en suis pourvu surtout :
Je n'appris rien, je me connois à tout :
Je suis un Aigle en Conseil, en affaires :

Malgré

Malgré les Vents, les Rocs & les Corsaires,
J'ai dans le Port fait aborder ma Nef :
Partant il faut qu'on me bâtisse en bref
Un beau Palais, fait pour moi ; c'est tout dire,
Où tous les Arts soient en foule entassez,
Où tout le jour je prétends qu'on m'admire.
L'argent est prêt, je parle, obéïssez.
Il dit, & dort. Aussi-tôt la canaille
Autour de lui s'évertuë & travaille,
Certain Maçon, en Vitruve érigé,
Lui trace un Plan d'ornemens surchargé.
Nul vestibule, encore moins de façade ;
Mais vous aurez une longue enfilade,
Vos murs seront de deux doigts d'épaisseur,
Grands Cabinets, Salon sans profondeur ;
Petits trumeaux, Fenêtres à ma guise,
Que l'on prendra pour des Portes d'Eglise ;
Le tout boisé, verni, blanchi, doré,
Et des Badauts à coup sûr admiré.

Réveillez-vous, Monseigneur, je vous prie,
Crioit un Peintre ; admirez l'industrie
De mes talens ; Raphaël n'a jamais
Entendu l'Art d'embellir un Palais.
C'est moi qui sçais annoblir la Nature :
Je couvrirai Platfonds, Voûte, Voussure,
Par cent Magots travaillez avec soin,
D'un pouce ou deux, pour être vûs de loin.

Crassus s'éveille ; il regarde, il rédige ;

A tort

A tort, à droit, régle, approuve, corrige;
A ses côtez, un petit Curieux,
Lorgnette en main, disoit : Tournez les yeux,
Voyez ceci, c'est pour votre Chapelle ;
Sur ma parole achetez ce Tableau,
C'est Dieu le Pere, en sa gloire éternelle,
Peint galamment dans le goût du Vateau. (4)

Et cependant un fripon de Libraire,
Des Beaux-Esprits Ecumeur mercenaire,
Tout Bellegarde à ses yeux étaloit,
Gacon, le Noble, & jusqu'à Des-Fontaines,
Recueils nouveaux, & Journaux à centaines,
Et Monseigneur vouloit lire, & bâilloit.

Je crus en être quitte pour ce petit retardement, & que nous allions arriver au Temple, sans autre mauvaise fortune; mais la route est plus dangereuse que je ne pensois. Nous trouvâmes bien-tôt une nouvelle embuscade.

Tel un Dévot infatigable,
Dans l'étroit chemin du salut,
Est cent fois tenté par le Diable,
Avant d'arriver à son but.

C'étoit un Concert que donnoit un Homme de Robe, fou de la Musique qu'il n'avoit jamais apprise, & encore plus fou de la Musique Italienne, qu'il ne connoissoit
que

que par de mauvais Airs inconnus à Rome, & eftropiez en France par quelques Filles de l'Opéra.

Il faifoit exécuter alors un long Récitatif Français, mis en Mufique par un Italien qui ne fçavoit pas notre Langue. Envain on lui remontra que cette efpece de Mufique, qui n'eft qu'une déclamation nottée, eft néceffairement affervie au génie de la Langue, & qu'il n'y a rien de fi ridicule que des Scenes Françaifes chantées à l'Italienne, fi ce n'eft de l'Italien chanté dans le goût Français.

La Nature féconde, ingénieufe & fage,
Par ces dons partagez ornant cet Univers,
Parle à tous les Humains; mais fur des tons divers.
Ainfi que fon efprit, tout Peuple a fon langage,
Ses fons & fes accens, à fa voix ajuftez,
Des mains de la Nature exactement notez :
L'oreille heureufe & fine en fent la différence.
Sur le ton des Français il faut chanter en France.
Aux loix de notre goût Lully fçut fe ranger,
Il embellit notre Art au-lieu de le changer.

A ces paroles judicieufes, mon homme répondit en fecouant la tête : Venez, venez, dit-il, on va vous donner du neuf. Il fallut entrer, & voilà fon Concert qui commence.

Du grand Lully vingt Rivaux fanatiques,
Plus ennemis de l'Art & du Bon-Sens,

Défiguroient sur des tons glapissans
Des Vers Français, en fredons Italiques :
Une Begueule en lorgnant se pâmoit,
Et certain Fat, yvre de sa parure,
En se mirant chevrotoit, fredonnoit ;
Et de l'Index battant faux la mesure,
Crioit, *Bravo*, lorsque l'on détonnoit.

Nous sortîmes au plus vîte : ce ne fut qu'au-travers de bien des avantures pareilles que nous arrivâmes enfin au Temple du Goût.

Jadis en Grece on en posa
Le fondement ferme & durable :
Puis jusqu'au Ciel on exhaussa,
Le faîte de ce Temple aimable.
L'Univers entier l'encensa ;
Le Romain long-tems intraitable,
Dans ce séjour s'apprivoisa.
Le Musulman, plus implacable,
Conquit le Temple, & le rasa.
En Italie on ramassa
Tous les débris que l'Infidéle,
Avec fureur en dispersa.
Bien-tôt FRANÇOIS PREMIER ose
En bâtir un sur ce modéle.
Sa Postérité méprisa
Cette Architecture si belle.
Richelieu vint, qui répara

Le Temple

Le Temple abandonné par elle.
LOUIS LE GRAND le décora :
Colbert, son Ministre fidéle,
Dans ce Sanctuaire attira
Des Beaux-Arts la Troupe immortelle.
L'Europe jalouse admira
Ce Temple en sa beauté nouvelle ;
Mais je ne sçai s'il durera.

Je pourrois décrire ce Temple,
Et détailler les ornemens
Que le Voyageur y contemple ;
Mais n'abusons point de l'exemple
De tant de Faiseurs de Romans.
Surtout fuyons le verbiage
De Monsieur de *Félibien*,
Qui noye éloquemment un rien
Dans un fatras de beau langage.
Cet Edifice précieux
N'est point chargé des antiquailles
Que nos Très-Gotiques Ayeux
Entassoient autour des murailles
De leurs Temples, grossiers comme eux.
Il n'a point les défauts pompeux
De la Chapelle de Versailles,
Ce Colifichet fastueux,
Qui du Peuple éblouït les yeux,
Et dont le Connoisseur se raille.

Il est plus aisé de dire, ce que ce Temple

ple n'est pas, que faire connoître ce qu'il est. J'ajouterai seulement en général, pour éviter la difficulté :

> Simple en étoit la noble Architecture,
> Chaque ornement, à sa place arrêté,
> Y sembloit mis par la nécessité :
> L'art s'y cachoit sous l'air de la Nature ;
> L'œil satisfait embrassoit sa structure,
> Jamais surpris, & toûjours enchanté.

Le Temple étoit environné d'une foule de Virtuoses, d'Aristes & de Juges de tout espece, qui s'efforçaient d'entrer ; mais qui n'entraient point :

> Car la Critique, à l'œil sévere & juste,
> Gardant les clefs de cette Porte auguste,
> D'un bras d'airain fiérement repoussait
> Le Peuple Goth, qui sans cesse avançait.

Oh ! que d'Hommes considérables, que de Gens du bel air, qui président si impérieusement à de petites Sociétez, ne sont point reçus dans ce Temple !

> On ne voit point dans son Pourpris,
> Les Cabales toûjours mutines
> De ces prétendus Beaux-Esprits
> Qu'on vit soutenir dans Paris
> Les Pradons & les Scuderis, (5)
> Contre les immortels Ecrits
> Des Corneilles & des Racines.

Le Temple du Goût.

On repoussoit aussi rudement ces Ennemis obscurs de tout mérite éclatant, ces Insectes de la Société, qui ne sont apperçus que parcequ'ils piquent. Ils auroient envié également *Rocroy* au grand Condé, *Denain* à Villars, & *Polieucte* à Corneille. Ils auroient exterminé le Brun, pour avoir fait le Tableau de la Famille de Darius. Ils envient tout, infectent tout ce qu'ils touchent.

L'orgueil les engendra dans les flancs de l'envie,
L'intérêt, le soupçon, l'infâme calomnie,
Et souvent les Dévots, monstres plus dangereux,
Entr'ouvrent en secret, d'un air mystérieux,
Les portes des Palais à leur Cabale impie.
C'est-là que d'un Midas ils fascinent les yeux.
Un Fat leur applaudit, un Méchant les appuye;
Et le mérite en pleurs, persécuté par eux,
Renonce en soupirant, aux Beaux-Arts qu'on décrie.

Ces lâches Persécuteurs s'enfuirent en voyant paroître mes deux Guides. Leur fuite précipitée fit place à un spectacle plus plaisant; c'étoit une foule d'Ecrivains de tout rang, de tout état & de tout âge, qui gratoient à la porte, & qui prioient la Critique de les laisser entrer. L'un aportoit un Roman Mathématique; l'autre une Harangue à l'Académie; celui-ci venoit de composer une Comédie Métaphysique; celui-là tenoit un petit Recueil de ses Poësies, imprimé depuis long-

long-tems *incognitò*, avec une longue Approbation & un Privilége (6) cet autre venoit présenter un Mandement en stile précieux, & étoit tout surpris qu'on se mît à rire au-lieu de lui demander sa bénédiction. Je suis le Révérend Pere.... disoit l'un : faites un peu place à Monseigneur, disoit l'autre.

Un Raisonneur avec un fausset aigre,
Crioit : Messieurs, je suis ce Juge intégre,
Qui toujours parle, argue & contredit ;
Je viens siffler tout ce qu'on applaudit.
Lors la Critique apparut, & lui dit :
Ami Bardou, vous êtes un grand Maître ;
Mais n'entrerez en cet aimable lieu.
Vous y venez pour fronder notre Dieu ;
Contentez-vous de ne le pas connoître.

Mr. Bardou se mit alors à crier : Tout le monde est trompé, & le sera. Il n'y a point de Dieu du goût, & voici comme je le prouve. Alors il proposa, il divisa, il subdivisa, il distingua, il résuma, personne ne l'écouta, & l'on s'empressoit à la porte plus que jamais.

Parmi les flots de la foule insensée,
De ce Parvis obstinément chassée,
Tout doucement venoit *la Motte Houdard*,
Lequel disoit d'un ton de Papelard :
Ouvrez, Messieurs, c'est mon Oedipe en Prose.(7)

Mes Vers sont durs, d'accord, mais forts de chose.
De grace ouvrez : je veux à Despréaux,
Contre les Vers, dire avec goût deux mots.

La Critique le reconnut à la douceur de son maintien & à la dureté de ses derniers Vers, & elle le laissa quelque tems entre Pérault & Chapelain, qui assiégeoient la porte depuis cinquante ans, en criant contre Virgile.

Dans le moment arriva un autre Versificateur, soutenu par deux petits Satyres, & couvert de Lauriers & de Chardons.

Je viens, dit-il (8), pour rire & pour m'ébattre,
Me rigolant, menant joyeux déduit,
Et jusqu'au jour faisant le Diable à quatre.

Qu'est-ce que j'entends-là, dit la Critique ? C'est moi, reprit le Rimeur. J'arrive d'Allemagne pour vous voir, & j'ai pris la saison du Printems :

Car les jeunes Zéphirs, de leurs chaudes haleines,
   Ont fondu l'écorce des eaux (9).

Plus il parloit ce langage, moins la porte s'ouvroit. Quoi! l'on me prend donc, dit-il,

Pour (10) une grenouille aquatique,
Qui du fonds d'un petit thorax,
Va chantant pour toute Musique,
Brekeke, kake, koax, koax, koax?

Ah!

Ah! bon Dieu, s'écria la Critique! quel horrible jargon! On lui dit que c'étoit *Rousseau*, dont les Dieux avoient changé la voix en ce cri ridicule, pour punition de ses méchancetez. Elle lui ferma la porte au plus vîte. Il fut fort étonné de ce procédé, & jura de s'en vanger par quelque nouvelle Allégorie contre le Genre-Humain, qu'il hait par représailles. Il s'écrioit, en rougissant:

Adoucissez cette rigueur extrême,
Je viens chercher *Marot*, mon Compagnon:
J'eus, comme lui, quelque peu de guignon;
Le Dieu qui rime est le seul Dieu qui m'aime;
Connoissez-moi, je suis toujours le même.
Voici des Vers contre l'Abbé *Bignon*. (11)
O vous, Critique! O vous Déesse utile!
C'étoit par vous que j'étois inspiré:
En tout Pays, en tout tems abhorré,
Je n'ai que vous désormais pour azile.

La Critique entendit ces paroles, r'ouvrit la porte, & parla ainsi:

Rousseau, connois mieux la Critique;
Je suis juste, & ne fus jamais
Semblable à ce monstre caustique
Qui t'arma de ses lâches traits,
Trempez au poison satyrique,
Dont tu t'enyvres à longs traits.
Autrefois de sa félonie

Thémis

Thémis te donna le Guerdon ;
Par Arrêt ta Muse est bannie, (12)
Pour certains couplets de Chanson,
Et pour un fort mauvais Facton
Que te dicta la calomnie.
Mais par l'équitable Apollon
Ta rage fut bien tôt punie.
Il t'ôta le peu de génie,
Dont tu dis qu'il t'avoit fait don ;
Il te priva de l'harmonie.
Et tu n'as plus rien aujourd'hui,
Que la foiblesse & la manie
De rimer encor, malgré lui,
Des Vers Tudesques qu'il renie.

Après avoir donné cet avis, la Critique décida que *Rousseau* passeroit devant *la Motte*, en qualité de Versificateur ; mais que *la Motte* auroit le pas, toutes les fois qu'il s'agiroit d'Esprit & de Raison.

Ces deux hommes si différens n'avoient pas fait quatre pas, que l'un pâlit de colere, & l'autre tressaillit de joye à l'aspect d'un homme qui étoit depuis long-tems dans ce Temple.

C'étoit le sage *Fontenelle*,
Qui, par les Beaux-Arts entouré,
Répandoit sur eux, à son gré,
Une clarté pure & nouvelle.
D'une Planette, à tire d'aîle,

En ce moment il revenoit
Dans ces lieux où le Goût tenoit
Le Siége heureux de son Empire.
Avec *Quinaut* il badinoit ;
Avec *Mairain* il raisonnoit ;
D'une main légére il prenoit
Le compas, la plume & la lyre.

Eh quoi ! cria *Rousseau*, je verrai ici cet Homme contre qui j'ai fait tant d'Epigrammes ? Quoi ! Le bon Goût souffrira dans son Temple l'Auteur des *Lettres du Ch. d'Her*, d'une *Passion d'Automne*, d'un *Clair de Lune*, d'un *Ruisseau Amant de la Prairie*, de la *Tragédie d'Aspar*, d'*Endymion*, &c. Eh non, dit la Critique, ce n'est pas l'Auteur de tout cela que tu vois, c'est celui des *Mondes*, Livre qui auroit dû t'instruire, de *Thétis & de Pelée*, Opéra qui excite inutilement ton envie ; de l'*Histoire de l'Académie des Sciences*, que tu n'es pas à portée d'entendre.

Rousseau alla faire une Epigramme, & *Fontenelle* le regarda, avec cette compassion Philosophique qu'un esprit éclairé & étendu ne peut s'empêcher d'avoir pour un homme qui ne sçait que rimer, & il alla prendre paisiblement sa place entre *Lucrece* & *Leibnitz* (13). Je demandai pourquoi *Leibnitz* étoit-là ? On me répondit que c'étoit pour avoir fait d'assez bons Vers Latins, quoiqu'il fût Métaphysicien & Géométre ; & que la Critique le souffroit en

cette

cette place, pour tâcher d'adoucir, par cet exemple, l'esprit dur de la plûpart de ses Confreres.

Cependant la Critique se tournant vers l'Auteur des Mondes, lui dit : je ne vous reprocherai pas certains Ouvrages de votre Jeunesse, comme font ces Cyniques jaloux; mais je suis la Critique, vous êtes chez le Dieu du Goût, & voici ce que je vous dis de la part de ce Dieu, du Public, & de la mienne ; car nous sommes, à la longue, toûjours tous trois d'accord.

> Votre Muse sage & riante
> Devroit aimer un peu moins l'Art ;
> Ne la gâtez point par le fard,
> Sa couleur est assez brillante.

A l'égard de *Lucrece*, il rougit d'abord en voyant le Cardinal son ennemi ; mais à peine l'eût-il entendu parler qu'il l'aima. Il courut à lui, & lui dit en très-beaux Vers Latins, ce que je traduis ici en assez mauvais Vers Français.

Aveugle que j'étois, je crus voir la Nature ;
Je marchai dans la nuit, conduit par *Epicure*.
J'adorai, comme un Dieu, ce mortel orgueilleux,
Qui fit la guerre au Ciel, & détrôna les Dieux.
L'ame ne me parut qu'une foible étincelle,
Que l'instant du trépas dissipe dans les airs.
Tu m'as vaincu, je céde, & l'ame est immortelle ;
Aussi-bien que ton nom, mes Ecrits, & tes Vers.

Le Cardinal répondit à ce compliment dans la Langue de *Lucrece*. Tous les Poëtes Latins qui étoient-là, le prirent pour un ancien Romain à son air & à son stile; mais les Poëtes Français sont fort fâchez qu'on fasse des Vers dans une Langue qu'on ne parle plus, & disent que puisque *Lucrece*, né à Rome, embellissoit *Epicure* en Latin; son Adversaire, né à Paris, devoit le combattre en Français. Enfin, après beaucoup de ces retardemens agréables, nous arrivâmes jusqu'à l'Autel, & jusqu'au Trône du Dieu du Goût.

> Je vis ce Dieu qu'envain j'implore,
> Ce Dieu Charmant que l'on ignore,
> Quand on cherche à le définir;
> Ce Dieu qu'on ne sçait point servir,
> Quand avec scrupule on l'adore,
> Que *la Fontaine* fait sentir,
> Et que Vadius cherche encore.
>
> Il se plaisoit à consulter
> Ces graces simples & naïves,
> Dont la France doit se vanter;
> Ces graces piquantes & vives,
> Que les Nations attentives
> Voulurent souvent imiter;
> Qui de l'Art ne sont point captives,
> Qui régnoient jadis à la Cour,
> Et que la Nature & l'Amour

Le Temple du Goût.

Avoient fait naître sur nos Rives :
Il est toujours environné
De leur Troupe tendre & légere,
C'est par leurs mains qu'il est orné,
C'est par leurs charmes qu'il sçait plaire.
Elles-mêmes l'ont couronné
D'un Diadême qu'au Parnasse
Composa jadis Apollon,
Du Laurier du divin *Maron*,
Du Lierre & du Myrte d'*Horace*,
Et des Roses d'*Anacréon*.

Sur son front régne la Sagesse :
Le Sentiment & la Finesse
Brillent tendrement dans ses yeux.
Son air est vif, ingénieux ;
Il vous ressemble enfin, Sylvie,
A vous que je ne nomme pas,
De-peur des cris & des éclats
De cent Beautez que vos appas
Font dessecher de jalousie.

Non loin de lui, *Rollin* dictoit (14)
Quelques leçons à la Jeunesse,
Et, quoiqu'en Robe, on l'écoutoit,
Chose assez rare à son espece.
Près de-là, dans un Cabinet,
Que *Girardin* & *le Puget* (15)
Embellissoient de leur Sculpture :
Le Poussin sagement peignoit (16)

Le Brun

Le Brun fiérement deſſinoit, (17)
Le Sueur entr'eux ſe plaçoit: (18)
On l'y regardoit ſans murmure;
Et le Dieu, qui de l'œil ſuivoit
Les traits de leurs mains libre & ſûre,
En les admirant, ſe plaignoit
De voir qu'à leur docte peinture,
Malgré leurs efforts il manquoit
Le coloris de la Nature.
Sous ſes yeux, des Amours badins
Ranimoient ces touches ſçavantes,
Avec un pinceau de leurs mains
Trempoient dans les couleurs brillantes
De la palette de *Rubens*. (19)

Je fus fort étonné de ne pas trouver dans le Sanctuaire bien des gens qui paſſoient, il y a ſoixante ou quatre-vingt ans, pour être les plus chers Favoris du Dieu du Goût. Les *Pavillons*, les *Benſerades*, les *Peliſſons*, les *Segrais*, (20) les *St. Evremond*, les *Balzacs*, les *Voitures*, ne me parurent pas occuper les premiers rangs. Ils les avoient autrefois, me dit un de mes Guides, ils brilloient avant que les beaux jours des Belles-Lettres fuſſent arrivez; mais peu-à-peu ils ont cédé aux véritablement Grands-Hommes. Ils ne font plus ici qu'une aſſez médiocre figure. En effet, la plûpart n'avoient guéres que l'eſprit de leur tems, & non cet eſprit qui paſſe à la derniere Poſtérité.

Déjà

Déjà de leurs faibles Écrits
Beaucoup de graces font ternies :
Ils font comptez encor au rang des Beaux-Esprits,
Mais exclus du rang des Génies.

Segrais voulut un jour entrer dans le Sanctuaire, en récitant ce Vers de *Despréaux*.

Que *Segrais* dans l'Elogue encharme les Forêts.

Mais la Critique ayant lû, par malheur pour lui, quelques pages de son Enéide en Vers Français, le renvoya assez durement, & laissa venir à sa place Madame de la Fayette (21), qui avoit mis sous le nom de *Segrais* le Roman aimable de Zaïde, & celui de la Princesse de Cléves.
On ne pardonne pas à *Pelisson* d'avoir dit gravement tant de puérilitez dans son Histoire de l'Académie Françaife, & d'avoir rapporté comme des Bons-Mots, des choses assez grossieres (22). Le doux, mais faible *Pavillon* fait la cour humblement à Mad. *Deshoulieres*, qui est placée fort au-dessus de lui. L'inégal *Saint-Evremond* (23) n'ose parler de Vers à personne. *Balzac* assomme de longues phrases hyperboliques, *Voiture* (24) & *Benserade*, qui lui répondent par des pointes & des jeux de mots dont ils rougissent eux-mêmes le moment d'après. Je cherchois le fameux Comte de *Bussy*. Mad. de *Sévigné*, qui est aimée de

tous ceux qui habite le Temple, me dit que son cher cousin, homme de beaucoup d'esprit, un peu trop vain, n'avoit jamais pû réüssir à donner au Dieu du Goût cet excès de bonne opinion que le Comte de *Bussi* avoit de Messire *Roger de Rabutin*.

Bussi, qui s'estime & qui s'aime
Jusqu'au point d'en être ennuyeux,
Est censuré dans ces beaux Lieux,
Pour avoir d'un ton glorieux
Parlé trop souvent de lui-même. (25)
Mais son Fils, son aimable Fils,
Dans le Temple est toûjours admis ;
Lui, qui sans flatter, sans médire,
Toûjours d'un aimable entretien,
Sans le croire, parle aussi-bien
Que son pere croyoit écrire.
Je vis arriver en ce lieu
Le brillant Abbé de *Chaulieu*,
Qui chantoit en sortant de table,
Il osoit caresser le Dieu,
D'un air familier, mais aimable.
Sa vive imagination
Prodiguoit dans sa douce yvresse
Des Beautez sans correction, (26)
Qui choquoient un peu la justesse,
Mais respiroient la passion.

La Farre, (27) avec plus de molesse,

En baissant

Le Temple du Goût.

En baissant sa Lyre, d'un ton,
Chantoit auprès de sa Maîtresse
Quelques Vers sans précision,
Que le plaisir & la paresse
Dictoient sans l'aide d'Apollon.
Auprès d'eux, le vif *Hamilton*, (28)
Toûjours armé d'un trait qui blesse,
Médisoit de l'Humaine Espece,
Et même d'un peu mieux, dit-on.
L'aisé, le tendre *Saint Haulaire*,
Plus vieux encore qu'*Anacréon*,
Avoit une voix plus légere:
On voyoit les fleurs de Cythere,
Et celles du sacré Vallon
Orner sa tête octogenaire.

Le Dieu aimoit fort tous ces Messieurs, & surtout ceux qui ne se piquoient de rien; il avertissoit *Chaulieu*, de ne se croire que le premier des Poëtes négligez, & non pas le premier des bons Poëtes.

Ils faisoient conversation avec quelques-uns des plus aimables hommes de leur tems. Ces entretiens n'ont ni l'affectation de l'Hôtel de Rambouillet (29), ni le tumulte qui régne parmi nos jeunes Étourdis.

On y sçait fuir également
Le Précieux, le Pédantisme,
L'air empesé du Syllogisme,
Et l'air fou de l'emportement.

C'est là

C'est-là qu'avec grace on allie
Le vrai Sçavoir à l'enjoûment,
Et la justesse à la Saillie.
L'Esprit en cent façons se plie :
On sçait lancer, rendre, essuyer
Des traits d'aimable raillerie ;
Le bon Sens, de-peur d'ennuyer,
Se déguise en Plaisanterie.

Là se trouvoit *Chapelle*, ce Génie plus débauché encore que délicat, plus naturel que poli, facile dans ses Vers, incorrect dans son stile, libre dans ses idées. Il parloit toûjours au Dieu du Goût sur les mêmes rimes. On dit que ce Dieu lui répondit un jour :

Réglez mieux votre passion
Pour ces syllabes enfilées,
Qui chez *Richelet* étalées,
Quelquefois sans invention,
Disent avec profusion
Des riens en rimes redoublées.

Ce fut parmi ces Hommes aimables, que je rencontrai le Président *de Maisons*, homme très-éloigné de dire des riens, homme aimable & solide, qui avoit aimé tous les Arts.

O transports ! O plaisirs ! O momens pleins de charmes !

Cher Maisons, m'écriai-je, en l'arrosant de larmes,
C'est toi que j'ai perdu, c'est toi que le trépas,
A la fleur de tes ans vint frapper dans mes bras.
La Mort, l'affreuse Mort fut sourde à ma priere;
Ah ! puisque le destin nous vouloit séparer,
C'étoit à toi de vivre, à moi seul d'expirer.
Hélas ! depuis le jour où j'ouvris la paupiere,
Le Ciel pour mon partage a choisi les douleurs,
Il seme de chagrins ma pénible carriere.
La tienne étoit brillante & couverte de fleurs,
Dans le sein des Plaisirs, des Arts & des Honneurs,
Tu cultivois en paix les fruits de ta sagesse,
Ta vertu n'étoit point l'effet de ta faiblesse ;
Je ne te vis jamais offusquer ta raison
Du bandeau de l'exemple & de l'opinion.
L'Homme est né pour l'erreur, on voit la molle argile,
Sous la main du Pottier, moins souple & moins docile,
Que l'ame n'est fléxible aux préjugez divers,
Précepteurs ignorans de ce faible Univers.
Tu bravas leur Empire, & tu ne sçus te rendre
Qu'aux paisibles douceurs de la pure amitié,
Et dans toi la Nature avoit associé
A l'esprit le plus ferme, un cœur facile & tendre.

Parmi ces Gens d'esprit, nous trouvâmes quelques Jésuites. Un Janséniste dira que les Jésuites se fourent partout ; mais le Dieu du Goût reçoit aussi leurs Ennemis, & il

& il est assez plaisant de voir dans ce Temple, *Bourdaloue* qui s'entretient avec Pascal sur le grand Art de joindre l'Eloquence au Raisonnement. Le P. *Bouhours* est derriere eux, marquant sur des Tablettes toutes les fautes de langage, & toutes les négligences qui leur échappent.

Le Cardinal ne peut s'empêcher de dire au Pere *Bouhours*.

> Quittez d'un Censeur pointilleux
> La pédantesque diligence ;
> Aimons jusqu'aux défauts heureux
> De leur mâle & libre éloquence.
> J'aime mieux errer avec eux,
> Que d'aller, Censeur scrupuleux,
> Peser des mots dans ma balance.

Cela fut dit avec beaucoup plus de politesse que je ne le rapporte ; mais nous autres Poëtes, nous sommes souvent très-impolis pour la commodité de la rime.

Je ne m'arrêtai pas dans ce Temple à voir les seuls Beaux-Esprits.

> Vers enchanteurs, exacte Prose,
> Je ne me borne point à vous.
> N'avoir qu'un Goût est peu de chose :
> Beaux-Arts, je vous invoque tous !
> Musique, Danse, Architecture,
> Art de graver, docte Peinture,
> Que vous m'inspirez de désir !

Beaux-Arts, vous êtes des plaisirs ;
Il n'en est point qu'on doive exclure.

Je vis les Muses présenter tour-à-tour sur l'Autel du Dieu, des Livres, des Desseins, & des Plans de toute espece. On voit sur cet Autel, le Plan de cette belle façade du Louvre, dont on n'est point redevable au Cavalier *Bernin*, qu'on fit venir inutilement en France avec tant de frais, & qui fut construite par *Pérault* & par *Louis le Vau*, grands Artistes trop peu connus. Là est le Dessein de la Porte St. Denis, dont la plûpart des Parisiens ne connoissent pas plus la beauté, que le nom de François *Blondel*, qui acheva ce Monument. Cet admirable Fontaine (30) qu'on regarde si peu, & qui est ornée des précieuses Sculptures de *Jean Gougeon*. Le Portail de Saint Gervais, chef-d'œuvre d'Architecture, auquel il manque une Eglise, une Place, & des Admirateurs, & qui devroit immortaliser le nom de *Desbrosses*, encore plus que le Palais du Luxembourg qu'il a aussi bâti. Tous ces Monumens négligez par un Vulgaire toujours barbare, & par les gens du monde toujours légers, attirent souvent les regards du Dieu.

On nous fit voir ensuite la Bibliothéque de ce Palais enchanté ; elle n'étoit pas ample. On croira bien que nous n'y trouvâmes pas

L'amas

L'amas curieux & bizarre,
De vieux Manuscrits vermoulus,
Et la suite inutile & rare
D'Ecrivains qu'on n'a jamais lus.
Mais les Muses ont elles-mêmes
En leur rang placé ces Auteurs,
Qu'on lit, qu'on estime & qu'on aime,
Et dont la Sagesse suprême,
N'a ni trop ni trop peu de fleurs.

Presque tous les Livres y sont corrigez & retranchez de la main des Muses. On y voit entr'autres, l'Ouvrage de *Rabelais*, réduit tout-au-plus à un demi-quart.

Marot, qui n'a qu'un stile, & qui chante du même ton les Pseaumes de David & les Merveilles d'Alix, n'a plus que huit ou dix feuillets. *Voiture & Sarrazin* n'ont pas, à eux deux, plus de soixante pages.

Tout l'esprit de *Bayle* se trouve dans un seul Tome, de son propre aveu ; car ce judicieux Philosophe, ce Juge éclairé de tant d'Auteurs & de tant de Sectes, disoit souvent qu'il n'auroit pas composé plus d'un *in-folio*, s'il n'avoit écrit que pour lui, & non pour les Libraires. (31)

Enfin, on nous fit passer dans l'intérieur du Sanctuaire. Là les Mysteres du Dieu furent dévoilez : là je vis ce qui doit servir d'exemple à la Postérité : Un petit nombre de véritablement Grands-Hommes s'occupoient s'occupoient à corriger ces fautes de leurs Ecrits excellens, qui feroient des beautez dans des Ecrits médiocres.

L'aimable Auteur du Télémaque retranchoit des répétitions, & des détails inutiles dans son Roman Moral, & rayoit le Titre de Poëme Epique que quelques zélez indiscrets lui donnent ; car il avouë sincérement qu'il n'y a point de Poëme en Prose.

L'éloquent *Bossuet* vouloit bien rayer quelques familiaritez échapées à son génie vaste, impétueux & facile ; lesquelles déparent un peu la sublimité de ses Oraisons Funébres ; & il est à remarquer qu'il ne garantit point tout ce qu'il a dit de la prétendue sagesse des Anciens Egyptiens.

Ce grand, ce sublime *Corneille*,
Qui plut bien moins à notre oreille,
Qu'à notre esprit qu'il étonna :
Ce *Corneille* qui crayonna (31)
L'Ame d'Auguste, de Cinna,
De Pompée & de Cornélie ;
Jettoit au feu sa Pulcherie,
Agésilas & Suréna,
Et sacrifioit, sans foiblesse,
Tous ses enfans infortunez,
Fruits languissans de sa vieillesse,
Trop indignes de leurs Aînez.

Plus

Plus pur, plus élégant, plus tendre,
Et parlant au cœur de plus près,
Nous attachant sans nous surprendre,
Et ne se démentant jamais;
Racine observe les Portraits
De Bajazet, de Xyphares,
De Britannicus, d'Hyppolite.
A peine il distingue leurs traits,
Ils ont tous le même mérite,
Tendres, galans, doux & discrets :
Er l'Amour qui marche à leur suite,
Les croit des Courtisans Français.
Toi, Favori de la Nature,
Toi, *la Fontaine*, Auteur charmant,
Qui bravant, & rime & mesure,
Si négligée dans ta parure,
N'en avois que plus d'agrément :
Sur tes Ecrits inimitables,
Dis-nous quel est ton sentiment?
Eclaire notre jugement
Sur tes Contes & sur tes Fables?

La Fontaine, qui avoit conservé la naïveté de son caractére, & qui dans le Temple du Goût joignoit un sentiment éclairé à cet heureux & singulier instinct qui l'inspiroit pendant sa vie, retranchoit quelques-unes de ses Fables, mais en très-petite quantité. Il accourcissoit presque tous ses Contes, & déchiroit les trois quarts d'un gros
Recueil

Recueil d'Oeüvres posthumes, imprimez par ces Editeurs, qui vivent des sottises des Morts.

Là, régnoit *Despréaux*, leur Maître en l'art d'écrire,
Lui qu'arma la Raison des traits de la Satyre ;
Qui, donnant le précepte & l'exemple à la fois,
Etablit d'Apollon les rigoureuses Loix :
Il revoit ses enfans avec un œil sévere ;
De la triste *Equivoque* il rougit d'être Pere,
Et rit des traits manquez du pinceau foible & dur,
Dont il défigura le Vainqueur de Namur.
Lui-même il les efface, & semble encor nous dire :
Ou sçachez vous connoître, ou gardez-vous d'é-
   crire.

Despréaux, par un ordre exprès du Dieu du Goût, se réconcilioit avec *Quinault*, qui est le Poëte des Graces, comme *Despréaux* est le Poëte de la Raison.

   Mais le sévere Satirique
   Embrassoit encor, en grondant,
   Cet aimable & tendre Lyrique,
   Qui lui pardonnoit en riant.

Je ne me réconcilie point avec vous, disoit *Despréaux*, que vous ne conveniez qu'il y a bien des fadeurs dans ces Opéra si agréables. Cela peut bien être, dit *Quinault* ; mais avouez aussi, que vous n'eussiez jamais fait Atys, ni Armide.

Dans

Dans vos scrupuleuses beautez
Soyez vrai, précis, raisonnable :
Que vos Ecrits soient respectez ;
Mais permettez-moi d'être aimable.

Après avoir salué *Despréaux*, & embrassé tendrement *Quinault*, je vis l'inimitable *Molière*, & j'osai lui dire.

Le Sage, le discret Térence,
Est le premier des Traducteurs :
Jamais, dans sa froide élégance,
Des Romains il n'a peint les mœurs :
Tu fus le Peintre de la France.
Nos Bourgeois à sots préjugez,
Nos petits Marquis rengorgez,
Nos Robins toujours arrangez,
Chez toi venoient se reconnoître ;
Et tu les aurois corrigez,
Si l'Esprit Humain pouvoit l'être.

Ah ! disoit-il, pourquoi ai-je été forcé d'écrire quelquefois pour le Peuple ? Que n'ai-je toujours été le maître de mon tems ! J'aurois trouvé des dénoûmens plus heureux, j'aurois moins fait descendre mon génie au bas Comique.

C'est ainsi que tous ces Maîtres de l'Art montroient leur supériorité, en avouant ces erreurs auxquelles l'Humanité est soumise, & dont nul Grand-Homme n'est exempt.

Je connus alors que le Dieu du Goût est très-difficile à satisfaire; mais qu'il n'aime point à-demi. Je vis que les Ouvrages qu'il critique le plus en détail, sont ceux qui en tout lui plaisent davantage.

> Nul Auteur avec lui n'a tort
> Quand il a trouvé l'Art de plaire;
> Il le critique sans colere,
> Il l'applaudit avec transport.
> Melpomène étalant ses charmes,
> Vient lui présenter ses Héros,
> Et c'est en répandant des larmes
> Que ce Dieu connoît leurs défauts.
> Malheur qui toujours raisonne,
> Et qui ne s'attendrit jamais !
> Dieu du Goût, ton divin Palais
> Est un séjour qu'il abandonne.

Quand mes Conducteurs s'en retournerent, le Dieu leur parla à-peu-près dans ce sens ; car il ne m'est pas donné de dire ses propres mots.

> Adieu, mes plus chers Favoris,
> Comblez des faveurs du Parnasse ;
> Ne souffrez pas que dans Paris
> Mon Rival usurpe ma place.
>
> Je sçai qu'à vos yeux éclairez
> Le Faux-Goût tremble de paroître;

Si jamais

Si jamais vous le rencontrez,
Il est aisé de le connoître.

Toûjours accablé d'ornemens,
Composant sa voix, son visage;
Affecté dans ses agrémens,
Et précieux dans son langage.

Il prend mon nom, mon Etendard:
Mais on voit assez l'imposture;
Car il n'est que le fils de l'Art,
Moi, je le suis de la Nature.

REMARQUES

REMARQUES

Servant d'éclaircissement sur les Principaux Sujets du Temple du Goût, renvoyées chacune par leur numero.

(1) MR. le Cardinal de *Polignac* a composé un Poëme Latin contre Lucrece. Tous les Gens de Lettres connaissent ces Vers, qui sont au commencement :

Pieridum si forte lepos austera canentes
Deficit, eloquio victi, re vincimus ipsa.

(2) *Dacier* avoit une Littérature fort grande : il connoissoit tous les Anciens, hors la grace & sa finesse : ses Commentaires ont partout de l'érudition & jamais de goût ; il traduit grossiérement les délicatesses d'Horace.
Si Horace dit à sa Maîtresse : *Miseri quibus intentata nites* : Dacier dit : *Malheureux ceux qui se laissent attirer par cette bonace, sans vous connoître.* Il traduit : *Nunc est bibendum, nunc pede libero pulsanda tellus* : *C'est à présent qu'il faut boire, & que sans rien craindre il faut danser de toute sa force. Mox juniores quærit adulteros* : *Elles ne sont pas plûtôt mariées, qu'elles cherchent de nouveaux Galans.* Mais quoiqu'il défigure Horace, & que ses Notes soient d'un Sçavant peu spirituel, son Livre

est plein de recherches utiles, & on louë son travail, en voyant son peu de génie.

(3) *Saumaise* est un Auteur sçavant qu'on ne lit plus guéres. Il commence ainsi sa défense du Roi d'Angleterre Charles I. Anglois, qui vous renvoyez les Têtes des Rois comme des *Balles de Paumes*, qui jouez à la *Boule* avec *des Couronnes*, & qui vous servez de *Sceptres comme de Marotes*.

(4) *Vatau* est un Peintre Flamand, qui a travaillé à Paris, où il est mort il y a quelques années. Il a réussi dans les petites Figures qu'il a dessinées, & qu'il a très-bien groupées; mais il n'a jamais rien fait de grand, il en étoit incapable.

(5) *Scuderi* étoit, comme de raison, ennemi déclaré de *Corneille*. Il avoit une Cabale qui le mettoit fort au-dessus de ce Pere du Théâtre. Il y a encore un mauvais Ouvrage de *Sarrazin*, fait pour prouver que je ne sçai quelle Piéce de *Scuderi*, nommée l'*Amour Tyrannique*, étoit le Chef-d'œuvre de la Scene Française. Ce *Scuderi* se vantoit qu'il y avoit eu quatre Portiers tuez à une de ses Piéces, & il disoit qu'il ne céderoit à *Corneille*, qu'en cas qu'on eût tué cinq Portiers aux Cids & aux Horaces.

A l'égard de *Pradon*, on sçait que sa Phédre fut d'abord beaucoup mieux reçue que celle de *Racine*, & qu'il fallut du tems pour faire céder la Cabale au mérite.

(6) Beaucoup de mauvais Livres imprimez avec des Approbations pleines d'éloges.

(7) *Foudard de la Motte* fit en 1728. un Oedipe en Prose, & un Oedipe en Vers. A l'égard de son Oedipe en Prose, personne, que je sçache, n'a pu le lire. Son Oedipe en Vers fut joué trois fois. Il est imprimé avec ses autres Oeuvres Dramatiques,

& l'Auteur

& l'Auteur a eu soin de mettre dans un Avertissement, que cette Piéce a été interrompue au milieu du plus grand succès. Cet Auteur a fait d'autres Ouvrages estimez, quelques Odes très-belles, de jolis Opera, & des Dissertations très-bien écrites.

(8) Vers de Rousseau.

(9) Vers de Rousseau.

(10) Id. ibid.

(11) Conseiller d'Etat, homme d'un mérite reconnu dans l'Europe, & Protecteur dans les Sciences. *Rousseau* avoit fait contre lui quelques mauvais Vers.

(12) On sçait que *Rousseau* fut condamné à l'amende honorable & au bannissement perpétuel, pour des Couplets infâmes faits contre ses amis, & dont il accusa le Sr. *Saurin* de l'Académie des Sciences, d'être l'Auteur. Les Curieux ont conservé les Piéces de ce Procès. Le Factum de *Rousseau* passe pour être extrèmement mal écrit. Celui de Mr. *Saurin* est un Chef-d'œuvre d'esprit & d'éloquence. *Rousseau* banni de France, s'est brouillé avec tous ses Protecteurs, & a continué de déclamer inutilement contre ceux qui faisoient honneur à la France par leurs Ouvrages, comme Messieurs de *Fontenelle*, *Crebillon*, *Destouches*, *Dubos*, &c.

(13) *Leibnitz*, né à Leipsick le 23. Juin 1646. mort à Hanover le 14. Novembre 1716. Nul homme de Lettres n'a fait tant d'honneur à l'Allemagne. Il étoit plus universel que *Newton*, quoiqu'il n'ait peut-être pas été si grand Mathématicien. Il joignoit à une profonde Etude de toutes les parties de la Physique, un grand goût pour les Belles-Lettres; il faisoit même des Vers Français. Il a paru s'égarer en Métaphysique; mais il a cela

de commun avec tous ceux qui ont voulu faire des Systêmes. Au-reste, il dut sa fortune à sa réputation. Il joüissoit de grosses Pensions de l'Empereur d'Allemagne, de celui de Moscovie, du Roi d'Angleterre, & de plusieurs autres Souverains.

(14) *Charles Rollin*, ancien Recteur de l'Université & Professeur Royal, est le premier homme de l'Université qui ait écrit purement en Français pour l'instruction de la Jeunesse, & qui ait recommandé l'Etude de notre Langue, si nécessaire & cependant si négligée dans les Ecoles. Son Livre du *Traité des Etudes* respire le bon goût, & la saine Littérature presque partout. On lui reproche seulement de descendre dans des minuties. Il ne s'est guéres éloigné du bon goût que quand il a voulu plaisanter, *Tome III. page 305.* en parlant de Cyrus. *Aussi-tôt*, dit-il, *on équippe le petit Cyrus en Echanson : il s'avance gravement la serviette sur l'épaule*, & tenant *la Coupe délicatement entre trois doigts : J'ai appréhendé*, dit le petit Cyrus, *que cette liqueur ne fût du poison. Comment cela ? Oüi, mon Papa.* Et en un autre endroit, en parlant des Jeux qu'on peut permettre aux enfans: *Une bale, un balon, un sabot, sont fort de leur goût. Depuis le toît jusqu'à la Cave, tout parloit Latin chez Robert Etienne.* Il seroit à souhaiter qu'on corrigeât ces mauvaises plaisanteries dans la premiere Edition qu'on fera de ce Livre, si estimable d'ailleurs.

(15) *Girardon* mettoit dans ses Statues plus de grace, & *Puget* plus d'expression. Les Bains d'Apollon sont de Girardon ; mais il n'a pas fait les Chevaux, ils sont de *Marsi*, Sculpteur digne d'avoir mêlé ses travaux avec *Girardon*. Le Milon & le Gladiateur sont de *Puget*.

(16) *Le Poussin*, né aux Andelis en 1594. n'est de

de Maître que son génie, & quelques Estampes de Raphael, qui lui tomberent entre les mains. Le désir de consulter la belle Nature dans les Antiques, le fit aller à Rome, malgré les obstacles qu'une extrême pauvreté mettoit à ce Voyage. Il y fit beaucoup de Chefs-d'œuvres qu'il ne vendoit que sept écus piéce. Appellé en France par le Sécretaire d'Etat Desnoyers, il y établit le bon goût de la Peinture : mais persecuté par ses envieux, il s'en retourna à Rome, où il mourut avec une grande réputation, & sans fortune. Il a sacrifié le Coloris à toutes les autres parties de la Peinture. Ses Sacremens sont trop gris : cependant il y a dans le Cabinet de Mr. le Duc d'Orleans un Ravissement de St. Paul, du *Poussin*, qui fait pendant avec la vision d'Ezechiel, de *Raphael*, & qui est d'un coloris assez fort. Ce Tableau n'est déparé dutout par celui de *Raphael*, & on les voit tous deux avec un égal plaisir.

(17) *Le Brun*, Disciple de *Nouet*, n'a péché que dans le coloris. Son Tableau de la Famille d'Alexandre est beaucoup mieux coloré que ses Batailles. Ce Peintre n'a pas un si grand goût de l'Antique que le *Poussin* & *Raphael* ; mais il a autant d'invention que *Raphael*, & plus de vivacité que le *Poussin*. Les Estampes des Batailles d'Alexandre sont plus recherchées que celles des Batailles de Constantin par *Raphael* & par *Jules Romain*.

(18) *Eustache le Sueur* étoit un excellent Peintre quoiqu'il n'eût point été en Italie. Tout ce qu'il a fait étoit dans le grand goût ; mais il manquoit encore de beau coloris

Ces trois Peintres sont à la tête de l'Ecole Françaife.

(19) *Rubens* égale le *Titien* pour le coloris

mais il est fort au-dessous de nos Peintres Français pour la correction du Dessein.

(20) *Segrais* est un Poëte très-foible, on ne lit point ses Eglogues, quoique *Boileau* les ait vantées. Son Enéïde est du stile de *Chapelain*. Il y a un Opera de lui. C'est Rolland & Angélique sous le titre de l'Amour guéri par le Tems. On voit ces Vers dans le Prologue :

> Pour couronner leur tête
> En cette Fête,
> Allons dans nos Jardins,
> Avec les Lys de Charlemagne
> Assembler les Jasmins
> Qui parfument l'Espagne.

La Zaïde est un Roman purement écrit, & entre les mains de tout le monde ; mais il n'est pas de lui.

(21) Voici ce que Mr. *Huet*, Evêque d'Avranches, rapporte, page 204. de ses Commentaires, Edition d'Amsterdam. Me. *de la Fayette* négligea si fort la gloire qu'elle méritoit, qu'elle laissa sa *Zaïde* paroître sous le nom de *Segrais* ; & lorsque j'eus rapporté cette Anecdote, quelques Amis de *Segrais*, qui ne sçavoient pas la vérité, se plaignirant de ce trait, comme d'un outrage fait à sa mémoire. Mais c'étoit un fait dont j'avois été long-tems témoin oculaire, & c'est ce que je suis en état de prouver par plusieurs Lettres de Me. *de la Fayette*, & par l'Original du Manuscrit de Zaïde, dont elle m'envoyoit les feuilles à mesure qu'elle les composoit.

(22) Voici ce que *Pelisson* rapporte comme des

Remarques sur le Temple du Goût. 247

bons-mots. Sur ce qu'on parloit de marier *Voiture*, fils d'un Marchand de Vin, à la fille d'un Pourvoyeur de chez le Roi.

> O que ce beau couple d'Amans
> Va goûter de contentement !
> Que leurs délices seront grandes,
> Ils seront toujours en Festin ;
> Car si la *Prou* fournit les viandes
> *Voiture* fournira le Vin !

Il ajoute que Madame *Desloges* jouant au jeu des Proverbes, dit à *Voiture* : Celui-ci ne vaut rien, percez-nous-en d'un autre. Son Histoire de l'Académie est remplie de pareilles minuties, écrites languissamment ; & ceux qui lisent ce Livre sans prévention, sont bien étonnez de la réputation qu'il a eue. Mais il y avoit alors quarante personnes intéressées à le louer.

(23) On sçait à quel point *St. Evremond* étoit mauvais Poëte. Ses Comédies sont encore plus mauvaises. Cependant il avoit tant de réputation, qu'on lui offrit cinq cens Louis pour imprimer sa Comédie de *Sir Politick*.

(24) *Voiture* est celui de tous ces Illustres du tems passé, qui eut le plus de gloire, & celui dont les Ouvrages le méritent le moins, si vous en exceptez 4 ou 5 petites Piéces de Vers, & peut-être autant de Lettres. Il passoit pour écrire des Lettres mieux que Pline, & ses Lettres ne valent guéres mieux que celles de *le Pays* & de *Boursaut*. Voici quelques-uns de ses traits : ″ Lorsque vous me déchirez le cœur, & que vous le mettez en mille piéces, il n'y en a pas une qui ne soit à vous,

K 4 ″ &

« & un de vos souris confit mes plus améres dou-
« leurs. Le regret de ne vous plus voir me coûte,
« sans mentir, plus de cent mille larmes. Sans
« mentir, je vous conseille de vous faire Roi de
« Madére. Imaginez-vous le plaisir d'avoir un
« Royaume tout de Sucre. A dire le vrai nous y
« vivrions avec beaucoup de douceur.

Il écrit à *Chapelain* : « Et notez quand il me
« vient en la pensée, que c'est au plus judicieux
« homme de notre siécle, au Pere de la Lionne &
« de la Pucelle que j'écris, les cheveux me dressent
« si fort à la tête qu'il semble d'un Hérisson.

Souvent rien n'est si plat que sa Poësie.

Nous trouvâmes près Sercotte ;
Cas étrange, & vrai pourtant,
Des Bœufs qu'on voyoit broutant
Dessus le haut d'une Motte ;
Et plus bas quelques Cochons,
Et bon nombre de Moutons.

Cependant *Voiture* a été admiré, parcequ'il est venu
dans un tems où l'on commençoit à sortir de la
barbarie, & où l'on couroit après l'Esprit sans le
connoître. Il est vrai que *Despréaux* l'a comparé à
Horace ; mais *Despréaux* étoit alors jeune. Il
payoit volontiers ce tribut à la réputation de
Voiture, pour attaquer celle de *Chapelain*, qui
passoit alors pour le plus grand Génie de l'Europe.

(25) Il écrivit au Roi : Sire, un homme comme moi qui a de la naissance, de l'esprit & du
courage..... j'ai de la naissance, & l'on dit que
j'ai de l'esprit pour faire estimer ce que je dis.

(26) L'Abbé

(26) L'Abbé de *Chaulieu* dans une Epître au Marquis de *la Farre*, connuë dans le Public sous le titre du Déïste, dit :

J'ai vu de près le Styx, j'ai vu les Euménides,
Déja venoient frapper mes oreilles timides
Les affreux cris du Chien de l'Empire des Morts.

Le moment d'après il fait le portrait d'un Confesseur, & parle d'un Dieu d'Israël. Dans une autre Piéce sur la Divinité, il dit :

D'un Dieu, moteur de tout, j'adore l'existence;
Ainsi l'on doit passer avec tranquillité
Les ans que nous départ l'aveugle destinée.

On trouve dans ses Poësies beaucoup de contradictions pareilles. Il n'y a pas trois Piéces écrites avec une correction continuë ; mais les beautez de sentiment & d'imagination qui y sont répanduës en rachetent les défauts.

L'Abbé de *Chaulieu* mourut en 1720. âgé de près de 80 ans, avec beaucoup de courage d'esprit.

(27) Le Marquis de *la Farre*, Auteur des Mémoires qui portent son nom, & de quelques Piéces de Poësie, qui respirent la douceur de ses mœurs, étoit plus aimable homme, qu'aimable Poëte. Il est mort en 1718. ses Poësies sont imprimées à la suite des Oeuvres de l'Abbé de *Chaulieu* son intime ami, avec une Préface très-partiale & pleine de défauts.

(28) Le Comte *Antoine Hamilton*, né à Caën en Normandie, a fait des Vers pleins de feu & de légéreté. Il étoit fort satirique. Mr. de St. Aulaire,

laire, à l'âge de plus de 90 ans, faisoit encore des Chansons aimables.

(29) *Despréaux* alla réciter ses Ouvrages à l'Hôtel de Rambouillet. Il y trouva *Chapelain*, *Cottin*, & quelques gens de pareil goût, qui le reçurent fort mal.

(30) La Fontaine St. Innocent, l'Architecture est de *Lescot*, Abbé de Claigni, & les Sculptures de *Jean Gougeon*.

(31) C'est ce que *Bayle* lui-même écrivit au Sieur des Maisaux.

(32) Terme dont *Corneille* se sert dans une de ses Epîtres.

SAMSON,
OPERA.

PRÉFACE.

PREFACE.

CET Opéra qu'on donne au Public avoit été mis en Musique, il y a quelques années, par un Homme reconnu pour un des plus habiles Musiciens de l'Europe. Des intrigues, qui s'opposent quelquefois au progrès des Arts, comme à toutes les autres entreprises, privèrent Paris de cette Musique. On publie le Poëme dénué de son plus grand charme, & on le donne seulement comme une esquisse d'un genre ordinaire. C'est la seule excuse peut-être de l'Impression d'un Ouvrage fait plûtôt pour être chanté que pour être lu. Les noms de Venus & d'Adonis trouvent dans cette Tragédie une place plus naturelle qu'on ne croirait d'abord. C'est en effet sur leurs Terres que l'action se passe. Cicéron, dans son excellent Livre de la Nature des Dieux, dit que la Déesse Astartée, révérée des Siriens, étoit Vénus même, & qu'elle épousa Adonis. On sait de-plus qu'on célébrait la Fête d'Adonis chez les Philistins. Ainsi ce qui serait ailleurs un mélange absurde du Profane & du Sacré, se place ici de soi-même.

ACTEURS.

ACTEURS.

SAMSON.
DALILA.
LE ROI DES PHILISTINS.
LE GRAND-PRETRE.
LES CHŒURS.

SAMSON, *OPERA.*

ACTE PREMIER.

SCENE PREMIERE.

(*Le Théâtre représente une Campagne. Les Israëlites couchez sur le bord du Fleuve. Adonis déplore le captivité.*)

DEUX CORIPHÉES.

TRIBUS captives,
Qui sur ces rives
Traînez vos fers ;
Tribus captives,
De qui les voix plaintives
Font retentir les airs,
Adorez dans vos maux le Dieu de l'Univers.

CHOEUR,

SAMSON,

CHOEUR.
Adorons dans vos maux le Dieu de l'Univers.

UN CORIPHE'E.
Ainſi depuis quarante hyvers
Des Philiſtins le pouvoir indomptable
Nous accable,
Leur fureur eſt implacable,
Elle inſulte aux tourmens que nous avons ſoufferts.

CHOEUR.
Adorons dans nos maux le Dieu de l'Univers.

UN CORIPHE'E.
Race malheureuſe & divine,
Triſtes Hébreux frémiſſez tous;
Voici le jour affreux qu'un Roi puiſſant deſtine,
A placer ſes Dieux parmi nous.
Des Prêtres menſongers, pleins de zele & de rage,
Vont nous forcer à plier les genoux
Devant les Dieux de ce climat ſauvage.
Enfans du Ciel que ferez-vous?

CHOEUR.
Nous bravons leur courroux;
Le Seigneur ſeul a notre hommage.

CORIPHE'E.
Tant de fidélité ſera chere à ſes yeux;
Deſcendez du Trône des Cieux.
Fille de la Clémence,
Douce Eſpérance,
Tréſor des malheureux,
Venez tromper vos maux, venez remplir nos vœux,
Deſcendez douce Eſpérance.

SCENE

SCENE II.

SECOND CORIPHÉE.

AH! déjà je les vois, ces Pontifes cruels,
Qui d'une Idole horrible entourent les Autels.
(Les Prêtres des Idoles dans l'enfoncement autour d'un Autel couvert de leurs Dieux.)
Ne souillons point nos yeux de ces vains Sacrifices,
Fuyons ces monstres adorez.
De leurs Prêtres sanglans ne soyons point complices.

CHOEUR.

Fuyons, éloignons-nous. . . . .

LE GRAND-PRETRE DES IDOLES.

Esclaves, demeurez,
Demeurez, votre Roi par ma voix vous l'ordonne.
D'en pouvoir inconnu lâches adorateurs,
Oubliez-le à jamais lorsqu'il vous abandonne,
Adorez les Dieux ses vainqueurs.
Vous rampez dans nos fers, ainsi que vos Ancêtres,
Mutins toûjours vaincus, & toûjours insolens;
Obéïssez, il en est tems,
Connaissez les Dieux de vos Maîtres.

CHOEUR.

CHOEUR.

Tombe plûtôt fur nous la vengeance du Ciel,
  Plûtôt l'Enfer nous engloutiffe.
  Périffe, périffe
  Ce Temple, & cet Autel!

LE GRAND-PRETRE.

Rebut des Nations, vous déclarez la Guerre
  Aux Dieux, aux Pontifes, aux Rois?

CHOEUR.

Nous méprifons vos Dieux, & nous craignons les Loix
  Du Maître de la Terre.

SCENE III.

SAMSON (*entre couvert d'une peau de Lion.*)
LES PERSONNAGES DE LA SCENE
PRECEDENTE.

Quel fpectacle d'horreur!
  Quoi! ces fiers enfans de l'erreur
Ont porté parmi vous ces Monftres qu'ils adorent.
  Dieu des combats, regarde en ta fureur
Les indignes rivaux que nos Tyrans implorent.
  Soutiens mon zele, infpire-moi,
  Vange ta caufe, vange-toi,

OPERA.

LE GRAND-PRETRE.

Profane, impie, arrête!

SAMSON.

Lâches! dérobez votre tête.
A mon juste courroux;
Pleurez vos Dieux, craignez pour vous.
Tombez, Dieux ennemis! soyez réduits en poudre.
Vous ne méritez pas
Que le Dieu des combats
Arme le Ciel vangeur, & lance ici sa foudre,
Il suffit de mon bras.
Tombez, Dieux ennemis! soyez réduits en poudre.

(Il renverse les Autels.)

LE GRAND-PRETRE.

Le Ciel ne punit point ce sacrilege effort?
Le Ciel se tait, vangeons sa querelle,
Servons le Ciel en donnant la mort
A ce Peuple rebelle.

LE CHOEUR DES PRETRES.

Servons le Ciel en donnant la mort
A ce Peuple rebelle.

SCENE

SCENE IV.

SAMSON, LES ISRAELITES.

SAMSON.

Vos esprits étonnez sont encore incertains ?
Redoutez-vous ces Dieux renversez par mes mains ?

CHOEUR DES FILLES ISRAELITES.

Mais qui nous défendra du courroux effroyable
D'un Roi le Tyran des Hébreux ?

SAMSON.

Le Dieu dont la main favorable
A conduit ce bras belliqueux,
Ne craint point de ces Rois la grandeur périssable,
Faibles Tribus, demandez son appui,
Il vous armera du tonnerre,
Vous serez redoutez du reste de la Terre,
Si vous ne redoutez que lui.

CHOEUR.

Mais nous sommes, hélas ! sans armes, sans défense.

SAMSON.

Vous m'avez, c'est assez, tous vos maux vont finir.
Dieu m'a prêté sa force, sa puissance :
Le fer est inutile au bras qu'il veut choisir :

En domptant les Lions, j'appris à vous servir:
Leur dépouille sanglante est le noble présage
    Des coups dont je ferai périr
    Les Tyrans qui font leur image.

AIR.

Peuple, éveille-toi, romps tes fers,
Remonte à la grandeur premiere,
Comme un jour Dieu du haut des airs
Rappellera les morts à la lumiere
Du sein de la poussiere,
Et ranimera l'Univers.
Peuple, éveille-toi, rompts tes fers,
La liberté t'appelle,
Tu naquis pour elle,
Reprends tes concerts.
Peuple, éveille-toi, rompts tes fers,

AUTRE AIR.

L'hyver détruit les fleurs & la verdure;
Mais du flambeau des jours la féconde clarté
Ranime la Nature,
Et lui rend sa beauté,
L'affreux esclavage
Flétrit le courage;
Mais la liberté
Releve sa grandeur & nourrit sa fierté.
    Liberté! liberté!

Fin du premier Acte.

ACTE

ACTE II.

SCENE PREMIERE.

(*Le Théâtre repréſente le périſtile du Palais du Roi : on voit à travers les colonnes des Forêts & des Colines : dans le fond de la perſpective le Roi eſt ſur ſon Trône entouré de toute ſa Cour habillée à l'Orientale.*)

LE ROI.

INSI ce Peuple eſclave oubliant ſon devoir,
Contre ſon Roi léve un front indocile.
Du ſein de la pouſſiére il brave mon pouvoir :
Sur quel roſeau fragile
A-t-il mis ſon eſpoir ?

UN PHILISTIN.

Un impoſteur, un vil eſclave,
Samſon les ſéduit & vous brave :
Sans doute il eſt armé du ſecours des Enfers ?

LE ROI

LE ROI.

L'insolent vit encor? Allez, qu'on le saisisse,
    Préparez tout pour son supplice:
    Courez, Soldats, chargez de fers
Des coupables Hébreux la troupe vagabonde:
Ils sont les ennemis & le rebut du Monde,
Et détestés partout, détestent l'Univers.
   (Chœur des Philistins derriere le Théâtre.)
    Fuyons la mort, échappons au carnage,
    Les Enfers secondent sa rage.

LE ROI.

J'entends encor les cris de ces Peuples mutins,
De leur Chef odieux va-t-on punir l'audace?

UN PHILISTIN *(entrant sur la Scene.)*

    Il est vainqueur, il nous menace,
    Il commande aux destins,
    Il ressemble au Dieu de la Guerre,
    La mort est dans ses mains.
Vos Soldats renversez ensanglantent la terre,
    Le Peuple fuit devant ses pas.

LE ROI.

Que dites-vous? un seul homme, un barbare,
Fait fuir mes indignes soldats?
Quel démon pour lui se déclare?

SCENE

SCENE II.

LE ROI (*les Philistins autour de lui.*)
SAMSON (*suivi des Hébreux portant dans une main une Massue, & de l'autre une branche d'Olivier.*)

SAMSON.

Roi, Prêtres ennemis, que mon Dieu fait trembler,
Voyez ce signe heureux de la paix bienfaisante
    Dans cette main sanglante
    Qui vous peut immoler.

CHOEUR DES PHILISTINS.

Quel mortel orgueilleux peut tenir ce langage?
Contre un Roi si puissant quel bras peut s'élever?

LE ROI

Si vous êtes un Dieu, je vous dois mon hommage.
Si vous êtes un homme, osez-vous me braver?

SAMSON.

Je ne suis qu'un mortel ; mais le Dieu de la Terre
    Qui commande aux Rois,
    Qui souffle à son choix
    Et la mort & la guerre,
    Qui vous tient sous ses loix,

Qui lance le tonnerre,
Vous parle par ma voix.

LE ROI.

Eh bien quel est ce Dieu ? quel est le témoignage
Qu'il daigne s'annoncer par vous ?

SAMSON.

Vos soldats mourans sous mes coups,
La crainte où je vous vois, mes exploits, mon
courage.
Au nom de ma Patrie, au nom de l'Eternel,
Respectez désormais les Enfans d'Israël,
Et finissez leur esclavage.

LE ROI.

Moi qu'au sang Philistin je fasse un tel outrage ?
Moi mettre en liberté ces Peuples odieux ?
Votre Dieu seroit-il plus puissant que mes Dieux ?

SAMSON.

Vous allez l'éprouver : voyez si la Nature
Reconnait ses commandemens ?
Marbres obéissez, que l'onde la plus pure
Sorte de ces rochers, & retombe en torrens.
(*On voit des fontaines jaillir dans l'enfoncement.*)

CHOEUR.

Ciel ! ô Ciel ! à sa voix on voit jaillir cette onde !
Des marbres amollis !

Les élémens lui sont soumis !
Est-il le Souverain du Monde ?

LE ROI.

N'importe, quel qu'il soit, je ne peux m'avilir
A recevoir des Loix de qui doit me servir.

SAMSON.

Eh bien vous avez vu qu'elle étoit sa puissance,
    Connaissez quelle est sa vangeance.
    Descendez, feux des Cieux, ravagez ces climats;
    Que la foudre tombe en éclats,
De ces fertiles champs détruisez l'espérance.
    (Tout le Théâtre paraît embrasé.)
    Brûlez, moissons séchez, guérêts ;
    Embrasez-vous, vastes forêts.
    Au Roi.
Connaissez quelle est sa vangeance.

CHOEUR.

Tout s'embrase, tout se détruit,
Le feu du Ciel nous poursuit.
Brûlante flâme, affreux tonnerre,
Terribles coups.
Ciel ! ô Ciel ! sommes-nous
Au jour où doit périr la Terre ?

LE ROI.

Suspends, suspends cette rigueur,
Ministre impérieux d'un Dieu plein de fureur,
                    Je commence

Je commence à reconnaître
Le pouvoir dangereux de ton superbe Maître,
Je ne prétends plus l'irriter ;
Mais j'adore mes Dieux, je les dois consulter ;
C'est à leur voix à me résoudre.

SAMSON.

C'est au mien de parler ; crains son bras, crains sa foudre :
Avant que le Soleil descende à son couchant,
Obéis à la voix de mon Maître suprême,
Va consulter les Dieux ; mais en les consultant,
Tremble pour eux & pour toi-même.

SCENE III.

SAMSON, CHOEUR D'ISRAELITES.

SAMSON.

Vous que le Ciel console après des maux si grands,
Peuples, osez paraître aux Palais des Tirans :
Sonnez trompette, organe de la gloire,
Sonnez, annoncez ma victoire.

LES HEBREUX.

Chantons tous ce Héros, l'arbitre des combats :
Il est le seul dont le courage
Jamais ne partage,
La victoire avec les soldats.

Il va

Il va finir notre esclavage ;
Pour nous est l'avantage,
La gloire est à son bras ;
Il fait trembler sur leur Trône
Les Rois Maîtres de l'Univers,
Les Guerriers au Champ de Bellone,
Les faux Dieux au fond des Enfers.

CHOEUR.

Sonnez trompette, organe de sa gloire,
Sonnez, annoncez sa victoire.

Le Défenseur intrépide
D'un troupeau faible & timide
Garde leurs paisibles jours
Contre le Peuple homicide
Qui rugit dans les antres sourds :
Le Berger se repose, & sa flûte soupire
Sous ses doigts le tendre délire
De ses innocentes amours.

CHOEUR.

Sonnez trompette, organe de la gloire,

Fin du second Acte.

ACTE III.

SCENE PREMIERE.

(Le Théâtre représente un Bocage & un Autel où sont Mars, Vénus, & les Dieux de Sirie.)

LE ROI, LE GRAND-PRETRE DE MARS, DALILA Prêtresse de Vénus, CHOEUR.

LE ROI.

IEUX de Sirie,
Dieux Immortels,
Ecoutez, protégez un Peuple qui s'écrie
Aux pieds de vos Autels.
Eveillez-vous, punissez la furie
De vos Esclaves criminels.
Votre Peuple vous prie,
Livrez en nos mains
Le plus fier des humains.

CHOEUR.

CHOEUR.

Livrez en nos mains.
Le plus fier des humains.

LE GRAND-PRETRE.

Mars terrible,
Mars invincible,
Protége nos climats,
Prépare
A ce Barbare
Les fers & le trépas,

DALILA.

O Vénus, Déesse charmante,
Ne permets pas que ces beaux jours
Destinez aux amours,
Soient profanez par la guerre sanglante.

CHOEUR.

Livrez en nos mains
Le plus fier des humains.

ORACLE DES DIEUX DE SIRIE.

Samson nous a domptez, ce glorieux Empire
Touche à son dernier jour ;
Fléchissez ce Héros, qu'il aime, qu'il soupire,
Vous n'avez d'espoir qu'en l'amour.

DALILA.

DALILA.

Dieu des plaisirs, daigne ici nous instruire
Dans l'Art charmant de plaire & de séduire ;
Prête à nos yeux tes traits toûjours vainqueurs,
Apprends-nous à semer de fleurs
Le piége aimable où tu veux qu'on l'attire.

CHOEUR.

Dieu des plaisirs daigne ici nous instruire
Dans l'Art charmant de plaire & de séduire.

DALILA.

D'Adonis c'est aujourd'hui la fête,
Pour ces Jeux la Jeunesse s'apprête ;
Amour, voici le tems heureux
Pour inspirer, & pour sentir tes feux.

CHOEUR DES FILLES.

Amour voici le tems, &c.
Dieu des plaisirs.

DALILA.

Il vient plein de colere, & la terreur le suit ;
Retirons-nous sous cet épais feuillage,
(*Elle se retire avec les Filles de Gaza & les Prêtresses.*)
Implorons le Dieu qui séduit
Le plus ferme courage.

M 4 SCENE

SCENE II.

SAMSON seul.

LE Dieu des combats m'a conduit
Au milieu du carnage,
Devant lui tout tremble, & tout fuit.
Le Tonnerre, l'affreux orage,
Dans les champs font moins de carnage
Que son nom seul en a produit.
Chez le Philistin plein de rage
Tous ceux qui vouloient arrêter
Ce fier torrent dans son passage
N'ont fait que l'irriter.
Ils sont tombez, la mort est leur partage.
(On entend une harmonie douce.)
Ces sons harmonieux, ces murmures des eaux,
Semblent amollir mon courage ;
Aziles de la paix, lieux charmans, doux ombrage,
Vous m'invitez au repos.
(Il s'endort sur un lit de gazon.)

SCENE III.

DALILA, SAMSON, CHOEUR des Prêtresses de Vénus *revenant sur la Scene.*

PLAISIRS flateurs, amollissez son ame,
Songes charmans, enchantez son sommeil.

FILLES

FILLES DE GAZA.

Tendre Amour, éclaire son réveil,
Mets dans nos yeux ton pouvoir & ta flâme.

DALILA.

Vénus, inspire-nous, préside à ce beau jour.
Est-ce-là ce cruel, ce vainqueur homicide ?
Vénus, il semble né pour embellir ta Cour.
Armé, c'est le Dieu Mars ; désarmé, c'est l'Amour.
Mon cœur, mon faible cœur devant lui s'intimide.
 Enchaînons de fleurs,
 Ce Guerrier terrible :
Que ce cœur farouche, invincible,
Se rende à tes douceurs.

CHOEUR.

Enchaînons de fleurs
Ce Héros terrible.

SAMSON *se réveille entouré des Filles de Gaza.*

Où suis-je ! en quels climats me vois-je transporté ?
 Quels doux concerts se font entendre ?
Quels ravissans objets viennent de me surprendre ?
 Est-ce ici le séjour de la félicité ?

DALILA (*à Samson.*)

Du charmant Adonis nous célébrons la fête ;
 L'Amour en ordonna les Jeux,
 C'est l'Amour qui les apprête,
Puissent-ils mériter un regard de vos yeux.

SAMSON.

Quel est cet Adonis dont votre voix aimable
Fait retentir ce beau séjour?

DALILA.

C'étoit un Héros indomptable,
Qui fut aimé de la Mere d'Amour,
Nous chantons tous les ans cette aimable
avanture.

SAMSON.

Parlez, vous m'allez enchanter:
Les vents viennent de s'arrêter:
Ces Forêts, ces Oiseaux, & toute la Nature,
Se taisent pour vous écouter.

DALILA. (*Se met à côté de Samson, le Chœur se range autour d'eux. Dalila chante cette Cantatille, accompagnée de peu d'instrumens qui sont sur le Théâtre.*)

Vénus dans nos climats souvent daigne se rendre,
C'est dans nos bois qu'on vient apprendre
De son culte charmant tous les secrets divins.
Ce fut près de cette onde en ces rians Jardins,
Que Vénus enchanta le plus beau des humains.
Alors tout fut heureux dans une paix profonde,
Tout l'Univers aima dans le sein du loisir,
Vénus donnait au Monde
L'exemple du plaisir.

SAMSON.

OPERA.

SAMSON.

Que ses traits ont d'appas ! que sa voix m'inté-
 resse !
Que je suis étonné de sentir la tendresse !
De quel poison charmant je me sens pénétré ?

DALILA.

Sans Vénus, sans l'Amour, qu'auroit-il pu préten-
 tendre ?
 Dans nos bois il est adoré.
Quand il fut redoutable, il étoit ignoré.
 Il devint Dieu dès qu'il fut tendre.
 Depuis cet heureux jour
 Ces prez, cet onde, cet ombrage,
 Inspirent le plus tendre amour
 Au cœur le plus sauvage.

SAMSON.

 O Ciel, ô troubles inconnus !
J'étais ce cœur sauvage & je ne le suis plus.
Je suis changé, j'éprouve une flâme naissante
 (à Dalila.)
 Ah ! s'il était une Vénus,
 Si des Amours cette Reine charmante
Aux Mortels en effet pouvait se présenter,
Je vous prendrais pour elle, & croirais la flatter.

DALILA.

Je pourrais de Vénus imiter la tendresse.
Heureux qui peut bruler des feux qu'elle a sentis !
Mais j'eusse aimé peut-être un autre qu'Adonis,
 Si j'avais été la Déesse.

SCENE

SCENE IV.

LES ACTEURS PRÉCÉDENS.

LES HEBREUX.

NE tardez point, venez, tout un Peuple fidéle
Est prêt à marcher sous vos Loix :
Soyez le premier de nos Rois,
Combattez & régnez, la gloire vous appelle.

SAMSON.

Je vous suis, je le dois, j'accepte vos présens.
Ah !... quel charme puissant m'arrête !
Ah ! différez du moins, différez quelque tems,
Ces honneurs brillans qu'on m'apprête.

CHOEUR DES FILLES DE GAZA.

Demeurez, présidez à nos fêtes,
Que nos cœurs soient ici vos conquêtes.

DALILA.

Oubliez les combats
Que la Paix vous attire,
Vénus vient vous sourire,
L'Amour vous tend les bras.

LES HEBREUX.

Craignez le plaisir decevant
Où votre grand cœur s'abandonne,
L'Amour nous dérobe souvent
Les biens que la gloire nous donne.

CHOEUR.

CHOEUR DES FILLES.

Demeurez, préſidez à nos fêtes,
Que nos cœurs ſoient vos tendres conquêtes.

DEUX HEBREUX.

Venez, venez, ne tardez pas,
Nos cruels ennemis ſont prêts à nous ſurprendre,
Rien ne peut nous défendre
Que votre invincible bras.

CHOEUR DES FILLES.

Demeurez, préſidez à nos fêtes,
Que nos cœurs ſoient vos tendres conquêtes.

SAMSON.

Je m'arache à ces lieux.... Allons je ſuis vos pas.
Prêtreſſe de Vénus, vous, ſa brillante image,
Je ne quitte point vos appas
Pour le Trône des Rois, pour ce grand Eſclavage,
Je les quitte pour les combats.

DALILA.

Me faudra-t-il long-tems gémir de votre abſence ?

SAMSON.

Fiez-vous à vos yeux de mon impatience.
Eſt-il un plus grand bien que celui de vous voir ?
Les Hébreux n'ont que moi pour unique eſpérance,
Et vous êtes mon ſeul eſpoir.

SCENE

SCENE V.

DALILA (*seule.*)

IL s'éloigne, il me fuit, il emporte mon ame,
 Partout il est vainqueur,
 Le feu que j'allumais m'enflâme.
J'ai voulu l'enchaîner, il enchaîne mon cœur.

❁ ❁ ❁ ❁

O Mere des Plaisirs, le cœur de ta Prêtresse
Doit être plein de toi, doit toûjours s'enflâmer,
 O Vénus, ma seule Déesse,
La tendresse est ma Loi, mon devoir est d'aimer.

❁ ❁ ❁ ❁

 Echo, voix errante,
 Légere habitante
 De ce beau séjour;
 Echo, monument de l'amour,
Parle de ma faiblesse au Héros qui m'enchante.
Favoris du Printems, de l'Amour & des Airs,
 Oiseaux dont j'entends les concerts,
 Chers confidens de ma tendresse extrême,
 Doux ramages des Oiseaux,
 Voix fidéle des Echos,
Répétez à jamais, je l'aime, je l'aime.

Fin du troisiéme Acte.

ACTE

ACTE IV.

SCENE PREMIERE.

LE GRAND-PRETRE, DALILA.

LE GRAND-PRETRE.

UI, le Roi vous accorde à ce Héros
    terrible ;
Mais vous entendez à quel prix.
Découvrez le secret de sa force in-
    vincible
Qui commande au Monde surpris.
Un tendre himen, un sort paisible,
Dépendront du secret que vous aurez apris.

DALILA.

Que peut-il me cacher ? Il m'aime,
    L'indifférent seul est discret.
Samson me parlera, j'en juge par moi-même.
    L'amour n'a point de secret.

SCENE II.

DALILA *seule.*

Secourez-moi, tendres amours,
Amenez la paix sur la Terre;
Cessez trompettes & tambours
D'annoncer la funeste guerre;
Brillez jour glorieux, le plus beau de mes jours,
Himen, Amour, que ton flambeau l'éclaire,
Qu'à jamais je puisse plaire,
Puisque je sens que j'aimerai toujours:
Secondez-moi tendres Amours,
Amenez la paix sur la Terre.

SCENE III.

SAMSON, DALILA.

SAMSON.

J'ai sauvé les Hébreux par l'effort de mon bras,
Et vous sauvez par vos apas
Votre Peuple & votre Roi même;
C'est pour vous mériter que j'accorde la paix.
Le Roi m'offre son Diadême,
Et je ne veux que vous pour prix de mes bienfaits.

DALILA.

DALILA.

Tout vous craint en ces lieux, on s'empresse à
vous plaire.
Vous régnez sur vos ennemis;
Mais de tous les sujets que vous venez de faire,
Mon cœur vous est le plus soumis.

SAMSON & DALILA *ensemble*.

N'écoutons plus le bruit des armes,
Mirthe amoureux croissez près des Lauriers;
L'amour est le prix des Guerriers,
Et la gloire en a plus de charmes.

SAMSON.

L'himen doit nous unir par des nœuds éternels,
Que tardez-vous encore ?
Venez, qu'un pur amour vous amene aux Autels
Du Dieu des combats que j'adore.

DALILA.

Ah! formons ces doux nœuds au Temple de Vénus.

SAMSON.

Non, son culte est impie, & ma Loi le condamne;
Non, je ne puis entrer dans ce Temple profane.

DALILA.

Si vous m'aimez, il ne l'est plus.
Arrêtez, regardez, cette aimable demeure,
C'est

C'est le Temple de l'Univers.

Tous les Mortels, à tout âge, à toute heure,
Y viennent demander des fers.

Arrêtez, regardez, cette aimable demeure,
C'est le Temple de l'Univers.

SCENE IV.

SAMSON, DALILA, CHOEUR de *différens Peuples, de Guerriers, de Pasteurs. Le Temple de Vénus paroît dans toute sa splendeur.*

AIR.

Amour, Volupté pure,
Ame de la Nature,
Maître des Elémens,
L'Univers n'est formé, ne s'anime & ne dure
Que par tes regards bienfaisans.
Tendre Vénus, tout l'Univers t'implore,
Tout n'est rien sans tes feux.
On craint les autres Dieux, c'est Vénus qu'on adore :
Ils régnent sur le Monde, & tu régnes sur eux.

GUERRIERS.

Venus, notre fier courage
Dans le sang, dans le carnage,
Vainemement s'endurcit :

Tu nous désarmes,
Nous rendons les armes,
L'horreur à ta voix s'adoucit.

UNE PRETRESSE.

Careſſantes Tourterelles,
De vos doux gémiſſemens,
Du bruit flateur de vos aîles
Rempliſſez ces lieux charmans :
Chantez Oiſeaux, chantez votre ramage tendre
Eſt la voix des plaiſirs,
Chantez, Venus doit vous entendre ;
Sur les aîles des vents portez-lui nos ſoupirs.
Les Filles de Flore
S'empreſſent d'éclôre
Dans ce ſéjour ;
La fraîcheur brillante
De la fleur naiſſante
Se paſſe en un jour :
Mais une plus belle
Naît auprès d'elle,
Plaît à ſon tour.
Senſible image
Des plaiſirs du bel âge,
Senſible image
Du charmant amour.

SAMSON.

Je n'y réſiſte plus, le charme qui m'obſede
Tirannise mon cœur, enyvre tous mes ſens :
     Poſſédez

SAMSON,

Possédez à jamais ce cœur qui vous posséde,
  Et gouvernez tous mes momens.
Venez, vous vous troublez . . . .

DALILA.

. . . . Ciel! que vai-je lui dire?

SAMSON.

D'où vient que votre cœur soupire?

DALILA.

Je crains de vous déplaire, & je dois vous parler.

SAMSON.

Ah! devant vous c'est à moi de trembler.
Parlez, que voulez-vous ? . . . . .

DALILA.

. . . . . Cet amour qui m'engage
Fait ma gloire & mon bonheur ;
Mais il me faut un nouveau gage
Qui m'assure de votre cœur.

SAMSON.

Prononcez, tout sera possible
 A ce cœur amoureux.

DALILA.

Dites-moi par quel charme heureux,
Par quel pouvoir secret cette force invincible? . . .
     SAMSON.

SAMSON.

Que me demandez-vous ? C'est un secret terrible
  Entre le Ciel & moi.

DALILA.

Ainsi vous doutez de ma foi ?
Vous doutez & m'aimez ! . . . . .

SAMSON.

. . . . . . Mon cœur est trop sensible,
Mais ne m'imposez point cette funeste loi.

DALILA.

Un cœur sans confiance est un cœur sans tendresse.

SAMSON.

N'abusez point de ma faiblesse.

DALILA.

Cruel ! quel injuste refus !
Notre himen en dépend nos nœuds seroient rompus.

SAMSON.

Que dites-vous ? . . . .

DALILA.

. . . . . Parlez, c'est l'amour qui vous prie.

SAMSON.

Ah ! cessez d'écouter cette funeste envie.

DALILA.

SAMSON,

DALILA.

Cessez de m'accabler de refus outrageans.

SAMSON.

Eh bien vous le voulez ; l'amour me justifie,
Mes cheveux à mon Dieu consacrez dès long-tems,
De ses bontés pour moi sont les sacrez garans :
Il voulut attacher ma force & mon courage
    A de si faibles ornemens :
  Ils sont à lui, ma gloire est son ouvrage.

DALILA.

Ces cheveux, dites-vous ? . . . .

SAMSON.

. . . . . . Qu'ai-je dit ? Malheureux !
Ma raison revient, je frissonne.

TOUS DEUX ENSEMBLE.

La Terre mugit, le Ciel tonne,
Le Temple disparait, l'Astre du jour s'enfuit,
  L'horreur épaisse de la nuit
  De son voile affreux m'environne.

SAMSON.

J'ai trahi de mon Dieu le secret formidable.
  Amour ! fatale volupté !
  C'est toi qui m'as précipité
    Dans un piége effroyable,
  Et je sens que Dieu m'a quitté.

SCENE

SCENE V.

LES PHILISTINS, SAMSON, DALILA.

LE GRAND-PRETRE DES PHILISTINS.

Venez, ce bruit affreux, ces cris de la Nature,
Ce tonnerre, tout nous assure
Que du Dieu des combats il est abandonné.

DALILA.

Que faites-vous, Peuple parjure?

SAMSON.

Quoi! de mes ennemis je suis environné?
(*Il combat.*)
Tombez, Tirans. . . . .

LES PHILITINS.

. . . . . . Cédez, Esclave.

ENSEMBLE.

Frappons l'ennemi qui nous brave.

DALILA.

Arrêtez, Cruels! arrêtez,
Tournez sur moi vos cruautez.

SAMSON.

Tombez, Tirans. . . . , . . .

SAMSON,

LES PHILISTINS *combattans.*

. . . . . Cédez, Esclave.

SAMSON.

Ah ! quelle mortelle langueur !
Ma main ne peut porter cette fatale épée,
Ah Dieu ! ma valeur est trompée,
Dieu retire son bras vainqueur.

LES PHILISTINS.

Frappons l'ennemi qui nous brave ;
Il est vaincu ; cédez, Esclave.

SAMSON *entre leurs mains.*

Non, lâches ! non, ce bras n'est point vaincu par vous,
C'est Dieu qui me livre à vos coups.

(*On l'emmene*)

SCENE VI.

DALILA *seule.*

O Désespoir ! ô tourmens ! ô tendresse !
Roi cruel ! Peuples inhumains !
O Venus, trompeuse Déesse !
Vous abusez de ma faiblesse.
Vous avez préparé par mes fatales mains,

L'abime

L'abîme horrible où je l'entraîne :
Vous m'avez fait aimer le plus grand des humains,
Pour hâter sa mort & la mienne.
Trône tombez, brulez Autels,
Soyez réduits en poudre.
Tyrans affeux, Dieux cruels,
Puisse un Dieu plus puissant écraser de sa foudre
Vous, & vos Peuples criminels !

CHOEUR *derriere le Théâtre.*

Qu'il périsse,
Qu'il tombe en sacrifice
A nos Dieux.

DALILA.

Voix barbares ! cris odieux !
Allons partager son suplice.

Fin du quatriéme Acte.

ACTE V.

(Le Théâtre représente un Sallon du Palais.)

SCENE PREMIERE.

SAMSON *enchaîné*, GARDES.

PROFONDS abîmes de la Terre,
Enfer ouvre-toi !
Frappez tonnerre,
Ecrasez-moi !
Mon bras a refusé de servir mon courage ;
Je suis vaincu, je suis dans l'esclavage ;
Je ne te verrai plus, Flambeau sacré des Cieux,
Lumiére, tu fuis de mes yeux.
Lumiére, brillante image
D'un Dieu ton auteur,
Premier Ouvrage
Du Créateur,
Douce lumiére,
Nature entiere,
Des voiles de la nuit l'impénétrable horreur
Te cache à ma triste paupiére.
Profonds abîmes, &c.

SCENE

SCENE II.

SAMSON, CHOEUR D'HEBREUX.

PERSONNAGES DU CHOEUR.

Hélas! nous t'amenons nos Tribus enchaî-
 nées,
Compagnes infortunées
De ton horrible douleur.

SAMSON.

Peuple Saint, malheureuse race,
Mon bras relevait ta grandeur,
Ma faiblesse a fait ta disgrace.
Quoi! Dalila me fuit! chers amis pardonnez
 A de si honteuses allarmes.

PERSONNAGES DU CHOEUR.

Elle a fini ses jours infortunez,
Oublions à jamais la cause de nos larmes.

SAMSON.

Quoi! j'éprouve un malheur nouveau?
Ce que j'adore est au tombeau?
Profonds abîmes de la Terre,
Enfer ouvre-toi!
Frappez tonnerre,
Ecrasez-moi!

SAMSON ET DEUX CORIPHE'ES.

Trio.

Amour, tyran que je déteste,
Tu détruis la vertu, tu traînes sur tes pas
L'erreur, le crime, le trépas :
Trop heureux qui ne connaît pas
Ton pouvoir aimable & funeste.

UN CORIPHE'É.

Vos ennemis cruels s'avancent en ces lieux,
Ils viennent insulter au destin qui nous presse,
Ils osent imputer au pouvoir de leurs Dieux
Les maux affreux où Dieu nous laisse.

SCENE III.

LE ROI, CHOEUR DE PHILISTINS, SAMSON, CHOEUR D'HEBREUX.

LE ROI & LE CHOEUR.

LE ROI.

Elevez vos accens vers vos Dieux favorables,
Vangez leurs Autels, vangez-nous.

CHOEUR DE PHILISTINS.

Elevons nos accens, &c.

CHOEUR D'ISRAELITES.

Terminez nos jours déplorables.

SAMSON.

O Dieu vangeur! ils ne sont point coupables,
    Tourne sur moi tes coups.

CHOEUR DE PHILISTINS.

Elevons nos accens vers nos Dieux favorables,
    Vangeons leurs Autels, vangeons-nous.

SAMSON.

O Dieu . . . . . . pardonne.

CHOEUR DE PHILISTINS.

Vangeons-nous.

LE ROI.

Inventons, s'il se peut, un nouveau châtiment,
Que le trait de la mort suspendu sur sa tête
    Le menace encor & s'arrête;
Que Samson dans sa rage entende notre fête,
    Que nos plaisirs soient son tourment.

SCENE IV.

SAMSON, LES ISRAELITES, LE ROI, LES PRETRESSES DE VENUS, LES PRETRES DE MARS.

UNE PRETRESSE.

Tous nos Dieux étonnés, & cachés dans les Cieux,
Ne pouvaient sauver notre empire :
Vénus avec un sourire
Nous a rendus victorieux :
Mars a volé, guidé par elle,
Sur son char tout sanglant ;
La victoire immortelle
Tiroit son glaive étincelant
Contre tout un Peuple infidelle ;
Et la nuit éternelle
Va dévorer leur Chef interdit & tremblant.

UNE AUTRE.

C'est Vénus qui défend aux tempêtes
De gronder sur nos têtes :
Notre ennemi cruel
Entend encor nos fêtes,
Tremble de nos conquêtes,
Et tombe à son Autel.

LE ROI.

LE ROI.

Et bien ! qu'eſt devenu ce Dieu ſi redoutable
  Qui par tes mains devait nous foudroyer ?
Une femme a vaincu ce fantôme effroyable,
Et ſon bras languiſſant ne peut ſe déployer.
  Il t'abandonne, il céde à ma puiſſance ;
Et tandis qu'en ces lieux j'enchaîne les deſtins ;
Son tonnerre étouffé dans ſes débiles mains,
  Se repoſe dans le ſilence.

SAMSON.

Grand Dieu ! j'ai ſoutenu cet horrible langage,
  Quand il n'offenſoit qu'un mortel :
On inſulte ton nom, ton culte, ton Autel,
  Leve-toi, vange ton outrage.

CHOEUR DE PHILISTINS.

  Tes cris, tes cris ne ſont point entendus,
  Malheureux ! ton Dieu n'eſt plus.

SAMSON.

Tu peux encore armer cette main malheureuſe,
Accorde-moi dumoins une mort glorieuſe.

LE ROI.

Non, tu dois ſentir à longs traits
  L'amertume de ton ſuplice.
  Qu'avec toi ton Dieu périſſe,
Et qu'il ſoit comme toi mépriſé pour jamais.

SAMSON.

Tu m'inspires enfin, c'est sur toi que je fonde
    Mes superbes desseins;
  Tu m'inspires, ton bras seconde
    Mes languissantes mains.

LE ROI.

    Vil esclave, qu'oses-tu dire?
    Prêt à mourir dans les tourmens,
Peux-tu bien menacer ce formidable Empire
    A tes derniers momens?
    Qu'on l'immole, il en est tems;
    Frappez, il faut qu'il expire.

SAMSON.

  Arrêtez, je dois vous instruire
Des secrets de mon Peuple, & du Dieu que je sers;
Ce moment doit servir d'exemple à l'Univers.

LE ROI.

  Parles, apprends-nous tous les crimes,
  Livre-nous toutes nos Victimes.

SAMSON.

  Roi! commande que les Hébreux
Sortent de ta présence, & de ce Temple affreux.

LE ROI.

Tu seras satisfait.

SAMSON.

SAMSON.

La Cour qui t'environne,
Tes Prêtres, tes Guerriers, sont-ils autour de toi?

LE ROI.

Ils y sont tous, explique-toi.

SAMSON.

Suis-je auprès de cette colonne,
Qui soutient ce séjour si cher aux Philistins?

LE ROI.

Oui, tu la touches de tes mains.

SAMSON *ébranlant les colonnes.*

Temple odieux, que tes murs se renversent,
Que tes débris se dispersent
Sur moi, sur ce Peuple en fureur.

CHOEUR.

Tout tombe, tout périt, ô Ciel! ô Dieu vangeur!

SAMSON.

J'ai réparé ma honte, & j'expire en vainqueur.

Fin du cinquiéme & dernier Acte.

DISCOURS EN VERS,

SUR LES EVENEMENS de l'Année 1744.

UOI, verrai-je toûjours des sottises en France?
Disoit l'Hyver dernier, d'un ton plein d'importance,
Timon, qui, du passé profond admirateur,
Du présent qu'il ignore est l'éternel frondeur.
Pourquoi, s'écrioit-il, le Roi va-t-il en Flandre?
Quelle étrange Vertu qui s'obstine à défendre
Les débris dangereux du Trône des *Césars*,
Contre l'Or des *Anglais*, & le Fer des *Houzards*?
Dans le jeune CONTI, quel excès de folie,
D'escalader les Monts qui gardent l'Italie,
Et d'attaquer, vers *Nice*, un Roi victorieux,
Sur ces Sommets glacés dont le front touche aux Cieux?
Pour franchir ces amas de Neiges éternelles,
Dedale à cet *Icare* a-t-il prêté ses aîles?
A-t-il reçu du moins dans son dessein fatal,
Pour briser les Rochers, le secret d'*Annibal*?

Il parla

Il parle, & Conti vole. Une ardente jeunesse
Voyant peu les dangers que voit trop la vieillesse,
Se précipite en foule autour de son Héros :
Du *Var* qui s'épouvante on traverse les flots ;
De Torrens en Rochers, de Montagne en Abime,
Des Alpes en couroux on assiége la cime ;
On y brave la foudre : On voit de tous côtez,
Et la Nature, & l'Art, & l'Ennemi domptez.
Conti qu'on censuroit, & que l'Univers loue,
Est un autre Annibal qui n'a point de *Capouë*.
Critiques orgueilleux, Frondeurs, en est-ce assez ?
Avec *Nice* & *Demont* vous voilà terrassez.

Mais, tandis que sous lui les Alpes s'applanissent,
Que sur les Flots voisins les Anglais en frémissent,
Vers les bords de l'*Escaut* LOUIS fait tout trembler ;
Le *Batave* s'arrête, & craint de le troubler.
Ministres, Généraux suivent d'un même zéle,
Du Conseil aux dangers, leur Prince & le modéle.
L'Ombre du Grand Condé, l'Ombre du Grand Louis,
Dans les Champs de la Flandre ont reconnu leurs Fils :
L'Envie alors se tait, la Médisance admire.
Zoïle, un jour du moins, renonce à la Satyre ;
Et le vieux Nouvelliste, une canne à la main,
Trace au Palais Royal, *Ypre*, *Furne* & *Menin*.

Ainsi,

AINSI, lorsqu'à Paris la tendre *Melpomene*
De quelque Ouvrage heureux vient embellir la scene,
En dépit des siflets de cent Auteurs malins,
Le Spectateur sensible applaudit des deux mains ;
Ainsi, malgré *Bussy*, ses Chansons & sa haine,
Nos ayeux admiroient *Luxembourg* & *Turenne*.
Le Français quelquefois est léger & moqueur :
Mais toûjours le Mérite eut des droits sur son cœur ;
Son œil perçant & juste est prompt à le connaître,
Il l'aime en son égal, il l'adore en son Maître.
La Vertu sur le Trône est dans son plus beau jour,
Et l'exemple du Monde en est aussi l'amour.

Nous l'avons bien prouvé, quand la Fiévre fatale,
A l'œil creux, au teint sombre, à la marche inégale,
De ses tremblantes mains, Ministres du Trépas,
Vint attaquer LOUIS au sortir des Combats.
Jadis *Germanicus* fit verser moins de larmes ;
L'Univers éploré ressentit moins d'allarmes,
Et goûta moins l'excès de sa félicité,
Lorsqu'*Antonin* mourant reparut en santé.
Dans nos emportemens de douleur & de joye,
Le cœur seul a parlé, l'amour seul se déploye.
Paris n'a jamais vû de transports si divers,
Tant de Feux d'Artifice, & si peu de bons Vers.

AUTREFOIS, ô GRAND ROI ! les Filles de Mémoire,
Chantant au pied du Trône, en égaloient la gloire.
Que nous dégénérons de ce tems si chéri !
L'éclat du Trône augmente, & le nôtre est flétri.
O ! Ma

O ! Ma Prose & mes Vers, gardez-vous de paraître,
Il est dur d'ennuyer son Héros & son Maître :
Cependant nous avons la noble vanité
De mener les Héros à l'immortalité ;
Nous nous trompons beaucoup, un Roi juste &
  qu'on aime,
Va sans nous à la gloire, & doit tout à lui-même.
Chaque âge le bénit, le Vieillard expirant,
De ce Prince, à son Fils, fait l'éloge en pleurant ;
Le Fils, éternisant des Images si chéres,
Raconte à ses Neveux le bonheur de leurs Peres ;
Et ce nom dont la Terre aime à s'entretenir,
Est porté par l'Amour aux Siécles à venir.

 Si pourtant, ô GRAND ROI ! quelqu'Esprit
  moins vulgaire,
Des vœux de tout un Peuple interprête sincere,
S'élevant jusqu'à Vous par le grand Art des Vers,
Osoit, sans Vous flatter, Vous peindre à l'Univers,
Peut-être on Vous verroit, séduit par l'harmonie,
Pardonner à l'Eloge en faveur du Génie ;
Peut-être d'un regard le Parnasse excité,
De son lustre terni reprendroit la beauté.
L'œil du Maître peut tout ; c'est lui qui rend la vie
Au Mérite expirant sous les dents de l'Envie ;
C'est lui dont les rayons ont cent fois éclairé
Le modeste Talent dans la foule ignoré.
Un Roi qui sait régner, nous fait ce que nous
  sommes :
Les regards d'un Héros produisent des Grands-
  Hommes.   L E

# LE TEMPLE

DE

LA GLOIRE,

FESTE

Donnée à Versailles le 27 Novembre
1745.

PREFACE.

APRÈS une Victoire signalée, après la prise de sept Villes à la vûë d'une Armée ennemie, & la Paix offerte par le Vainqueur; le Spectacle le plus convenable qu'on pût donner au SOUVERAIN & à la Nation, qui ont fait ces grandes actions, étoit le Temple de la Gloire.

Il étoit tems d'essayer si le vrai courage, la modération, la clémence qui suit la Victoire, la félicité des Peuples, étoient des Sujets aussi susceptibles d'une Musique touchante, que de simples Dialogues d'amour, tant de fois répétez sous des noms différens, & qui sembloient réduire à un seul genre, la Poësie Lirique.

Le célébre *Metastazio* dans la plûpart des Fêtes qu'il composa pour la Cour de l'Empereur Charles VI. osa faire chanter des Maximes de morale, & elles plurent; on a mis ici en action ce que ce génie singulier avoit eu la hardiesse de présenter, sans le secours de la fiction & sans l'appareil du Spectacle.

Ce n'est pas une imagination vaine & romanesque que le Trône de la Gloire, élevé auprès du séjour des Muses, & la Caverne de l'Envie, placée entre ces deux Temples.

PREFACE.

Que la Gloire doive nommer l'homme le plus digne d'être couronné par elle, ce n'est-là que l'image sensible du jugement des honnêtes-gens, dont l'approbation est le prix le plus flatteur que puissent se proposer les Princes. C'est cette estime des contemporains, qui assure celle de la postérité; c'est elle qui a mis les Titus au-dessus des Domitiens, Louïs XII. au-dessus de Louïs XI. & qui a distingué Henri IV. de tant de Rois.

On introduit ici trois especes d'Hommes qui se présentent à la Gloire, toûjours prête à recevoir ceux qui le méritent, & à exclure ceux qui sont indignes d'elle.

Le second Acte désigne, sous le nom de *Belus*, les Conquérans injustes & sanguinaires dont le cœur est faux & farouche.

Belus enyvré de son pouvoir, méprisant ce qu'il a aimé, sacrifiant tout à une ambition cruelle, croit que des actions barbares & heureuses doivent lui ouvrir ce Temple; mais il en est chassé par les Muses qu'il dédaigne, & par les Dieux qu'il brave.

Bacus conquérant de l'Inde, abandonné à la mollesse & aux plaisirs, parcourant la Terre avec ses Baccantes, est le sujet du troisiéme Acte; dans l'yvresse de ses passions, à peine cherche-t'il la Gloire; il la voit, il en est touché un moment;
mais

mais les premiers honneurs de ce Temple ne sont pas dûs à un homme qui a été injuste dans ses conquêtes, & effréné dans ses voluptez.

Cette place est duë au Héros qui paroît au quatriéme Acte. On a choisi TRAJAN parmi les Empereurs Romains qui ont fait la gloire de Rome, & le bonheur du Monde. Tous les Historiens rendent témoignage que ce Prince avoit les vertus militaires & sociables, & qu'il les couronnoit par la justice; plus connu encor par ses bienfaits que par ses Victoires, il étoit humain, accessible; son cœur étoit tendre, & cette tendresse étoit dans lui une vertu. Elle répandoit un charme inexprimable sur ces grandes qualitez qui prennent souvent un caractere de dureté, dans une ame qui n'est que juste.

Il savoit éloigner de lui la calomnie. Il cherchoit le mérite modeste pour l'employer & le récompenser, parcequ'il étoit modeste lui-même; & il le démêloit, parcequ'il étoit éclairé. Il déposoit avec ses amis, le faste de l'Empire; fier avec ses seuls ennemis; & la clémence prenoit la place de cet hauteur après la victoire. Jamais on ne fut plus grand & plus simple. Jamais Prince ne goûta comme lui, au milieu des soins d'une Monarchie immense, les douceurs de la vie privée, & les charmes de l'amitié. Son nom est encor

cher

PREFACE.

cher à toute la Terre ; sa mémoire même fait encore des heureux, elle inspire une noble & tendre émulation aux cœurs qui sont nez dignes de l'imiter.

TRAJAN dans ce Poëme, ainsi que dans sa vie, ne court pas après la Gloire ; il n'est occupé que de son devoir, & la Gloire vole au-devant de lui ; elle le couronne, elle le place dans son Temple, il en fait le Temple du bonheur public. Il ne rapporte rien à soi, il ne songe qu'à être le bienfaicteur des hommes ; & les éloges de l'Empire entier viennent le chercher, parcequ'il ne cherchoit que le bien de l'Empire.

Voilà le plan de cette Fête, il est au-dessus de l'exécution, & au-dessous du sujet ; mais quelque foiblement qu'il soit traité, on se flatte d'être venu dans un tems où ces seules idées doivent plaire.

ACTEURS ET ACTRICES
chantans dans tous les Chœurs.

DU CÔTÉ DU ROY.

Les Demoiselles	Les Sieurs
Dun,	Lefebvre,
Tulou,	Marcelet,
Delorge,	Albert,
Varquin,	Le Page C.,
Dallemand-C.,	Laubertie,
Larcher,	Le Breton,
Delaſtre,	Lamarre,
Riviere.	Fel,
	Bourque,
	Houbeau,
	Bornet,
	Cuvillier,
	Gallard,
	Duchênet,
	Orban,
	Rochette.

ACTEURS

ACTEURS ET ACTRICES
chantans dans tous les Chœurs.

DU CÔTÉ DE LA REINE.

Les Demoiselles	Les Sieurs
Cartou,	Dun,
Monville,	Person,
Lagrandville,	De Serre,
Masson,	Gratin,
Rollet,	St. Martin,
Desgranges,	Le Mesle,
Gondré,	Chabou,
Verneuil,	Levasseur,
	Belot,
	Louatron,
	Forestier,
	Therasse,
	Dugay,
	Le Begue,
	Cordelet,
	Rhone.

MUSETTES,
Les Srs Chefdeville, Abram.
HAUT-BOIS,
Despréaux, Monot.
BASSONS,
Brunel, Rault.

ACTEURS CHANTANS.

L'ENVIE,   Le Sr Le Page.
L'APOLLON,   Le Sr Jelyotte.
UNE MUSE,   La D^{lle} Romainville.
Démons de la suite de l'ENVIE.
Muses & Héros de la suite d'APOLLON.

ACTEURS DANSANS.

DEMONS.

Les S^{rs} F-Dumoulin, P-Dumoulin, Feuillade, Caillé, Malter-C., Dangeville, Hamoche, Levoir.

HÉROS.

*Le Sr Dupré,
Les Srs Monservin, Javilliers-C., Dumay, Dupré, Matignon, Device.*

MUSES.

*La D^{lle} Lyonnois-L.;
Les D^{lles} Carville, Rabon, Erny, Rosalie, Petit, Beaufort;
Le Sr Malter-3.,   La D^{lle} Le Breton.*

ACTE

ACTE PREMIER.

Le Théâtre représente la Caverne de L'ENVIE. On voit à-travers les ouvertures de la Caverne, une partie DU TEMPLE DE LA GLOIRE *qui est dans le fonds, & les Berceaux des Muses qui sont sur les aisles.*

L'ENVIE *& ses suivans, une Torche à la main.*

L'ENVIE.

ROFONDS abîmes du Ténare,
Nuit affreuse, éternelle nuit,
Dieux de l'oubli, Dieux du Tartare,
Eclipsez le jour qui me luit ;
Démons, apportez-moi votre secours barbare,
Contre le Dieu qui me poursuit.
Les Muses & la gloire ont élevé leur Temple
Dans ces paisibles lieux:
Qu'avec horreur je les contemple !
Que leur éclat blesse mes yeux !
Profonds abîmes du Ténare,
Nuit affreuse, éternelle nuit,

Dieux

Dieux de l'oubli, Dieux du Tartare,
Eclipsez le jour qui me luit ;
Démons, apportez-moi votre secours barbare,
Contre le Dieu qui me poursuit.

SUITE DE L'ENVIE.

Notre gloire est de détruire,
Notre sort est de nuire ;
Nous allons renverser ces affreux monumens,
Nos coups redoutables
Sont plus inévitables
Que les traits de la Mort & le pouvoir du Tems.

L'ENVIE.

Hâtez-vous, vangez mon outrage ;
Des Muses que je hais embrasez le bocage,
Ecrasez sous ces fondemens,
Et la Gloire, & son Temple, & ses heureux enfans
Que je hais encor davantage.
Démons, ennemis des vivans,
Donnez ce spectacle à ma rage.

Les Suivans de L'ENVIE *dansent & forment un Ballet figuré ; un Héros vient au milieu de ces Furies étonnées à son approche, il se voit interrompu par les suivans de* L'ENVIE, *qui veulent envain l'effrayer.*

APOLLON *entre, suivi des Muses, de demi-Dieux & de Héros.*

APOLLON.

Le Temple de la Gloire.

APOLLON.

Arrêtez, monstres furieux.
Fuis mes traits, crains mes feux, implacable Furie.

L'ENVIE.

Non, ni les Mortels, ni les Dieux
Ne pourront désarmer l'Envie.

APOLLON.

Oses-tu suivre encor mes pas ?
Oses-tu soutenir l'éclat de ma lumiere ?

L'ENVIE.

Je troublerai plus de climats
Que tu n'en vois dans ta Carriere.

APOLLON.

Muses & demi-Dieux, vangez-moi, vangez-vous.

Les HEROS *& les demi-Dieux saisissent* L'ENVIE.

L'ENVIE.

Non, c'est envain que l'on m'arrête.

APOLLON.

Etouffez ces serpens qui sifflent sur sa tête.

L'ENVIE.

Ils renaîtront cent fois pour servir mon courroux.

APOLLON.

Le Ciel ne permet pas que ce monstre périsse,
Il est immortel comme nous :
Qu'il souffre un éternel suplice.

Que du bonheur du monde il soit infortuné ;
Qu'auprès de la gloire il gémisse.
Qu'à son Trône il soit enchaîné.

L'Antre de L'ENVIE *s'ouvre, & laisse voir* LE TEMPLE DE LA GLOIRE. *On l'enchaîne aux pieds du Trône de cette Déesse.*

CHOEUR DES MUSES ET DEMI-DIEUX.

Ce monstre toûjours terrible
Sera toûjours abattu,
Les Arts, la Gloire, la Vertu
Nouriront sa rage inflexible.

APOLLON *aux Muses.*

Vous ; entre sa Caverne horrible
Et ce Temple où la Gloire apelle les grands cœurs,
Chantez, Filles des Dieux, sur ce côteau paisible ;
La Gloire & les Muses sont sœurs.

La Caverne de L'ENVIE *acheve de disparaître. On voit les deux côteaux du Parnasse. Des Berceaux ornez de guirlandes de fleurs, sont à my-côte, & le fonds du Théâtre est composé de trois Arcades de verdure, à-travers lesquelles on voit* LE TEMPLE DE LA GLOIRE *dans le lointain.*

APOLLON *continue.*

Pénétrez les Humains de vos divines flâmes,
Charmez, instruisez l'Univers,
Régnez,

Régnez, répandez dans les ames
La douceur de vos Concerts.
Pénétrez les Humains de vos divines flâmes,
Charmez, inftruifez l'Univers.

DANSE DES MUSES ET DES HEROS.

CHOEUR DES MUSES.

Nous calmons les allarmes,
Nous chantons, nous donnons la paix ;
Mais tous les cœurs ne font pas faits
Pour fentir le prix de nos charmes.

UNE MUSE

Qu'à nos Loix à jamais dociles,
Dans nos champs, nos tendres Pafteurs,
Toûjours fimples, toûjours tranquiles,
Ne cherchent point d'autres honneurs :
Que quelquefois loin des grandeurs,
Les Rois viennent dans nos aziles.

CHOEUR DES MUSES.

Nous calmons les alarmes,
Nous chantons, nous donnons la paix ;
Mais tous les chœurs ne font pas faits
Pour fentir le prix de nos charmes.

Fin du premier Acte.

ACTE

ACTEURS CHANTANS.

LIDIE, La D^lle Chevalier.
ARSINE,
Confidente de LIDIE, La D^lle Jacquet.

BERGERS & BERGERES.

UNE BERGERE, La D^lle Bourbonnois.
UN BERGER, Le Sr Albert.
AUTRE BERGER, Le Sr De la Tour.
BELUS, Le Sr De Chaffé.
ROIS CAPTIFS, & Soldats de la Suite de BELUS.
APOLLON, Le Sr Jelyotte.

LES MUSES,

Les Demoiselles	Les Sieurs
Romainville.	Le Begue.
Canavaffe.	Duguet.
Jaquet.	. . . . .
Delaftre.	. . . . .
. . . . .	

ACTEURS DANSANS.

BERGERS ET BERGERES.

Les S^rs D-Dumoulin, La D^lle Sallé,
    La D^lle Le Breton.
Les S^rs P-Dumoulin, Malter-3., Hamoche,
    Matignon, Dumay, Dupré.
Les D^lles Saint Germain, Courcelle, Puvignée,
    Thiery, Lyonnois-C., Grognet.

ACTE

ACTE II.

Le Théâtre représente le Bocage des Muses. Les deux côtez du Théâtre sont formez des deux colines du Parnasse. Des Berceaux entrelassez de lauriers & de fleurs, régnent sur le penchant des colines ; au-dessous sont des Grottes percées à jour, ornées comme les Berceaux, dans lesquelles sont des Bergers & Bergeres ; le fonds est composé de trois grands Berceaux en Architecture.

LIDIE, ARSINE, BERGERS ET BERGERES.

LIDIE.

UI, parmi ces Bergers aux Muses con-
　　sacrez,
Loin d'un Tyran superbe & d'un Amant
　　volage,
Je trouverai la paix, je calmerai l'orage
　　Qui trouble mes sens déchirez.

ARSINE.

Dans ces retraites paisibles,

Les Muses doivent calmer
Les cœurs purs, les cœurs sensibles,
Que la Cour peut oprimer.
Cependant vous pleurez, votre œil en vain contemple
Ces Bois, ces Nymphes, ces Pasteurs ;
De leur tranquillité, suivez l'heureux exemple.

LIDIE.

La Gloire a vers ces lieux fait élever son Temple,
La honte habite dans mon cœur !
La Gloire en ce jour même, au plus grand Roi du monde,
Doit donner de ses mains un Laurier immortel;
Bélus va l'obtenir.

ARSINE.

Votre douleur profonde
Redouble à ce nom si cruel.

LIDIE.

Bélus va triompher de l'Asie enchaînée,
Mon cœur & mes Etats sont au rang des vaincus,
L'Ingrat me promettoit un brillant hymenée,
Il me trompoit du moins ; il ne me trompe plus,
Il me laisse, je meurs, & meurs abandonnée !

ARSINE.

Il a trahi vingt Rois ; il trahit vos appas,
Il ne connoît qu'une aveugle puissance.

LIDIE.

LIDIE.

Mais vers la Gloire il adresse ses pas,
Pourra-t'il sans rougir soutenir ma présence ?

ARSINE.

Les Tyrans ne rougissent pas.

LIDIE.

Quoi ! tant de barbarie avec tant de vaillance !
O Muses, soyez mon appui;
Secourez-moi contre moi-même,
Ne permettez pas que j'aime
Un Roi qui n'aime que lui.

LES BERGERS ET LES BERGERES, consacrez aux Muses, sortent des Antres du Parnasse, au son des instrumens champêtres.

LIDIE aux Bergers.

VENEZ, tendres Bergers, vous qui plaignez
mes larmes,
Mortels heureux, des Muses inspirez,
Dans mon cœur agité répandez tous les charmes
De la Paix que vous célébrez.

LES BERGERS EN CHOEUR.

Oserons-nous chanter sur nos faibles Musettes,
Lorsque les horribles Trompettes
Ont épouvanté les Echos ?

UNE BERGERE.

Que veulent donc tous ces Héros,
Pourquoi troublent-ils nos retraites?

LIDIE.

Au Temple de la Gloire ils cherchent le bonheur.

LES BERGERS.

Il est aux lieux où vous êtes;
Il est au fonds de notre cœur.

On danse.

UN BERGER.

Vers ce Temple, où la mémoire
Consacre les noms fameux,
Nous ne levons point nos yeux,
Les Bergers sont assez heureux
Pour voir aumoins que la Gloire.
N'est point faite pour eux.

On entend un bruit de Timbales & de Trompettes.

CHOEUR DE GUERRIERS
qu'on ne voit pas encore.

La Guerre sanglante,
La mort l'épouvante,
Signalent nos fureurs,
Livrons-nous un passage,
A travers le carnage,
Au faîte des grandeurs.

PETIT CHOEUR DE BERGERS.

Quels sons affeux ! quel bruit sauvage !
O Muses, protégez nos fortunez climats.

UN BERGER.

O Gloire, dont le nom semble avoir tant d'appas,
Seroit-ce-là votre langage ?

BÉLUS paroît sous le Berceau du milieu, entouré de ses Guerriers. Il est sur un Trône porté par huit Rois enchaînez.

BÉLUS.

Rois qui portez mon Trône, Esclaves couronnez,
Que j'ai daigné choisir pour orner ma victoire;
Allez, allez m'ouvrir le Temple de la Gloire,
Préparez les honneurs qui me sont destinez.

Il descend & continue.

Je veux que votre orgueil seconde
Les soins de ma grandeur ;
La Gloire, en m'élevant au premier rang du monde,
Honore assez votre malheur.

Sa suite sort.
On entend une Musique douce.

Mais quels accens pleins de molesse,
Offensent mon oreille, & révoltent mon cœur !

LIDIE.

LIDIE.

L'humanité, grands Dieux, est-elle une faiblesse?
Parjure Amant, cruel Vainqueur,
Mes cris te poursuivront sans cesse.

BELUS.

Vos plaintes & vos cris ne peuvent m'arrêter;
La Gloire loin de vous m'appelle;
Si je pouvois vous écouter,
Je deviendrois indigne d'elle.

LIDIE.

Non, la Gloire n'est point barbare & sans pitié;
Non, tu te fais des Dieux à toi-même semblables;
A leurs Autels tu n'as sacrifié
Que les pleurs & le sang des mortels misérables.

BELUS.

Ne condamnez point mes exploits;
Quand on se veut rendre le maître,
On est malgré soi quelquefois
Plus cruel qu'on ne voudroit être.

LIDIE.

Que je hais tes exploits heureux!
Que le sort t'a changé! Que ta grandeur t'égare!
Peut-être es-tu né généreux,
Ton bonheur t'a rendu barbare.

BELUS.

BÉLUS.

Je suis né pour dompter, pour changer l'Univers :
Le faible Oiseau dans un bocage,
Fait entendre ses doux concerts ;
L'Aigle qui vole au haut des airs,
Porte la foudre & le ravage ;
Cessez de m'arrêter par vos murmures vains,
Et laissez-moi remplir mes augustes destins.

BÉLUS sort pour aller au Temple.

LIDIE.

O Muses, puissantes Déesses,
De cet ambitieux fléchissez la fierté ;
Secourez-moi contre sa cruauté,
Ou du moins contre mes faiblesses.

───────────

APOLLON & les Muses descendent dans un Char qui repose par les deux bouts sur les deux collines du Parnasse.

Elles chantent en Chœur.

Nous adoucissons
Par nos Arts aimables,
Les cœurs impitoyables,
Où nous les punissons.

APOLLON.

Bergers, qui dans nos bocages,
Apprîtes nos chants divins,

Vous

Vous calmez les monstres sauvages,
Fléchissez les cruels humains.

LES BERGERS dansent.

APOLLON.

Vole Amour, Dieu des Dieux, embellis mon Empire,
Désarme la Guerre en fureur :
D'un regard, d'un mot, d'un sourire,
Tu calmes le trouble & l'horreur ;
Tu peux changer un cœur,
Je ne peux que l'instruire ;
Vole Amour, Dieu des Dieux, embellis mon Empire,
Désarme la Guerre en fureur.

BÉLUS rentre, suivi de ses Guerriers.

Quoi ! ce Temple pour moi ne s'ouvre point encore ?
Quoi ! cette Gloire que j'adore,
Près de ces lieux prépara mes Autels ;
Et je ne vois que de faibles mortels,
Et de faibles Dieux que j'ignore ?

CHOEUR DE BERGERS.

C'est assez vous faire craindre,
Faites-vous enfin chérir ;
Ah ! qu'un grand cœur est à plaindre,
Quand rien ne peut l'attendrir !

Le Temple de la Gloire.

UNE BERGERE.

D'une beauté tendre & soumise,
Si tu trahis les appas,
Cruel Vainqueur, n'espére pas
Que la Gloire te favorise.

UN BERGER.

Quoi ! vers la Gloire il a porté ses pas,
Et son cœur seroit infidelle ?
Ah ! parmi nous une honte éternelle,
Est le suplice des ingrats !

BE'LUS.

Qu'entens-je ! Il est au monde un Peuple qui m'offense ?
Quelle est la faible voix qui murmure en ces lieux,
Quand la Terre tremble en silence ?
Soldats, délivrez-moi de ce Peuple odieux.

LE CHOEUR DES MUSES.

Arrêtez, respectez les Dieux
Qui protégent l'innocence.

BE'LUS.

Des Dieux ! Oseroient-ils suspendre ma vangeance ?

APOLLON, & les Muses.

Ciel, couvrez-vous de feux ; Tonnerres éclatez,
Tremble, fuis les Dieux irritez.

On entend le Tonnerre, & des éclairs partent du Char où sont les Muses avec APOLLON.

APOLLON *seul.*

Loin du Temple de la Gloire,
Cours au Temple de la Fureur.
On gardera de toi l'éternelle mémoire,
Avec une éternelle horreur.

LE CHOEUR *d'Apollon & des Muses.*

Cœur implacable,
Aprends à trembler,
La mort te suit, la mort doit immoler
Ce fortuné coupable.
Cœur implacable,
Aprends à trembler.

BÉLUS.

Non, je ne tremble point, je brave le Tonnerre;
Je méprise ce Temple, & je hais les Humains:
J'embrazerai de mes puissantes mains,
Les tristes restes de la Terre.

CHOEUR.

Cœur implacable,
Aprends à trembler,
La mort te suit, la mort doit immoler
Ce fortuné coupable.
Cœur implacable,
Aprends à trembler.

APOLLON

APOLLON ET LES MUSES, A LIDIE.

Toi qui gémis d'un amour déplorable,
Eteins ses feux, brises ses traits,
Goûte par nos bienfaits
Un calme inaltérable.

Les Bergers & les Bergeres emmenent LIDIE.

Fin du second Acte.

ACTEURS

ACTEURS

ACTEURS CHANTANS
dans le Troisiéme Acte.

LE GRAND-PRETRE Le S^r Le Page.
   de la Gloire,
UNE PRETRESSE,   La D^{lle} Metz.

Chœur de Prêtres & de Prêtresses de la Gloire.

UN GUERRIER suivant   Le Sr Benoist.
   de Bacus.
UNE BACCANTE,   La D^{lle} Coupée.
BACUS,   Le Sr Poirier.
ERIGONE,   La D^{lle} Fel.

GUERRIERS, EGIPANS, BACCANTES ET SATYRES de la suite DE BACUS.

ACTEURS DANSANS
dans le Troisiéme Acte.

Premier Divertissement.
PRETRESSES DE LA GLOIRE.

La D^{lle} Carville.
Les D^{lles} Puvignée, Thiery, Lyonnois-C.,
Grognet.

HÉROS.

Les Srs Caillez, Feuillade, Hamoche, Levoir.

Second Divertissement.
BACCANTES.

La D^{lle} Camargo;
Les D^{lles} Petit, Rabon, Lyonnois-L., Erny,
Beaufort, Rosalie, Courcelle, St. Germain.

EGIPANS.

Les Srs Matignon, Malter-C., Dangeville,
F-Dumoulin, Malter-L., Malter-trois.

SATYRES.

Les Srs Monservin, Gherardy, Dumay, Dupré,
Javilliers-C., De Vice.
Le Sr Laval, fils,   La D^{lle} Puvignée.

ACTE

ACTE III.

Le Théâtre représente l'avenue & le frontispice du TEMPLE DE LA GLOIRE. *Le Trône que la Gloire a préparé pour celui qu'elle doit nommer le plus grand des hommes, est vû dans l'arriere-Théâtre. Il est suporté par des Vertus, & l'on y monte par plusieurs dégrez.*

LE GRAND PRETRE DE LA GLOIRE, *couronné de Lauriers, une Palme à la main; entouré des Prêtres & des Prêtresses de la Gloire.*

UNE PRETRESSE.

GLOIRE enchanteresse,
   Superbe maîtresse
Des Rois, des Vainqueurs;
   L'ardente jeunesse,
   La froide vieillesse
Briguent tes faveurs.

LE CHOEUR.

Gloire enchanteresse, &c.

LA

LA PRETRESSE.

Le prétendu sage
Croit avoir brizé
Ton noble esclavage :
Il s'est abusé,
C'est un Amant méprisé,
Son dépit est un hommage.

LE GRAND PRETRE.

Déesse des Héros, du vrai sage & des Rois,
Source noble & féconde
Et des Vertus & des Exploits :
O Gloire, c'est ici que ta puissante voix
Doit nommer par un juste choix,
Le premier des Maîtres du Monde.
Venez, volez, accourez tous,
Arbitres de la Paix, & foudres de la Guerre,
Vous qui domptez, vous qui calmez la Terre,
Nous allons couronner le plus digne de vous.

Danse de Héros, avec les Prêtresses de la Gloire.

―――――――――――――

Les Suivans de BACUS *arrivent avec des Baccantes & des Menades, couronnez de Liere, le Tirse à la main.*

UN GUERRIER, *suivant de* BACUS.

Bacus est en tous lieux notre guide invincible,
Ce Héros fier & bienfaisant,

Est

Le Temple de la Gloire.

Est toûjours aimable & terrible:
Préparez le prix qui l'attend.

UNE BACCANTE ET LE CHOEUR.

Le Dieu des plaisirs va paraître,
Nous annonçons notre Maître,
Ses douces fureurs,
Dévorent nos cœurs.

Pendant ce Chœur, les Prêtres de la Gloire rentrent dans le Temple, dont les portes se ferment.

LE GUERRIER.

Les Tigres enchaînez conduisent sur la Terre
Erigone & Bacus;
Les Victorieux, les Vaincus,
Tous les Dieux des plaisirs, tous les Dieux de la Guerre
Marchent ensemble confondus.

On entend le bruit des Trompettes, des Haut-bois, & des Flutes alternativement.

LA BACCANTE.

Je vois la tendre volupté
Sur le Char sanglant de Bellone,
Je vois l'Amour qui couronne
La valeur & la beauté.

BACUS

BACUS ET ERIGONE

paroissent sur un Char attellé par des Tigres ; entouré de Guerriers, de Baccantes, d'Egypans.

BACUS.

Objet de ma brûlante ardeur,
Je n'ai point inventé dans les horreurs des armes
Ce Nectar des humains, nécessaire au bonheur,
Pour consoler la Terre, & pour sécher ses larmes,
C'étoit pour enflâmer ton cœur.
Banissons la Raison de nos brillantes fêtes.
Non, je ne la connus jamais
Dans mes plaisirs, dans mes conquêtes ;
Non, je ne la connus jamais.
Non, je t'adore, & je la hais
Banissons la Raison de nos brillantes fêtes.

ERIGONE.

Conservez-la plûtôt pour augmenter vos feux,
Banissez seulement le bruit & le ravage :
Si par vous le monde est heureux,
Je vous aimerai davantage.

BACUS.

Les faibles sentimens offensent mon amour,
Je veux qu'une éternelle yvresse
De gloire, de grandeur, de plaisirs, de tendresse,
Régne sur mes sens tour-à-tour.

ERIGONE.

Vous allarmez mon cœur, il tremble de se rendre,
De vos

Le Temple de la Gloire.

De vos emportemens il est épouvanté :
Il seroit plus transporté,
Si le vôtre étoit plus tendre.

BACUS.

Partagez mes transports divins,
Sur mon char de victoire, au sein de la molesse
Rendez le Ciel jaloux, enchaînez les humains,
Un Dieu plus fort que moi nous entraîne & nous presse.
Que ce Tirse régne toûjours
Dans les plaisirs & dans la guerre,
Qu'il tienne lieu de tonnerre,
Et des fléches des amours.

LE CHOEUR.

Que ce Tirse régne toujours
Dans les plaisirs & dans la guerre,
Qu'il tienne lieu de tonnerre,
Et des fléches des amours.

ERIGONE.

Quel Dieu de mon ame s'empare !
Quel désordre impétueux ?
Il trouble mon cœur, il l'égare.
L'Amour seul rendroit plus heureux.

BACUS.

Mais quel est dans ces lieux ce Temple solitaire !
A quels Dieux est-il consacré ?

Je suis

Je suis vainqueur, j'ai sçu vous plaire,
Si Bacus est connu, Bacus est adoré.

UN DES SUIVANS DE BACUS.

La Gloire est dans ces lieux le seul Dieu qu'on adore,
Elle doit aujourd'hui placer sur ces Autels
Le plus auguste des Mortels.
Le Vainqueur bienfaisant des Peuples de l'Aurore,
Aura ces honneurs solemnels.

ERIGONE.

Un brillant hommage
Ne se refuse pas.
L'Amour seul me guidoit sur cet heureux rivage ;
Mais on peut détourner ses pas,
Quand la Gloire est sur le passage.

ENSEMBLE.

La Gloire est une vaine erreur ;
Mais avec vous c'est le bonheur suprême :
C'est vous que j'aime,
C'est vous qui remplissez mon cœur.

BACUS.

Le Temple s'ouvre,
La Gloire se découvre.
L'objet de mon ardeur y sera couronné ;
Suivez-moi.

Le Temple de la Gloire paroit ouvert.

LE GRAND

LE GRAND PRETRE DE LA GLOIRE.

Téméraire, arrête,
Ce Laurier seroit profané,
S'il avoit couronné ta tête ;
Bacus qu'on célébre en tous lieux,
N'a point ici la préférence ;
Il est une vaste distance
Entre les noms connus & les noms glorieux.

ERIGONE.

Eh quoi ! De ses présens, la Gloire est-elle avare
Pour ses plus brillans favoris ?

BACUS.

J'ai versé des bienfaits sur l'Univers soumis ;
Pour qui sont ces Lauriers que votre main prépare ?

LE GRAND PRETRE.

Pour des vertus d'un plus haut prix.
Contentez-vous, Bacus, de régner dans vos fêtes,
D'y noyer tous les maux que vos fureurs ont faits,
Laissez-nous couronner de plus belles conquêtes,
Et de plus grands bienfaits.

BACUS.

Peuple vain, Peuple fier, enfans de la tristesse,
Vous ne méritez pas des dons si précieux.
Bacus vous abandonne à la froide sagesse,
Il ne sçauroit vous punir mieux.

Volez,

Volez, suivez-moi, Troupe aimable,
Venez embellir d'autres lieux.
Par la main des plaisirs, des amours, & des jeux,
Versez ce Nectar délectable,
Vainqueur des Mortels & des Dieux ;
Volez, suivez-moi, Troupe aimable,
Venez embellir d'autres lieux.

BACUS ET ERIGONE.

Parcourons la Terre
Au gré de nos désirs,
Du Temple de la Guerre,
Au Temple des plaisirs.

On danse.

UNE BACCANTE *avec le Chœur.*

Bacus fier & doux vainqueur,
Conduis mes pas, régne en mon cœur.
La Gloire promet le bonheur,
Et c'est Bacus qui nous le donne.
Raison, tu n'es qu'une erreur,
Et le chagrin t'environne.
Plaisir, tu n'es point trompeur,
Mon ame à toi s'abandonne.
Bacus fier & doux vainqueur, &c.

Fin du troisiéme Acte.

ACTEURS CHANTANS
dans le Quatriéme Acte.

PLAUTINE, La D^{lle} Chevalier.

Confidentes de PLAUTINE,

JUNIE,   La D^{lle} Romainville.
FANIE,   La D^{lle} Canavasse.

Prêtres de MARS, & Prêtresses de VENUS.

TRAJAN,   Le Sr Jelyotte.

GUERRIERS *de la suite de* TRAJAN.

Les Sieurs
Poirier,
De la Tour,
Gallard,

ROIS *vaincus à la suite de* TRAJAN.

Les Sieurs.
Albert,
Person.
Le Fevre.

ROMAINS ET ROMAINES.

LA GLOIRE,   La D^{lle} Fel.

SUIVANS DE LA GLOIRE.

ACTEURS DANSANS
dans le Quatriéme Acte.

Premier Divertissement.

PRETRESSES DE MARS.

Les Srs Dumay, Dupré, P-Dumoulin, De Vice.

PRETRES DE VENUS.

La D^{lle} Dallemand ;
Les D^{lles} Petit, Beaufort, Puvignée, Thiery.

Second Divertissement.

SUIVANTS DE LA GLOIRE.

Le Sr Pitro ;
Les Srs Monfervin, Javilliers-L., Matignon, Levoir.
Les D^{lles} Lyonnois-L., Erny, St. Germain, Courcelle.

ACTE

ACTE IV.

Le Théâtre repréſente la Ville d'Artaxate à demie-ruinée, au milieu de laquelle eſt une Place publique ornée d'Arcs de Triomphe, chargez de trophées.

PLAUTINE, JUNIE, FANIE.

PLAUTINE.

EVIENS, divin Trajan, vainqueur
   doux & terrible,
Le monde eſt mon rival, tous les cœurs
   ſont à toi ;
Mais eſt-il un cœur plus ſenſible,
  Et qui t'adore plus que moi ?
Les Partes ſont tombez ſous ta main foudroyante,
  Tu punis, tu vanges les Rois,
  Rome eſt heureuſe & triomphante,
  Tes bienfaits paſſent tes exploits.
Reviens, divin Trajan, vainqueur doux & terrible,
Le monde eſt mon rival, tous les cœurs ſont à toi ;
  Mais eſt-il un cœur plus ſenſible,
   Et qui t'adore plus que moi ?

FANIE.

FANIE.

Dans ce climat barbare au sein de l'Armenie,
Osez-vous affronter les horreurs des combats ?

PLAUTINE.

Nous étions protégez par son puissant génie,
Et l'Amour conduisoit mes pas,

JUNIE.

L'Europe reverra son vangeur & son Maître,
Sous ces Arcs triomphaux, on dit qu'il va paraître.

PLAUTINE.

Ils sont élevez par mes mains,
Quel doux plaisir succéde à ma douleur profonde !
Nous allons contempler dans le Maître du monde,
Le plus aimable des humains.

JUNIE.

Nos Soldats triomphans, enrichis, pleins de gloire,
Font voler son nom jusqu'aux Cieux.

FANIE.

Il se dérobe à leurs chants de victoire,
Seul, sans pompe & sans suite, il vient orner ces lieux.

PLAUTINE.

Il faut à des Héros vulgaires
La pompe & l'éclat des honneurs,

Ces

Ces vains appuis font néceſſaires
Pour les vaines grandeurs.
Trajan ſeul eſt ſuivi de ſa gloire immortelle;
On croit voir près de lui l'Univers à genoux,
Et c'eſt pour moi qu'il vient! Ce Héros m'eſt fidéle!
Grands Dieux! vous habitez dans cette ame ſi belle,
Et je la partage avec vous!

TRAJAN, PLAUTINE, *ſuite*.

PLAUTINE, *courant au-devant de* TRAJAN.

ENFIN je vous revois, le charme de ma vie
M'eſt rendu pour jamais.

TRAJAN.

Le Ciel me vend cher ſes bienfaits,
Ma félicité m'eſt ravie.
Je reviens un moment pour m'arracher à vous,
Pour m'animer d'une vertu nouvelle,
Pour mériter, quand Mars m'appelle,
D'être Empereur de Rome, & d'être votre Epoux.

PLAUTINE.

Que dîtes-vous? Quel mot funeſte?
Un moment! Vous, ô Ciel! Un ſeul moment me reſte,
Quand mes jours dépendoient de vous revoir toujours.

TRAJAN.

Le Ciel en tous les tems m'accorda son secours;
Il me rendra bien-tôt aux charmes que j'adore;
C'est pour vous qu'il a fait mon cœur,
Je vous ai vûe, & je serai vainqueur.

PLAUTINE.

Quoi ! ne l'êtes vous pas ? Quoi ! seroit-il encore
Un Roi que votre main n'auroit pas désarmé ?
Tout n'est-t'il pas soumis, du couchant à l'aurore ?
L'Univers n'est-t'il pas calmé ?

TRAJAN.

On ose me trahir ?

PLAUTINE.

Non, je ne puis vous croire,
On ne peut vous manquer de foi.

TRAJAN.

Des Partes terrassez l'inéxorable Roi
S'irrite de sa chûte, & brave ma victoire,
Cinq Rois qu'il a séduits sont armez contre moi ;
Ils ont joint l'artifice aux excez de la rage,
Ils sont au pié de ces Ramparts ;
Mais j'ai pour moi les Dieux, les Romains, mon courage,
Et mon amour & vos regards.

PLAUTINE.

PLAUTINE.

Mes regards vous suivront ; je veux que sur ma tête
    Le Ciel épuise son couroux,
Je ne vous quitte pas, je braverai leurs coups,
    J'écarterai la mort qu'on vous aprête,
    Je mourrai du moins près de vous.

TRAJAN.

Ah ! ne m'accablez point, mon cœur est trop sen-
    sible ;
    Ah ! laissez-moi vous mériter ;
Vous m'aimez, il suffit, rien ne m'est impossible,
    Rien ne pourra me résister.

PLAUTINE.

    Cruel, pouvez-vous m'arrêter ?
J'entends déja les cris d'un ennemi perfide.

TRAJAN.

J'entends la voix du devoir qui me guide,
Je vole ; demeurez ; la Victoire me suit.
Je vole, attendez tout de mon peuple intrépide,
    Et de l'amour qui me conduit.

ENSEMBLE.

Je vais / Allez } Punir un Barbare,
Terrasser sous { mes / vos } coups
L'Ennemi qui nous sépare,
Qui m'arrache un moment à vous.

PLAUTINE.

Il m'abandonne à ma douleur mortelle,
Cher Amant, arrêtez. Ah! Détournez les yeux,
Voyez encor les miens.

TRAJAN *au fond du Théâtre.*

O Dieux! O justes Dieux!
Veillez sur l'Empire & sur elle.

PLAUTINE.

Il est déja loin de ces lieux,
Devoir, es-tu content? Je meurs, & je l'admire.
Ministres du Dieu des combats,
Prêtresses de Venus, qui veillez sur l'Empire,
Percez le Ciel de cris, accompagnez mes pas,
Secondez l'amour qui m'inspire.

CHOEUR DES PRETRES DE MARS.

Fier Dieu des allarmes,
Protége nos armes,
Conduits nos Etendarts.

CHOEUR DES PRETRESSES DE VENUS.

Déesse des Graces,
Vole sur ses traces,
Enchaîne le Dieu Mars.

On danse.

CHOEUR DES PRETRESSES.

Mere de Rome & des Amours paisibles,
Viens tout ranger sous ta charmante Loi,

Viens couronner nos Romains invincibles,
Ils sont tous nez pour l'amour & pour toi.

PLAUTINE.

Dieux puissants, protégez votre vivante Image,
Vous étiez autrefois des Mortels comme lui,
C'est pour avoir régné comme il régne aujourd'hui,
 Que le Ciel est votre partage.
  On danse.

On entend un CHOEUR *de Romains qui avancent lentement sur le Théâtre.*

 Charmant Héros, qui poura croire
 Des exploits si prompts & si grands ?
  Tu te fais en peu de tems,
  La plus durable mémoire.

JUNIE.

Entendez-vous ces cris & ces chants de victoire ?

FANIE.

Trajan revient vainqueur.

PLAUTINE.

     En pouviez-vous douter ?
Je vois ces Rois captifs, ornemens de sa gloire,
Il vient de les combattre, il vient de les dompter.

JUNIE.

Avant de les punir par ses Loix légitimes,
 Avant de frapper ses Victimes,
 A vos genoux il veut les présenter.

TRAJAN *paroît entouré des Aigles Romaines & de Faisceaux. Les Rois vaincus sont enchaînez à sa suite.*

TRAJAN.

Rois, qui redoutez ma vangeance,
Qui craignez les affronts aux vaincus destinez,
Soyez désormais enchaînez
Par la seule reconnoissance ;
Plautine est en ces lieux, il faut qu'en sa présence
Il ne soit point d'infortunez.

LES ROIS *se relevant, chantent avec le Chœur.*

O Grandeur ! O Clémence !
Vainqueur égal aux Dieux,
Vous avez leur puissance,
Vous pardonnez comme eux.

PLAUTINE.

Vos vertus ont passé mon espérance même,
Mon cœur est plus touché que celui de ces Rois.

TRAJAN.

Ah ! s'il est des vertus dans ce cœur qui vous aime,
Vous sçavez à qui je les dois !
J'ai voulu des Humains mériter le suffrage,
Dompter les Rois, briser leurs fers,
Et vous apporter mon hommage,
Avec les vœux de l'Univers.
Ciel ! Que vois-je en ces lieux ?

Le Temple de la Gloire.

LA GLOIRE *descend d'un vol précipité, une Couronne de Laurier à la main.*

LA GLOIRE.

Tu vois ta récompense,
Le prix de tes exploits, surtout de ta clémence;
Mon Trône est à tes pieds, tu régnes avec moi.

Le Théâtre change & représente LE TEMPLE DE LA GLOIRE.

ELLE *continue.*

Plus d'un Héros, plus d'un grand Roi,
Jaloux envain de sa mémoire,
Vola toûjours après la Gloire,
Et la Gloire vole après toi.

LES SUIVANS DE LA GLOIRE, *mêlez aux Romains & aux Romaines, forment les danses.*

UN ROMAIN.

Régnez en paix après tant d'orages,
Triomphez dans nos cœurs satisfaits,
Le sort préside aux combats, aux ravages;
La Gloire est dans les bienfaits.
Tonnerre, écarte-toi de nos heureux rivages;
Calme heureux, reviens pour jamais.

Régnez en paix, &c.

CHOEUR.

CHOEUR.

Le Ciel nous seconde,
Célébrons son choix ;
Exemple des Rois,
Délices du monde,
Vivons sous tes Loix.

JUNIE.

Tendre Venus à qui Rome est soumise,
A nos exploits joints tes tendres appas ;
Ordonne à Mars enchanté dans tes bras,
Que pour Trajan sa faveur s'éternise.

LE CHOEUR.

Le Ciel nous seconde,
Célébrons son choix :
Exemple des Rois,
Délices du monde,
Vivons sous tes Loix.

TRAJAN.

Des honneurs si brillans, sont trop pour mon partage,
Dieux dont j'éprouve la faveur,
Dieux de mon Peuple, achevez votre Ouvrage,
Changez ce Temple auguste en celui du Bonheur.
Qu'il serve à jamais aux Fêtes
Des fortunez humains ;

Qu'il

Le Temple de la Gloire.

Qu'il dure autant que les conquêtes,
Et que la gloire des Romains.

LA GLOIRE.

Les Dieux ne refusent rien
Au Héros qui leur ressemble :
Volez, Plaisirs que sa vertu rassemble ;
Le Temple du Bonheur sera toûjours le mien.

Fin du quatriéme Acte.

ACTEURS CHANTANS.

UNE ROMAINE, La D^lle Bourbonnois.

UNE BERGERE, La D^lle Coupée.

Bergers & Bergeres.

UN ROMAIN, Le Sr Benoist.
Jeunes Romains & Romaines;
Et tous les Acteurs du quatriéme Acte.

ACTEURS DANSANS.

ROMAINS ET ROMAINES
de différens états.

PREMIER QUADRILLE.
Le Sr Dupré;
Les Srs Monservin, Javilliers-L.;
Les D^lles Erny, Lyonnois-L.

DEUXIÉME QUADRILLE.
Le S^r D-Dumoulin;
Les Srs Matignon, Le Voir;
Les D^lles Saint-Germain, Courcelle.

TROISIÉME QUADRILLE.
La D^lle Sallé;
Les Srs Dumay, Dupré;
Les D^lles Thiery, Beaufort.

QUATRIÉME QUADRILLE.
La D^lle Camargo;
Les Srs Javilliers-C., Gherardy;
Les D^lles Rabon, Rosalie.

ACTE

ACTE V.

Le Théâtre change & représente LE TEMPLE DU BONHEUR. *Il est formé de Pavillons d'une Architecture légere, de Péristiles, de Jardins, de Fontaines, &c. Ce lieu délicieux est rempli de Romains & de Romaines de tous états.*

CHOEUR.

HANTONS en ce jour solemnel,
Et que la Terre nous réponde :
Un Mortel, un seul Mortel,
A fait le bonheur du monde.

On danse.

UNE ROMAINE.

Tout rang, tout sexe, tout âge
Doit aspirer au bonheur.

LE CHOEUR.

Tout rang, tout sexe, tout âge
Doit aspirer au bonheur.

LA

LA ROMAINE.

Le Printems volage,
L'Eté plein d'ardeur,
L'Automne plus sage,
Raison, badinage,
Retraite, grandeur,
Tout rang, tout sexe, tout âge
Doit aspirer au bonheur.

LE CHOEUR.

Tout rang, &c.

Des Bergers & des Bergeres entrent en dansant.

UNE BERGERE.

Ici les plus brillantes fleurs
N'effacent point les violettes ;
Les Etendarts & les Houlettes
Sont ornez de mêmes couleurs.
Les chants de nos tendres Pasteurs,
Se mêlent au bruit des Trompettes ;
L'Amour anime en ces retraites,
Tous les regards & tous les cœurs.
Ici les plus brillantes fleurs
N'effacent point les violettes ;
Les Etendarts & les Houlettes
Sont ornez des mêmes couleurs.

Les Seigneurs & les Dames Romaines se joignent en dansant aux Bergers & aux Bergeres.

Le Temple de la Gloire.

UN ROMAIN.

Dans un jour ſi beau,
Il n'eſt point d'allarmes;
Mars eſt ſans armes,
L'Amour ſans bandeau.

LE CHOEUR.

Dans un jour ſi beau, &c.

LE ROMAIN.

La Gloire & les Amours en ces lieux n'ont des aîles
Que pour voler dans nos bras,
La Gloire aux Ennemis préſentoit nos Soldats,
Et l'Amour les préſente aux Belles.

LE CHOEUR.

Dans un jour ſi beau,
Il n'eſt point d'allarmes;
Mars eſt ſans armes,
L'Amour ſans bandeau.

On danſe.

TRAJAN *paroît avec* PLAUTINE. *Et tous les Romains ſe rangent autour de lui.*

CHOEUR.

Toi que la Victoire
Couronne en ce jour,
Ta plus belle glorie
Vient du tendre Amour.

TRAJAN.

TRAJAN.

O Peuples de Héros qui m'aimez & que j'aime,
  Vous faites mes grandeurs ;
  Je veux régner sur vos cœurs,
 Sur tant d'appas * & sur moi-même ;

Montrant Plautine.

Montez au haut du Ciel, Encens que je reçois,
Retournez vers les Dieux, hommages que j'attire;
Dieux protégez toûjours ce formidable Empire,
  Inspirez toûjours tous ses Rois.
Montez au haut du Ciel, Encens que je reçois,
Retournez vers les Dieux, hommages que j'attire.

Toutes les différentes Troupes recommencent leurs danses autour de TRAJAN *& de* PLAUTINE, *& terminent la Fête par un Ballet général.*

Fin du cinquiéme & dernier Acte.

LE POËME

DE FONTENOY.

AU ROY,

IRE,

Je n'avois osé dédier à VOTRE MAJESTE' les premiers essais de cet Ouvrage. Je craignois surtout de déplaire au plus modeste des Vainqueurs : Mais, SIRE, ce n'est point ici un Panégyrique ; c'est une peinture fidéle

d'une

EPITRE.

d'une partie de la Journée la plus glorieuse depuis la Bataille de Bovines. Ce sont les sentimens de la France, quoiqu'à peine exprimés ; c'est un Poëme sans exagération, & de grandes vérités sans mélange de fiction, ni de flatterie. Le nom de VOTRE MAJESTÉ fera passer cette faible esquisse à la Postérité, comme un monument autentique de tant de belles actions, faites en votre présence, à l'exemple des vôtres.

Daignez, SIRE, ajoûter à la bonté que VOTRE MAJESTÉ a eue de permettre cet hommage, celle d'agréer les profonds respects d'un de vos moindres Sujets, & du plus zélé de vos Admirateurs.

VOLTAIRE.

DISCOURS

DISCOURS PRÉLIMINAIRE.

LE Public fait que cet Ouvrage, composé d'abord avec la rapidité que le zéle inspire, reçut des accroissemens à chaque Edition qu'on en faisoit. Toutes les circonstances de la Victoire de Fontenoy, qu'on apprenoit à Paris de jour en jour, méritoient d'être célébrées, & ce qui n'étoit d'abord qu'une Piéce de cent Vers, est devenu un Poëme qui en contient plus de trois cent quarante ; mais on y a gardé toujours le même ordre, qui consiste dans la Préparation, dans l'Action, & dans ce qui la termine. On n'a fait même que mettre cet ordre dans un plus grand jour, en traçant dans cette Edition le portrait des Nations dont étoit composée l'Armée ennemie, & en spécifiant leurs trois attaques.

On a peint avec des traits vrais, mais non injurieux, les Nations dont LOUIS XV. a triomphé : Par exemple, quand on dit des Hollandais, qu'ils avoient autrefois brisé le joug de l'*Autriche cruelle*, il est clair que c'est de l'Autriche, *alors cruelle envers eux*, que l'on parle : car assurément elle ne l'est pas aujourd'hui pour les Etats-Généraux; & d'ailleurs, la Reine de Hongrie qui ajoute tant à la gloire de la Maison d'Autriche, sait combien les Français respectent sa Personne & ses vertus, en étant forcez de la combattre.

Quand on a dit des Anglais: *Et la Férocité le céde à la Vertu*, on a eu soin d'avertir en Notes dans toutes les Editions, que ce reproche de férocité ne tomboit que sur le Soldat.

En effet, il est très-véritable que lorsque la colomne Anglaise déborda Fontenoy, plusieurs Soldats de cette Nation crierent: *No quarter, point de quartier*. On sait encore, que quand Mr. de Sechelles seconda les intentions du Roi, avec une prévoyance si singuliere, & qu'il fit préparer autant de secours pour les Prisonniers ennemis blessez, que pour nos Troupes; quelques Fantassins Anglais s'acharnerent encore contre nos Soldats, dans les chariots même où l'on transportoit les vainqueurs & les vaincus blessez. Les Officiers qui ont partout, à-peu-près, la même éducation dans toute l'Europe, ont aussi la même générosité; mais il y a des Pays où le Peuple, abandonné à lui-même, est plus farouche qu'ailleurs. On n'en a pas moins loué la valeur & la conduite de cette Nation; & surtout, on n'a cité le nom de Mr. le Duc de Cumberland qu'avec l'éloge
que

que sa magnanimité doit attendre de tout le monde.

Quelques Etrangers ont voulu persuader au Public, que l'illustre Adisson, dans son Poëme de la Campagne de Hoshted, avoit parlé plus honorablement de la Maison du Roi, que l'Auteur même du Poëme de Fontenoy. Ce reproche a été cause qu'on a cherché l'Ouvrage de Mr. Adisson à la Bibliothéque de Sa Majesté, & on a été bien surpris d'y trouver beaucoup plus d'injures que de louanges, c'est vers le trois centiéme Vers. On ne les répétera point, & il est bien inutile d'y répondre; la Maison du Roi leur a répondu par des Victoires. On est très-éloigné de refuser à un grand Poëte, & à un Philosophe très-éclairé, tel que Mr. Adisson, les éloges qu'il mérite; mais il en mériteroit davantage, & il auroit plus honoré la Philosophie & la Poësie, s'il avoit plus ménagé dans son Poëme, des Têtes Couronnées, qu'un ennemi même doit toujours respecter, & s'il avoit songé que les louanges données aux vaincus, sont un laurier de plus pour les Vainqueurs: il est à croire que quand Mr. Adisson fut Sécretaire d'Etat, le Ministre se repentit de ces indécences échapées à l'Auteur.

Si l'Ouvrage Anglais est trop rempli de fiel, celui-ci respire l'humanité. On a songé, en célébrant une Bataille, à inspirer des sentimens de bienfaisance. Malheur à celui qui ne pourroit se plaire qu'aux peintures de la destruction, & aux images des malheurs des hommes.

Les Peuples de l'Europe ont des principes d'humanité qui ne se trouvent point dans les autres parties du Monde ; ils sont plus liez entr'eux, ils ont des Loix qui leur sont communes ; toutes les Maisons des Souverains sont alliées ; leurs Sujets voyagent continuellement, & entretiennent une liaison réciproque. Les Européens Chrétiens sont ce qu'étoient les Grecs ; ils se font la guerre entr'eux ; mais ils conservent dans ces dissentions, d'ordinaire, tant de bienséance & de politesse, que souvent un Français, un Anglais, un Allemand qui se rencontrent paroissent être nez dans la même Ville. Il est vrai que les Lacédémoniens & les Thébains étoient moins polis que le Peuple d'Athènes ; mais enfin, toutes les Nations de la Grece se regardoient comme des Alliées, qui ne se faisoient la guerre que dans l'espérance certaine de la Paix : ils insultoient rarement à des ennemis, qui dans peu d'années devoient être leurs amis. C'est sur ce principe qu'on a tâché que cet Ouvrage fût un monument de la gloire du Roi, & non de la honte des Nations dont il triomphe : on seroit fâché d'avoir écrit contr'elles avec autant d'aigreur que quelques Français en ont mis dans leurs Satyres

PRÉLIMINAIRE. 365

res contre cet Ouvrage d'un de leurs Compatriotes ; mais la jalousie d'Auteur à Auteur est beaucoup plus grande que celle de Nation à Nation.

On a dit des Suisses, qu'ils sont *nos antiques amis & nos concitoyens*, parcequ'ils le sont depuis deux cens cinquante ans. On a dit que les Étrangers qui servent dans nos Armées ont suivi l'exemple de la Maison du Roi & de nos autres Troupes ; parcequ'en effet, c'est toujours à la Nation qui combat pour son Prince, à donner cet exemple, & que jamais cet exemple n'a été mieux donné.

On n'ôtera jamais à la Nation Française la gloire de la valeur & de la politesse. On a osé imprimer que ce Vers

Je vois cet Étranger, qu'on croit né parmi nous.

étoit un compliment à un Général né en Saxe, *d'avoir l'air Français*. Il est bien question ici d'air & de bonne grace ! Quel est l'homme qui ne voit évidemment que ce Vers signifie que ce Général est aussi attaché au Roi que s'il étoit né son Sujet ?

Cette Critique est aussi judicieuse que celle de quelques personnes qui prétendirent qu'il n'étoit pas *honnête* de dire que ce Général étoit dangereusement malade, lorsqu'en effet son courage lui fit oublier l'état douloureux où il étoit réduit, & le fit triompher de la faiblesse de son corps, ainsi que des ennemis du Roi. Q 3 Voilà

Voilà tout ce que la bienséance en général permet qu'on réponde à ceux qui en ont manqué.

L'Auteur n'a eu d'autre vûe, que de rendre fidélement ce qui étoit venu à sa connaissance, & son seul regret est de n'avoir pû, dans un si court espace de tems, & dans une Piéce de si peu d'étendue, célébrer toutes les belles actions dont il a depuis entendu parler; il ne pouvoit dire tout; mais aumoins ce qu'il a dit est vrai ; la moindre flatterie eût deshonoré un Ouvrage fondé sur la gloire du Roi & sur celle de la Nation. Le plaisir de dire la vérité l'occupoit si entierement, que ce ne fut qu'après six Editions qu'il envoya son Ouvrage à la plûpart de ceux qui y sont célébrez.

Tous ceux qui sont nommez n'ont pas eu les occasions de se signaler également. Celui qui, à la tête de son Régiment, attendoit l'ordre de marcher, n'a pû rendre le même service qu'un Lieutenat-Général, qui étoit à portée de conseiller de fondre sur la colomne Anglaise, & qui partit pour la charger avec la Maison du Roi. Mais si la grande action de l'un mérite d'être rapportée, le courage impatient de l'autre ne doit pas être oublié. Tel est loué en général sur sa valeur, tel autre sur un service rendu ; on a parlé des blessures des uns, on a déploré la mort des autres.

Ce fut une justice que rendit le célébre
Mr.

Mr. Despréaux à ceux qui avoient été de l'expédition du Passage du Rhin. Il cite près de vingt noms, il y en a ici plus de soixante; & on en trouveroit quatre fois davantage, si la nature de l'Ouvrage le comportoit.

Il seroit bien étrange qu'il eût été permis à Homere, à Virgile, au Tasse, de décrire les blessures de mille Guerriers imaginaires, & qu'il ne le fût pas de parler des Héros véritables qui viennent de prodiguer leur sang, & parmi lesquels il y en a plusieurs avec qui l'Auteur avoit eu l'honneur de vivre, & qui lui ont laissé de sinceres regrets.

L'attention scrupuleuse qu'on a apportée dans cette Edition, doit servir de garant de tous les faits qui sont énoncez dans le Poëme. Il n'en est aucun qui ne doive être cher à la Nation, & à toutes les Familles qu'ils regardent. En effet, qui n'est touché sensiblement en lisant le nom de son fils, de son frere, d'un parent cher, d'un ami tué ou blessé, ou exposé dans cette Bataille qui sera célébre à jamais; en lisant, dis-je, ce nom dans un Ouvrage, qui tout faible qu'il est, a été honoré plus d'une fois des regards du Monarque, & que Sa Majesté n'a permis qu'il lui fût dédié, que parcequ'elle a oublié son éloge en faveur de celui des Officiers qui ont combattu & vaincu sous ses ordres?

C'est

C'est donc moins en Poëte, qu'en bon Citoyen qu'on a travaillé. On n'a point cru devoir orner ce Poëme de longues fictions, surtout dans la premiere chaleur du Public, & dans un tems où l'Europe n'étoit occupée que des détails intéressans de cette Victoire importante, achetée par tant de sang.

La fiction peut orner un sujet ou moins grand, ou moins intéressant, ou, qui placé plus loin de nous, laisse l'esprit plus tranquille. Ainsi, lorsque Despréaux s'égaya dans sa Description du Passage du Rhin, c'étoit trois mois après l'action ; & cette action, toute brillante qu'elle fût, n'est à comparer ni pour l'importance, ni pour le danger, à une Bataille rangée, gagnée sur un Ennemi habile, intrépide, & supérieur en nombre, par un Roi exposé, ainsi que son Fils, pendant quatre heures au feu de l'Artillerie.

Ce n'est qu'après s'être laissé emporter aux premiers mouvemens de zéle, après s'être attaché uniquement à louer ceux qui ont si bien servi la Patrie dans ce grand jour, qu'on s'est permis d'inférer dans le Poëme un peu de ces fictions qui affoibliroient un tel sujet si on vouloit les prodiguer ; & on ne dit ici en Prose que ce que Mr. Adisson lui-même a dit en Vers dans son fameux Poëme de la Campagne d'Hosthed.

On peut, deux mille ans après la Guerre de Troye, faire apporter par Venus à Enée
des

PRÉLIMINAIRE. 369

des Armes que Vulcain à forgées, & qui rendent ce Héros invulnérable ; on peut lui faire rendre son épée par une Divinité, pour la plonger dans le sein de son ennemi. Tout le Conseil des Dieux peut s'assembler, tout l'Enfer peut se déchaîner ; Alecton peut enyvrer tous les esprits des venins de sa rage : mais ni notre Siécle, ni un Evenement si récent, ni un Ouvrage si court, ne permettent guéres ces peintures devenuës les lieux communs de la Poësie. Il faut pardonner à un Citoyen pénétré, de faire parler son cœur plus que son imagination, & l'Auteur avouë qu'il s'est plus attendri, en disant :

Tu meurs, jeune Craon ; que le Ciel moins sévere
Veille sur les destins de ton généreux frere !

que s'il avoit évoqué les Euménides, pour faire ôter la vie à un jeune Guerrier aimable.

Il faut des Divinitez dans un Poëme épique, & surtout quand il s'agit de Héros fabuleux. Mais ici le vrai Jupiter, le vrai Mars, c'est un Roi tranquille dans le plus grand danger, & qui hazarde sa vie pour un Peuple dont il est le Pere. C'est lui, c'est son Fils, ce sont ceux qui ont vaincu sous lui, & non Junon & Juturne qu'on a voulu, & qu'on a dû peindre. D'ailleurs, le petit nombre de ceux qui connoissent notre Poësie, savent qu'il est bien plus aisé d'intéresser le Ciel, les Enfers & la Terre à une Bataille, que de faire reconnaître & de distinguer, par des images propres & sensibles, des Carabiniers qui ont de gros fusils rayez, des Grenadiers, des Dragons qui combattent à pied & à cheval, de parler de retranchemens faits à la hâte, d'Ennemis qui s'avancent en colomne; d'exprimer enfin ce qu'on n'a guéres dit encore en Vers.

C'étoit ce que pensoit Mr. Adisson, bon Poëte & Critique judicieux. Il employa dans son Poëme, qui a immortalisé la Campagne d'Hosthed, beaucoup moins de fictions qu'on ne s'en est permis dans le Poëme de Fontenoy. Il savoit que le Duc de Malboroug & le Prince Eugene se seroient très-peu souciez de voir des Dieux, où il étoit question des grandes actions des hommes. Il savoit qu'on releve par l'invention les exploits de l'Antiquité, & qu'on court risque d'affaiblir ceux des Modernes par de froides allégories : il a fait mieux, il a intéressé l'Europe entiere à son action.

Il en est à-peu-près de ces petits Poëmes de 300 ou de 400 Vers sur les affaires présentes, comme d'une Tragédie; le fond doit être intéressant par lui-même, & les ornemens étrangers sont presque toûjours superflus.

On a dû spécifier les différens Corps qui ont combattu, leurs armes, leur position, l'endroit où ils ont attaqué ; dire que la colomne Angloise a pénétré ; exprimer comment elle a été enfoncée par la Maison du Roi,

PRÉLIMINAIRE. 371

Roi, les Carabiniers, la Gendarmerie, le Régiment de Normandie, les Irlandais, &c. Si on n'étoit pas entré dans ces détails, dont le fond est si héroïque, & qui sont cependant si difficiles à rendre, rien ne distingueroit la Bataille de Fontenoy d'avec celle de Tolbiac. Mr. Despréaux dans le passage du Rhin, a dit:

Revel les suit de près ; sous ce Chef redouté,
Marche des Cuirassiers l'Escadron indompté.

On a peint ici les Carabiniers au-lieu de les appeller par leur nom, qui convient encore moins aux Vers que celui de Cuirassiers. On a même mieux aimé dans cette derniere Edition, caractériser les fonctions de l'Etat-Major, que de mettre en Vers les noms des Officiers de ce Corps qui ont été blessez.

Cependant on a osé appeller *la Maison du Roi* par son nom, sans se servir d'aucune autre image. Ce nom de *Maison du Roi*, qui contient tant de Corps invincibles, imprime une assez grande idée sans qu'il soit besoin d'autre figure. Mr. Adisson même ne l'appelle pas autrement. Mais il y a encore une autre raison de l'avoir nommée, c'est la rapidité de l'action.

Vous, Peuple de Héros, dont la foule s'avance,
Louis, son Fils, l'Etat, l'Europe est en vos mains.
Maison du Roi, marchez, &c.

Si on avoit dit : *La Maison du Roi marche*, cette expression eût été prosaïque & languissante.

On n'a pas voulu s'écarter un moment dans cet Ouvrage, de la gravité du sujet. Despréaux, il est vrai, en traitant le Passage du Rhin dans le goût de quelques-unes de ses Epîtres, a joint le plaisant à l'héroïque ; car après avoir dit :

Un bruit s'épand qu'Enguien & Condé sont passez;
Condé, dont le seul nom fait tomber les murailles,
Force les Escadrons, & gagne les Batailles,
Enguien, de son hymen le seul & digne fruit, &c.

Il s'exprime ensuite ainsi :

Bien-tôt.... Mais Vurts s'oppose à l'ardeur qui m'anime,
Finissons ; il est tems : aussi-bien, si la rime
Alloit mal-à-propos m'engager dans Arnheim,
Je n'en sai, pour sortir, de porte qu'Hildesheim.

Les personnes qui ont paru souhaiter qu'on employât dans le récit de la Victoire de Fontenoy quelques traits de ce style familier de Boileau, n'ont pas, ce me semble, assez distingué les lieux & les tems, & n'ont pas fait la différence qu'il faut faire entre une Epître & un Ouvrage d'un ton plus sérieux & plus sévére : ce qui a de la grace dans le genre Epistolaire, n'en auroit point dans le genre Héroïque.

On n'en dira pas davatage sur ce qui regarde l'art & le goût, à la tête d'un Ouvrage, où il s'agit des plus grands intérêts, & qui ne doit remplir l'esprit que de la gloire du Roi, & du bonheur de la Patrie.

LE POËME
DE
FONTENOY.

UOI! du siécle passé le fameux Satyrique
Aura fait retentir la trompette héroïque,
Aura chanté du Rhin les bords ensanglantez,
Ses défenseurs mourans, ses flots épouvantez,
Son Dieu même en fureur effrayé du passage,
Cédant à nos ayeux son onde & son rivage?
Et vous, quand votre Roi, dans des Plaines de sang,
Voit la mort devant lui voler de rang en rang;
Tandis que de Tournay foudroyant les murailles,
Il suspend les assauts pour courir aux Batailles;
Quand des bras de l'hymen, s'élançant au trépas,
Son Fils, son digne Fils, suit de si près ses pas;
Vous, heureux par ses Loix, & grands par sa vaillance,
Français, vous garderiez un indigne silence?
        V ENEZ

VENEZ le contempler aux Champs de Fontenoy,
O vous, Gloire, Vertu, Déesses de mon Roy,
Redoutable Bellone & Minerve chérie,
Passion des grands cœurs, amour de la Patrie,
Pour couronner LOUIS prêtez-moi vos Lauriers,
Enflâmez mon esprit du feu de nos Guerriers,
Peignez de leurs Exploits une éternelle image :
Vous m'avez transporté sur ce sanglant rivage ;
J'y vois ces Combattans que vous conduisez tous ;
C'est-là ce fier Saxon *a* qu'on croit né parmi nous,
Maurice, qui touchant à l'infernale rive,
Rappelle pour son Roi son ame fugitive,
Et qui demande à Mars, dont il a la valeur,
De vivre encore un jour, & d'expirer vainqueur.
Conservez, justes Cieux, ses hautes destinées ;
Pour LOUIS & pour Nous prolongez ses années.

DEJA de la tranchée *b* Harcourt est accouru :
Tout poste est assigné, tout danger est prévu ;
Noailles *c* pour son Roi plein d'un amour fidelle,
Voit la France en son Maître, & ne regarde qu'elle.
Ce sang de tant de Rois, ce sang du grand Condé,
D'Eu, *d* par qui des Français le Tonnerre est guidé ;
       Pentiévre,

a Le Comte Maréchal de Saxe, dangereusement malade, étoit porté dans une gondole d'osier, quand ses douleurs & sa faiblesse l'empêchoient de se tenir à cheval. Il dit au Roi, qui l'embrassa, après le gain de la Bataille, les mêmes choses qu'on lui fait penser ici.
 b Mr. le Duc d'Harcourt avoit investi Tournay.
 c Maréchal de France.
 d Grand Maître de l'Artillerie.

Pentiévre, *e* dont le zéle avoit devancé l'âge,
Qui déja vers le Mein signala son courage,
Baviere avec de Pons, Boufflers & Luxembourg,
Vont, chacun dans leur place, attendre ce grand
        jour :
Chacun porte l'espoir aux Guerriers qu'il com-
        mande :
Le fortuné Danoy, *f* Chabanes, Galerande ;
Le vaillant Berenger, ce défenseur du Rhin,
Colbert & du Chaila, tous nos Héros enfin, *g*
Dans l'horreur de la nuit, dans celle du silence,
Demandent seulement que le péril commence.

  Le jour frappe déja de ses rayons naissans
De vingt Peuples unis les Drapeaux menaçans
Le Belge, qui, jadis fortuné sous nos Princes,
Vit l'abondance alors enrichir nos Provinces :
Le Batave prudent, dans l'Inde respecté,
Puissant par son travail & par sa liberté,
Qui, long-tems opprimé par l'Autriche cruelle,
Ayant brisé son joug, s'arme aujourd'hui pour elle ;
L'Hanovrien constant, qui formé pour servir,
Sait souffrir & combatre, & surtout obéïr ;
L'Autrichien rempli de sa gloire passée,

                            De

  e Il s'étoit signalé à la Bataille de Dettingue.
  f Mr. de Danoy fut retiré par sa Nourrice d'une foule de morts & de mourans sur le champ de Malplaquet, deux jours après la Bataille. C'est un fait certain : cette femme vint avec un Passeport, accompagné d'un Seigneur du Régiment du Roi, dans lequel étoit alors cet Officier.
  g Les Lieutenans Généraux chacun à leur Division

De ſes derniers Céſars occupant ſa penſée;
Surtout, ce Peuple altier qui voit ſur tant de Mers
Son commerce & ſa gloire embraſſer l'Univers;
Mais qui, jaloux envain des grandeurs de la France,
Croit porter dans ſes mains la foudre & la balance.
Tous marchent contre nous: la Valeur les conduit,
La Haine les anime, & l'Eſpoir les ſéduit.
De l'Empire Français l'indomptable Génie
Brave, auprès de ſon Roi, leur foule réunie.
Des Montagnes, des Bois, des Fleuves d'alentour,
Tous les Dieux allarmez ſortent de leur ſéjour;
Incertains pour quel Maître en ces plaines fécondes
Vont croître leurs moiſſons, & vont couler leurs ondes.
La fortune auprès d'eux d'un vol promt & léger,
Les Lauriers dans les mains fend les plaines de l'air;
Elle obſerve LOUIS, & voit avec colere
Que ſans elle aujourd'hui la valeur va tout faire.

 Le brave Cumberland, fier d'attaquer LOUIS,
A déja diſpoſé ſes Bataillons hardis:
Tels ne parurent point aux rives du Scamandre,
Sous ces Murs ſi vantez que Pyrrhus mit en cendre,
Ces antiques Héros qui montez ſur un Char,
Combattoient en déſordre, & marchoient au hazard:
Mais tel fut Scipion ſous les Murs de Carthage;
Tels ſon rival & lui prudens avec courage,
Déployant de leur art les terribles ſecrets,
L'un vers l'autre avancez s'admiroient de plus près.
         L'Escaut,

L'Escaut, les Ennemis, les Ramparts de la
   Ville,
Tout présente la mort, & LOUIS est tranquille.
Cent Tonnerres de bronze ont donné le signal.
D'un pas ferme & pressé, d'un front toujours égal,
S'avance vers nos rangs la profonde colonne
Que la terreur devance, & la flâme environne:
Comme un nuage épais qui sur l'aîle des vents,
Porte l'éclair, la foudre, & la mort dans ses flancs.
Les voilà ces rivaux du grand nom de mon Maître,
Plus farouches que nous, aussi vaillans peut-être,
Encor tous orgueilleux de leurs premiers exploits;
BOURBONS! voici le tems de vanger les VALOIS.

 DANS un ordre effrayant, trois attaques formées
Sur trois terreins divers engagent les Armées;
Le Français, dont Maurice a gouverné l'ardeur,
A son poste attaché, joint l'art à la valeur.
La Mort sur les deux Camps étend sa main cruelle;
Tous ses traits sont lancez, le sang coule autour
          d'elle.
Chefs, Officiers, Soldats, l'un sur l'autre entassez,
Sous le fer expirans, par le plomb renversez,
Poussent les derniers cris en demandant vangeance.

 GRAMMONT que signaloit sa noble impatience,
Grammont dans l'Elisée emporte la douleur
D'ignorer en mourant si son Maître est vainqueur.
De quoi lui serviront ces grands titres de *b* gloire,
                                                Ce

 b Il alloit être Maréchal de France.

Ce Sceptre des Guerriers, honneur de sa mémoire?
Ce rang, ces dignitez, vanitez des Héros,
Que la Mort avec eux précipite aux tombaux?
Tu meurs, jeune Craon! *i* Que le Ciel moins sévere
Veille sur les destins de ton généreux frere!
Hélas! cher Longaunay, *k* quelle main, quel secours
Peut arrêter ton sang, & ranimer tes jours?
Ces Ministres de Mars, *l* qui d'un vol si rapide,
S'élançoient à la voix de leur Chef intrépide,
Sont, du plomb qui les suit, dans leur course ar-
    rêtez,
Tels que des champs de l'air tombent précipitez,
Des Oiseaux tout sanglans palpitans sur la terre.
Le fer atteint d'Avray *m*. Le jeune Daubetere
Voit de sa Légion tous les Chefs indomptez,
Sous le glaive & le feu mourans à ses côtez.
Guerriers, que Chabrillant avec Brancas rallie,
Que d'Anglais immolez vont payer votre vie!
Je te rends grace, ô Mars! Dieu de sang, Dieu
    cruel,
La race de Colbert, *n* ce Ministre immortel,

Echape

i Dix-neuf Officiers du Régiment de Hainault ont été tuez ou blessez. Son frere le Prince de Beauveau, sert en Italie.

k Mr. de Longaunay, Colonel de nouveaux Grenadiers, mort depuis de ses blessures.

l Officiers de l'Etat-Major. Mrs. de Puisegur, de Meziere, de S. Sauveur, de S. George.

m Le Duc d'Avray, Colonel du Régiment de la Couronne.

n Mr. de Croissy avec ses deux enfans, & son Neveu Mr. Duplessis-Chatillon blessé légèrement.

Echape en ce carnage à ta main fanguinaire,
Guerchy o n'eft point frapé, la vertu peut te plaire;
Mais vous, brave *p* Daché, quel fera votre fort ?
Le Ciel fauve, à fon gré, donne & fufpend la mort.
Infortuné Lutteaux ! tout chargé de bleffures,
L'art qui veille à ta vie, ajoute à tes tortures ;
Tu meurs dans les tourmens ; nos cris mal entendus
Te demandent au Ciel, & déja tu n'es plus.

O combien de vertus que la tombe dévore !
Combien de jours brillans éclipfez à l'aurore !
Que nos lauriers fanglans doivent coûter de pleurs !
Ils tombent ces Héros, ils tombent ces vangeurs,
Ils meurent, & nos jours font heureux & tran-
    quilles ;
La molle volupté, le luxe de nos Villes,
Filent ces jours féreins, ces jours que nous devons
Au fang de nos Guerriers, aux périls des B O U R-
    B O N S.
Couvrons du moins de fleurs ces tombes glorieufes,
Arrachons à l'oubli ces ombres vertueufes ;
Vous *q* qui lanciez la foudre, & qu'ont frapé fes
    coups,
Revivez dans nos chants quand vous mourez pour
    nous.

* Tous les Officiers de fon Régiment Royal des Vaiffeaux, hors de combat, lui feul ne fut point bleffé.

p Mr. Daché [on l'écrit Dapchier] Lieutenant-Général. Mr. de Lutteaux, Lieutenant-Général, mort dans les opérations du traitement de fes bleffures.

q Mr. Du Brocard, Maréchal de Camp, Commandant l'Artillerie.

Eh quel seroit, grand Dieu! le Citoyen barbare,
Prodigue de censure, & de louange avare,
Qui peu touché des morts, & jaloux des vivans,
Leur pourroit envier mes pleurs & mon encens ?
Ah ! s'il est parmi nous des cœurs dont l'indolence,
Insensible aux grandeurs, aux pertes de la France,
Dédaigne de m'entendre & de m'encourager,
Réveillez-vous, ingrats ; LOUIS est en danger.

Le feu qui se déploye & qui dans son passage,
S'anime en dévorant l'aliment de sa rage,
Les torrens débordez dans l'horreur des Hyvers,
Le flux impétueux des menaçantes Mers,
Ont un cours moins rapide, ont moins de violence
Que l'épais Bataillon qui contre nous s'avance ;
Qui triomphe en marchant; qui, le fer à la main,
A travers les mourans s'ouvre un large chemin.
Rien n'a pû l'arrêter ; Mars pour lui se déclare :
Le Roi voit le malheur, le brave & le répare.
Son Fils, son seul espoir.... Ah ! cher Prince,
    arrêtez,
Où portez-vous ainsi vos pas précipitez ?
Conservez cette vie au monde nécessaire.
LOUIS craint pour son Fils, *r* le Fils craint pour
    son Pere ;
Nos Guerriers tous sanglans frémissent pour tous
    deux,

---

r Un boulet de canon couvrit de terre un homme entre le Roi & Monseigneur le Dauphin ; & un Domestique de Mr. le Comte d'Argenson fut atteint d'une balle de fusil derriere eux.

Seul mouvement d'effroy dans ces cœurs généreux.
Vous, ſ qui gardez mon Roi, vous, qui vangez la France,
Vous, Peuple de Héros dont la foule s'avance,
Accourez, c'eſt à vous de fixer les deſtins ;
LOUIS, ſon Fils, l'Etat, l'Europe eſt en vos mains.
Maiſon du Roi ! marchez, aſſurez la victoire ;
Soubiſe & Peiquigny *t* vous menent à la gloire.
Paroiſſez, vieux Soldats, *u* dont les bras éprouvez
Lancent de loin la mort, que de près vous bravez.
Venez, vaillante élite, honneur de nos Armées ;
Partez, flèches de feu, grenades *x* enflammées,
Phalanges de LOUIS, écraſez ſous vos coups
Ces Combattans ſi fiers & ſi dignes de vous.
Richelieu, qu'en tous lieux, emporte ſon courage,
Ardent ; mais éclairé, vif à la fois & ſage,
Favori de l'Amour, de Minerve & de Mars ;

Richelieu

ſ Les Gardes, les Gendarmes, les Chevaux-Légers, les Mouſquetaires, ſous Mr. de Monteſſon, Lieutenant-Général. Deux Bataillons des Gardes Françaiſes & Suiſſes, &c.

t Mr. le Prince de Soubiſe prit ſur lui de ſeconder Mr. le Comte de la Marque, dans la défenſe obſtinée du poſte d'Antoin ; il alla enſuite ſe mettre à la tête des Gendarmes, comme Mr. de Peiquigny à la tête des Chevaux-Légers : ce qui contribua beaucoup au gain de la Bataille.

u Carabiniers, Corps inſtitué par Louïs XIV. il tire avec des Carabines rayées. On ſçait avec quel éloge le Roi les a nommez dans ſa Lettre.

x Grenadiers à cheval commandez par Mr. le Chevalier de Grille ; ils marchent à la tête de la Maiſon du Roi.

Richelieu *y* vous appelle, il n'est plus de hazards;
Il vous appelle: Il voit d'un œil prudent & ferme,
Des succez ennemis, & la cause & le terme;
Il vole, & sa vertu secondant vos grands cœurs,
Il vous marque la place où vous serez vainqueurs.

D'un rempart de gazon, faible & propre barriere,
Que l'art oppose à peine à la fureur guerriere,
La Marke, *z* Lavauguion *aa*, Choiseuil d'un même effort,
Arrêtent une Armée, & repoussent la mort.
Dargenson qu'enflammoient les regards de son Pere,
La gloire de l'Etat, à tous les siens si chere,
Le danger de son Roi, le sang de ses ayeux,
Assaillit par trois fois ce Corps audacieux,
Cette masse de feu qui semble impénétrable:
On l'arrête, il revient, ardent, infatigable:
Ainsi qu'aux premiers tems, par leurs coups redoublez,
Les Beliers enfonçoient les ramparts ébranlez.

Ce brillant Escadron, *bb* fameux par cent Batailles; Lui,

y Un Ministre d'Etat qui n'a point quitté le Roi pendant la Bataille, a écrit ces propres mots: *C'est Mr. de Richelieu qui a donné ce conseil, & qui l'a exécuté.*
z Mr. le Comte de la Marke, au poste d'Antoin.
aa Mrs. de Lavauguyon, Choiseul-Meuse, &c. aux Retranchemens faits à la hâte dans le Village de Fontenoy. Mr. de Créqui n'étoit point à ce poste, comme on l'avoit dit d'abord, mais à la tête des Carabiniers.
bb Quatre Escadrons de la Gendarmerie arrivoient après sept heures de marche, & attaquerent.

Lui, par qui Catinat fut vainqueur à Marſailles,
Arrive, voit, combat, & ſoutient ſon grand nom.
Tu ſuis du Chaſtellet, jeune Caſtelmoron ; *cc*
Toi, qui touches encore à l'âge de l'enfance,
Toi, qui d'un faible bras qu'affermit ta vaillance,
Reprends ces Etendarts déchirez & ſanglans,
Que l'orgueilleux Anglais emportoit dans ſes rangs ;
C'eſt dans ces rangs affreux que Chevrier expire ;
Monaco perd ſon ſang, & l'Amour en ſoupire.
Anglais, ſur Dugueſclin deux fois tombent vos coups ;
Frémiſſez à ce nom ſi funeſte pour vous.

Mais quel brillant Héros, au milieu du carnage,
Renverſé, relevé, s'eſt ouvert un paſſage ?
Biron, *dd* tels on voyoit dans les plaines d'Ivry,
Tes immortels Ayeux ſuivre le Grand Henry.
Tel étoit ce Crillon, chargé d'honneurs ſuprêmes,
Nommé brave autrefois par les braves eux-mêmes ;
Tels étoient ces d'Aumonts, ces grands Montmorencis,
Ces

cc Un cheval fougueux avoit emporté le Porte-Etendart dans la colomne Anglaiſe ; Mr. de Caſtelmoron, âgé de 15 ans, lui cinquiéme, alla le reprendre au milieu du Camp des Ennemis. Mr. de Bellet commandoit ces Eſcadrons de la Gendarmerie; il y eut un cheval tué ſous lui, auſſi-bien que Mr. de Chiménes, en reformant une Brigade.

dd Mr. le Duc de Biron eut le commandement de l'Infanterie quand Mr. de Lutteaux fut hors de combat ; il chargea ſucceſſivement à la tête de preſque toutes les Brigades.

Ces Créquis si vantez renaissans dans leurs Fils *ee*.
Tel se forma Turenne au grand art de la Guerre,
Près d'un autre *ff* Saxon la terreur de la Terre,
Quand la Justice & Mars, sous un autre LOUIS,
Frapoient l'Aigle d'Autriche, & relevoient les Lys.

Comment ces Courtisans, doux, enjouez, aimables,
Sont-ils dans les combats des Lions indomptables?
Quel assemblage heureux de graces, de valeur !
Boufflers, Meuze, d'Ayen, Duras bouillant d'ardeur,
A la voix de LOUIS, courez, troupe intrépide.
Que les Français sont grands quand leur Maître les guide !
Ils l'aiment, ils vaincront, leur Pere est avec eux;
Son courage n'est point cet instinct furieux,
Ce courroux emporté, cette valeur commune;
Maître de son esprit, il l'est de la Fortune;
Rien ne trouble ses sens, rien n'éblouït ses yeux :
Il marche, il est semblable à ce Maître des Dieux,
Qui, frapant les Titans, & tonnant sur leurs têtes,
D'un front majestueux dirigeoit les tempêtes;
Il marche, & sous ses coups la terre au loin mugit,
L'Escaut fuit, la Mer gronde, & le Ciel s'obscurcit.

SUR

ee Mr. de Luxembourg, Mr. de Loigni, & Mr. de Tingri.

ff Le Duc de Saxe-Weimar, sous qui le Vicomte de Turenne fit ses premieres Campagnes. Mr. de Turenne est arriere-neveu de ce Grand-Homme.

DE FONTENOY.

Sur un nuage épais que des antres de l'Ourse
Les vents affreux du Nord apportent dans leur
    course,
Les Vainqueurs des Valois descendent en cour-
    roux :
Cumberland, disent-ils, nous n'espérons qu'en
    vous ;
Courage, rassemblez vos Légions altieres ;
Bataves, revenez, défendez vos barrieres ;
Anglais, vous que la Paix sembloit seule allarmer,
Vengez-vous d'un Héros qui daigne encor l'aimer;
Ainsi que ses bienfaits craindrez-vous sa Vail-
    lance?
Mais ils parlent en vain ; lorsque LOUIS s'avance,
Leur génie est dompté, l'Anglais est abattu,
Et la férocité *gg* le céde à la vertu.

Clare avec l'Irlandais, qu'animent nos exem-
    ples,
Vange ses Rois trahis, sa Patrie & ses Temples.
Peuple sage & fidéle, heureux Helvétiens, *hh*
Nos antiques amis, & nos Concitoyens,
Vôtre marche assurée, égale, inébranlable,

---

gg Ce reproche de férocité ne tombe que sur le Soldat, & non sur les Officiers, qui sont aussi géné-reux que les nôtres. On m'a écrit, que lorsque la Colomne Angloise déborda Fontenoy, plusieurs Soldats de ce Corps crioient, *no quarter, no quarter,* point de quartier.

hh Les Regimens de Diesbak & de Betens, de Courten, &c. avec des Bataillons des Gardes Suisses.

Tome V.

Des ardens Neuſtriens *ii* ſuit la fougue indompta-
 ble ;
Ce Danois, *kk* ce Héros, qui des frimats du Nord,
Par le Dieu des combats fut conduit ſur ce bord,
Admire les Français qu'il eſt venu défendre.
Mille cris redoublez près de lui font entendre :
Rendez-vous, ou mourez, tombez ſous notre
 effort.
C'en eſt fait, & l'Anglais craint LOUIS & la
 mort.

ALLEZ, brave d'Eſtrée, *ll* achevez cet ouvrage,
Enchaînez ces vaincus échapez au carnage :
Que du Roi qu'ils bravoient ils implorent l'appui,
Ils ſeront fiers encor, ils n'ont cédé *mm* qu'à lui.

BIEN-TÔT vole après eux ce Corps fier & rapide, *nn*   Qui

ii Le Régiment de Normandie, qui revenoit à la charge ſur la Colomne Anglaiſe, tandis que la Maiſon du Roi, la Gendarmerie, les Carabiniers, &c. fondoient ſur elle.

kk Mr. de Lowendal.

ll Mr. le Comte d'Eſtrée à la tête de ſa Diviſion, & Mr. de Brionne à la tête de ſon Régiment, avoient enfoncé les Grenadiers Anglais le ſabre à la main.

mm Depuis St. Louïs aucun Roi de France n'avoit battu les Anglais en perſonne en bataille rangée.

nn On envoya quelques Dragons à la pourſuite : Ce Corps étoit commandé par Mr. le Duc de Chevreuſe, qui s'étoit diſtingué au combat de Sahy, où il avoit reçu trois bleſſures. L'opinion la plus vraiſemblable ſur l'origine du mot *Dragon*, eſt qu'ils porterent un Dragon dans leurs Etendarts ſous le Maréchal de Briſſac, qui inſtitua ce Corps dans les guerres du Piémont.

Qui semblable au Dragon qu'il eut jadis pour guide,
Toûjours prêt, toûjours prompt, de pied ferme,
  en courant,
Donne de deux combats le spectacle effrayant.
C'est ainsi que l'on voit dans les Champs des Nu-
  mides,
Différemment armez des Chasseurs intrépides ;
Les coursiers écumans franchissent les guérets,
On gravit sur les monts, on borde les forêts,
Les piéges sont dressez, on attend, on s'élance,
Le javelot fend l'air, & le plomb le devance ;
Les Léopards sanglans, percez de coups divers,
D'affreux rugissemens font retentir les airs ;
Dans le fond des forêts ils vont cacher leur rage.

Ah ! c'est assez de sang, de meurtre, de ravage,
Sur des morts entassez c'est marcher trop long-tems.
Noailles, *oo* ramenez vos Soldats triomphans ;
Mars voit avec plaisir leurs mains victorieuses
Traîner dans notre Camp ces machines affreuses,
Ces foudres ennemis contre nous dirigez.
Venez lancer ces traits que leurs mains ont forgez;
Qu'ils renversent par vous les murs de cette Ville,
Du Batave indécis la Barriere & l'asile,
Ces premiers *pp* fondemens de l'Empire des Lis,

R 2   Par

oo Le Comte de Noailles attaqua de son côté la Colomne d'Infanterie Anglaise avec une Brigade de Cavalerie, qui prit ensuite des canons.

pp Tournay, principale Ville des Français sous la premiere Race, dans laquelle on a trouvé le Tombeau de Childeric.

Par les mains de mon Roi pour jamais affermis,
Déja Tournay se rend, déja Gand s'épouvante ;
Charlesquint s'en émeut, son ombre gémissante
Pousse un cri dans les airs, & fuit de ce séjour,
Où pour vaincre autrefois le Ciel le mit au jour.
Il fuit : Mais quel objet pour cette ombre allar‑
 mée !
Il voit ces vastes champs couverts de notre Armée,
L'Anglais, deux fois vaincu, cédant de toutes
 parts,
Dans les mains de LOUIS laissant ses Etendarts ;
Le Belge en vain caché dans ses Villes tremblantes,
Les murs de Gand tombez sous ses mains fou‑
 droyantes,
Et son Char de Victoire, en ces vastes Remparts, *qq*
Ecrasant le berceau du plus grand des Césars. *rr*

FRANÇAIS, heureux Français, Peuple doux &
 terrible,
C'est peu qu'en vous guidant LOUIS soit invin‑
 cible,
C'est peu que le front calme, & la mort dans les
 mains,
Il ait lancé la foudre avec des yeux serains ;
C'est peu d'être Vainqueur : il est modeste & ten‑
 dre,

Il

qq La Ville de Gand soumise à Sa Majesté le 11.
Juillet, après la défaite d'un Corps d'Anglais par
Mr. du Chaila, à la tête des Brigades de Crillon &
de Normandie, le Régiment de Grassin, &c.
 rr Des Césars Modernes.

Il honore de pleurs le sang qu'il fit répandre ;
Entouré des Héros qui suivirent ses pas,
Il prodigue l'éloge, & ne le reçoit pas ;
Il veille sur des jours hazardez pour lui plaire :
Le Monarque est un Homme, & le Vainqueur un
   Pere.
Ces captifs tout sanglans, portez par nos Soldats,
Par leur main triomphante arrachez au trépas,
Après ces jours de sang, d'horreur & de furie,
Ainsi qu'en leurs foyers au sein de leur Patrie,
Des plus tendres bienfaits éprouvent les douceurs;
Consolez, secourus, servis par leurs Vainqueurs.
O grandeur véritable ! O victoire nouvelle !
Eh ! Quel cœur enyvré d'une haine cruelle,
Quel farouche Ennemi peut n'aimer pas mon Roi,
Et ne pas souhaiter d'être né sous sa Loi !
Il étendra son bras, il calmera l'Empire.

Déja Vienne se tait, déja Londre l'admire ;
La Baviere confuse au bruit de ses exploits,
Gémit d'avoir quitté le Protecteur des Rois ;
Naple est en sûreté, Turin dans les allarmes ;
Tous les Rois de son sang triomphent par ses ar-
   mes ;
Et de l'Ebre à la Seine en tous lieux on entend :
LE PLUS AIMÉ DES ROIS EST AUSSI LE PLUS
   GRAND.
Ah ! qu'on ajoûte encore à ce titre suprême,
Ce nom si cher au monde, & si cher à lui-même,
Ce prix de ses vertus qui manque à sa valeur,

Ce titre auguste & saint de Pacificateur ;
Que de ces jours si beaux, de qui nos jours dépendent,
La course soit tranquille, & les bornes s'étendent.
Ramenez ce Héros, ô vous qui l'imitez,
Guerriers, qu'il vit combattre & vaincre à ses côtez :
Les palmes dans les mains nos Peuples vous attendent ;
Nos cœurs volent vers vous, nos regards vous demandent ;
Vos meres, vos enfans, près de vous empressez,
Encor tout éperdus de vos périls passez,
Vont baigner, dans l'excès d'une ardente allegresse,
Vos fronts victorieux de larmes de tendresse :
Accourez, recevez à votre heureux retour,
Le prix de la Vertu par les mains de l'Amour.

FIN.

FAUTES A CORRIGER.

Page 10. ligne 5. *Fait*, lisez Fais. P. 13. l. 6. & 7. *la*, lis. sa. P. 15. l. 22. *ta*, lisez la. P. 16. l. 15. *de*, lis. des. P. 20. l. derniere, *le*, lis. la. P. 24. l. 18. *de*, lis. des. P. 29. l. 23. *est*, lis. &. P. 36. l. 28. *Æglée*, lis. Æglé. 40. l. 9. *ou mon corps*, lis. & mon corps. P. 47. l. 18. *Zamore*, lis. ou Zamore. P. 52. l. dern. le *Pantere*, lis. la Pantere. P. 55. l. 16.

ſes, liſ. ces. P. 60. l. 11. ſes ſens, liſ. vos ſens P. 63. l. 5 croyent, liſ. croyoient. P. 64. l. 5. luit, liſ. lui. P. 69. l. 16. ſuis je, liſ. fû-je. P. 74. l. 17. croi, liſ. croi. P. 86 l. 8. Æglée, liſ. Æglé. P. 88 l. 16. *la Chapelle*, liſ. ſa Chapelle. P. 92. l. 14. *Niſius*, liſ. Niſus. *idem* l. 21. *fidéle*, liſ. ſa fidéle. P. 94. l. 24. *fut*, liſ. il fut. P. 95. l. 8. *amitié*, liſ. ſentiment. *idem* l. 11. *ſe*, liſ. s'y. P. 103. l. 5. *de Théâtre*, liſ. du Théâtre. *idem* l. 16. *pas leurs pas*, point leurs pas. P. 110. l. 6. *Ton eſprit*, liſ. Tes talens, ton eſprit. P. 111. l. 7. *De laurier*, liſ. Des lauriers. P. 127. l. 20. *effacez*, liſ. effarez. P. 129 l. 10. *candeur équitable*, liſ. vertu véritable. P. 139. l. 27. *à tâter*, liſ. a tâté. P. 145. l. 21. *des ſentimens*, liſ. de ſentimens. P. 149. l. 14. *Ce qui*, liſ. & qui. P. 170 l. 5. *la Broute*, liſ. l'Abſoute. P. 188. l. 19. *la Sphere*, liſ. ſa Sphere. P. 198. l. 7. *ſans bien*, liſ. ſans vice. P. 207. l. 21. *Je réponds*, liſ. Je répondis. P. 209. l. 16. *s'en ſéparer*, liſ. ſans s'égarer. P. 214. l. 24. *oſe*, liſ. oſa. P. 217. l. 9. *infectent*, ils infectent. P. 220. l. 28. *de ſa*, de ta. P. 225. l. 26. *Girardin*, liſ. Girardon. P. 229. l. 11. *encore*, liſ. encor. P. 236. l. 16. *négligée*, liſ. négligé. P. 239. l. 14. *malheur qui*, liſ. malheur à qui. P. 245. qu'on a numeroté 221. l. 17. *n'eſt déparé*, liſ n'eſt point déparé. P. *idem* l. 20. *Nouet*, liſ. Vouet. P. 257. l. 16. *D'en pouvoir*, liſ. D'un pouvoir. P. 267. l. 11. *les Dieux*, liſ. tes Dieux.

www.ingramcontent.com/pod-product-compliance
Lightning Source LLC
Chambersburg PA
CBHW052046230426
43671CB00011B/1805